세상을
설득하는
매혹의
법칙

세상을
설득하는
매혹의
법칙

영향력과 설득력을
극대화하는 7가지 열쇠

샐리 호그셰드 지음 | **이한이** 옮김

매혹, 최고의 설득 기술

1692년 여름, 세일럼.

"더! 더 무겁게!"

마을 한복판에 설치된 처형대 위에 한 노인이 자신을 압사시켜달라고 간청하고 있다. 그러나 청원에도 불구하고 돌은 노인의 가슴 위에 놓인 널빤지 위로 하나씩 서서히 올려졌다. 농부 자일스 코리Giles Corey의 죄목은 매혹, 사람들에게 주문을 걸어 그의 말에 저항하지 못하게 했다는 것이다. 그는 자백을 거부했고, 대배심원은 죄를 시인할 때까지 그를 압사형에 처하기로 결정했다. 그는 처형대를 둘러싼 수백 명의 사람들에게 모두 들리도록 재차 간청을 했고, 집행관은 참을성 있게 그의 자백을 기다리고 서서 그의 입 속으로 지팡이를 쑤셔 넣었다. 그리고 마지막 돌덩이가 가슴을 짓누른 순간 코리는 숨을 다했다.

(*주: 자일스 코리는 아서 밀러의 1953년 희곡 〈크루서블〉의 등장인물이다.)

코리는 '매혹'이라는 죄명으로 기소되었다. '매혹'은 누군가를 완벽히 유혹하여 무력화시켜 자신의 통제 아래 두는 것을 의미한다. 희생자는 말 그대로 저항할 의지를 잃고, 이성적인 생각을 하지 못하게 되어 다른 사람의 생각이나 행동에 완벽히 지배당하게 된다.

'매혹'이라는 개념은 문명이 시작되었을 때부터 모든 문화권과 모든 대륙에서 사람들의 행위를 촉발하고, 영향을 미친다는 의미로 사용되었다. '매혹fascination'이라는 단어는 라틴어인 파키나레fascinare, 즉 주문을 걸다bewitch라는 의미의 단어에서 유래되었다.

고대부터 사람들은 '매혹'이라는 개념에 매혹되어왔다. 고대 로마인들은 '매혹'을 그 자체로 사악한 주문으로 여겼다. 로마인들은 초기 라틴 문화권의 신들 중 하나인 파키누스Fascinus를 숭배했는데 그가 '저항할 수 없는 끌림'에서 자신들을 보호해준다고 믿었기 때문이다. 콘스탄티노플에서는 매혹이라는 악마의 눈에서 자신과 가족을 지켜줄 코란 구절을 문 앞에 걸어두었고, 메소포타미아와 페르시아에서는 매혹이 죽음을 유발하는 병을 일으킨다고까지 생각했다. 기원전 280년 그리스 최초의 전원시인 테오크리투스는 젖을 뗀 이후에도 엄마의 유방에 집착을 보이는 아이들은 남자와 동물을 홀릴 능력을 가지고 있다고 말했다.

'매혹'을 주제로 쓰인 글은 르네상스 시대 유럽에서도 많이 발견된다. 1589년 베네딕트 수도회의 수장 바리우스Varius는 《매혹De Fascino》에서 "악마와 맺은 약속······ 마법의 눈동자 혹은 단어······ 사로잡히면 자유롭지 못한 것은 물론 사리분별조차 하지 못한다"라고 썼다. 1675년에 출간된《매혹에 관한 논고Tractatus de Fascination》에서는 매혹의 위험에 대해 잠자리에 늦게 들어 아침에 늦게 일어나는 게으름이나 금식 기간 동안 푸른 콩 몇 쪽에 굴복하는 자제심 부족 등이 거론되어 있다.

매혹의 주술에서 사람들을 지키기 위해 사용된 부적들도 다양하다. 하이에나의 이마 가죽, 광을 낸 사파이어, 노새의 뼛가루, 사형대 밧줄을 태운 재를 넣은 수프 같은 것들로 대부분 구하기 힘든 것들이었다. (월마트에서 구할 수 있는 물건들은 아니지 않은가!)

이런 이야기들이 다소 기이해 보인다면 우리들에게 보다 친숙한 심리학자의 이야기를 해보자. 매혹에 관해서는 역사상 가장 유명한 의사 지그문트 프로이트Sigmund Freund도 언급한 바가 있다. 1921년 프로이트는 의사와 환자 사이에 발생하는 일종의 '매혹'으로 최면을 언급했다. 최면은 정신분석을 할 때 이용되는 기술만을 의미하지 않는다. 그는 '애정'이 사람들을 '최면' 상태로 몰아넣고, 비평 능력을 잃게 하며, 상대를 순응하게 만들어 결국 '애정의 구속'을 경험하게 되는 일종의 매혹이라고 말했다.

매혹을 최면에 비유한 이는 프로이트만은 아니다.《브리태니커》 1911년 판에는 매혹에 대해 "최면 상태, 신체의 근육이 늘어지지만 의식이 있고, 기억이 남아 있는 상태"라고 규정되어 있다. 현대의《웹스터》사전은 매혹을 '마법'에 비유했다. "사람을 홀려서 마음을 끄는 행위. 혹은 유혹하거나 사로잡는 행위. 마법을 사용하는 것. 애정이나 열정에 대한 저항할 수 없는 영향력을 미치는 힘의 작용. 보이지 않고,

설명할 수 없는 영향력."

그렇다. 매혹은 '설명할 수 없는 힘, 혹은 영향력'이다. 매혹당한 사람은 자신이 매혹된 대상 외에 그 어떤 것도, 그 어떤 사람도 생각할 수 없게 된다. 두 대상이 개인적인 차원에서 깊은 연관관계를 맺게 되기 때문이다.

하지만 매혹은 결코 주술적인 힘이 아니다. 설명할 수 없는 영향력도 아니고, 초자연적인 재능도 아니며, 유혹적인 눈빛도, 미신에 기반한 행위도 아니다. 매혹은 타인의 행동에 영향을 미치고, 설득하는 인간의 선천적인 재능에서 나온다. 이것은 일종의 수단이다. 경이로움을 불러일으키는 신비한 힘이 아니라 배워서 터득할 수 있는 도구다.

매혹은 욕망, 신비, 경고, 명성, 힘, 악덕, 신뢰라는 7가지 기제에 의해 촉발된다.

- 욕망은 감각적 기쁨을 충족시킴으로써 뇌리에 남는다.
- 신비는 답을 얻지 못한 의문에서 촉발된다.
- 경고는 부정적인 결과에 대한 위협에서 나타난다.
- 명성은 성취에 대한 상징을 통해 사람들의 존중을 얻는 것이다.
- 힘은 타인을 통제하는 능력이다.
- 악덕은 '금단의 열매'에 끌리는 것, 안정 상태를 깨뜨림으로써 나타난다.
- 신뢰는 안정감과 확실성으로 편안함을 안겨준다.

각각의 기제가 영향을 미치는 부분이나 작용하는 방식은 모두 다르다. 우리는 깨닫고 있든 그렇지 못하든 이런 매혹 기제들을 사용하고 있다. 그러나 상황과 상대에 따라 적절한 기제를 선택하고 때로는 여러 기제를 동시에 사용하여 완전히 이를 활용하는 방법을 익힌다면 사람들을 설득하여 원하는 행위를 이끌어내고, 관계를 더욱 오래 지속시킬 수 있으며, 원하는 결과를 손에 넣을 수 있게 될 것이다.

매혹의 기능에 대해서는 학자들 간에 의견이 분분하지만 소비 행위를 이끌어낼 수 있다는 데는 의심의 여지가 없다. 각 시대마다, 사회마다 사람들은 매혹을 정의하고 그 원인을 밝히기 위해 노력해왔다. 그러나 매혹이 저항력을 잃게 한다는 묘사를 하는 데 그칠 뿐이었다. 지난 2,000여 년 동안 쓰인 수많은 저서들에는 매혹에 관한 수없이 많은 의문들이 제기되어 있지만, 그 어떤 것보다 중요한 의문은 단 한 가지 뿐이다.

"어떻게 하면 더욱 매혹적인 사람(기업)이 될 수 있을까?"

자, 이제 이 '어떻게'에 대한 답을 찾으러 떠나보자.

제2부 7가지 매혹 기제

제3부 매혹으로 상대를 쓰러뜨려라–실전 매혹 마케팅

매혹의 기술로 시선을 사로잡다

어린 시절 가족 내에서 관심을 받으려고 하는 일들은 단순한 유흥이나 오락거리가 아니다. 그것은 생존의 문제다. 여느 막내들처럼 나역시 부모님의 관심을 끌기 위해 형제자매들과 경쟁을 했다. 유년기에 나는 수많은 전략들을 구사했는데 그중에는 끊임없이 "왜?"라는 질문을 해 일부러 부모님의 짜증을 유발하는 일도 포함되어 있었다.

그러나 내가 일곱 살이 되던 해 오빠는 하버드 대학에 입학했고, 언니는 올림픽에서 3개의 금메달을 따면서 수영 세계 신기록을 세웠다. 이 상황에서 내가 무엇을 해야 부모님의 관심을 끌 수 있었을까? 내가 '매혹'의 필요성을 처음 깨닫게 된 것은 그때였다. 극심한 경쟁 상황에서는 사람들이 더욱 끌릴 만한 메시지가 필요하다는 것이다.

그로부터 30년 후 나는 치열한 경쟁 환경에서 소비자들의 시선을 끌기 위해 고군분투하는 전쟁터의 한복판에서 일하게 되었다. 바로 마케팅 분야다. 그러나 이를 추구하는 것은 내 고객과 마케팅 회사들만이 아니다. 우리는 모두 누군가의 마음을 차지하기 위해 노력한다. 복잡하고 과밀한 현대 사회에서는 모든 것이(당신, 커뮤니케이션, 인간관계 등) 주목을 받기 위해 치열하게 싸운다. 매혹의 기술 없이는 진열대의 상품을 팔 수도 없고, 주주들의 투자를 이끌어낼 수도 없고, 학생들을 가르칠 수도 없다. 내년 여름휴가는 뉴칼레도니아로 가자고 애인을 설득할 수도 없다.

소년 갈릴레오와 샹들리에

한 소년이 있다. 소년은 공상을 하고 있거나 지루한 듯 보인다. 하지만 사실은 이와 매우 다르다. 소년은 지금 그 어느 때보다도 생생하게 살아 있다. 호흡이 가빠지고, 맥박이 빨라지며, 동공이 확장되고, 땀이 비쭉비쭉 솟아나온다. 피사 대성당의 아침 미사 시간, 성당 천장에 매달린 샹들리에의 촛불들이 성당 안을 밝히고 있었다. 소년이 머리 위에서 진자처럼 앞뒤로 흔들리는 샹들리에의 움직임에 주목한 순간, 그를 둘러싼 세계는 존재의 의미를 잃었다. 소년의 지성은 지금 샹들리에 운동의 전후를 측정하는 데 완전히 가동되고 있다. 샹들리에는 작지만 극적인 호선을 그리며 움직였다. 결국 그는 각각의 호arc가 자신의 심장 박동 수와 완전히 일치한다는 사실을 깨달았다. 소년의 흥미는 완전히 샹들리에에 쏠려 있었다. 그는 다른 어떤 것에도 관심을 나누지 않았다. 이것은 단순히 집중의 문제만은 아니었다. 샹들리에에 완벽하게 매혹된 소년의 내면은 포물선 운동과 연결되어 있다. 소년은 진자의 움직임과 혼연일체가 된다.

17세의 소년 갈릴레오가 우주의 기본 움직임의 비밀을 밝히는 등시성의 원리, 진자 시계의 발명을 이끈 물리량 증가의 법칙, 현대의 계시이론計時, timekeeping을 만들어낸 것은 이 매혹의 순간이었다. 갈릴레오의 획기적인 증명은 매혹에 잠재된 위대한 창조성을 보여준다.

우리는 단 한순간 만에 누군가에게, 어떤 사물에, 혹은 어떤 생각에 사로잡힐 수 있다. 매혹은 나를 둘러싼 주변 환경과 시간의 흐름을 잊어버리는 '순간의 상실'을 경험하게 한다. 무언가에 홀리면 시간의 경과도, 주변 세상이 존재한다는 사실도 완전히 잊게 된다. 만약 다른 사람들이 당신과 당신의 메시지에 단순히 주목하는 것이 아니라 매혹될 수만 있다면 그들은 당신을 믿고 당신의 메시지를 전파하게 될 것이다.

지금까지 사람들은 누군가를 매혹하는 것은 예측치 못한 우발적인 일로, 의도적인 능력이라기보다 타이밍이나 운이 작용한 결과라고 생각해왔다. 이 때문에 매혹은 조직적, 규칙적인 방식으로 발생한다기보다 신비롭고 영적인 것, 과학적이라기보다 예술적 영역에 속하는 것, 후천적인 훈련이 가능한 것이라기보다 태생적인 특질이라고 여겨졌다. 그러나 나는 예술적 영감과 과학적 기술 양쪽 모두를 이용하여 매혹의 비밀을 밝힐 것이다. 이를 위해서는 심리학, 역사, 행동과학, 생물학, 매스 커뮤니케이션, 뇌과학, 그리고 할리우드 스타들에 대해서까지 다방면의 전문가들의 이야기를 들어볼 필요가 있다.

우리는 왜 바로 '그' 대상에 매혹당하는 것일까? 그 이유를 알아내어 다른 사람을 매혹하는 데 적용할 수 있을까? 마케팅 연구조사기관 켈튼 리서치는 세계 각국의 다양한 연령대와 직업군을 가진 수천 명의 사람들을 대상으로 한 조사에서 사람들은 모두 타인을 매혹하고 싶어 하는 동시에 자신이 매혹될 만한 대상을 원한다는 것을 알아냈다. 이 쯤에서 브랜드에 대해 2가지를 생각해보자. (*주: 마케팅 연구조사 결과를 토 대로 하고 있지만 이 책은 단순히 마케터들을 위한 책이 아니다. 마케팅은 현대 세계에 대한 은유일 뿐이다. 일상에서 이루어지는 모든 관계에서 우리는 늘 마케팅적인 개념을 보고 듣는 다.)

- 사람들은 어떤 상황에서든 가장 매혹적인 사람에게 기꺼이 돈을 지불한다.
- 사람들은 늘 매혹적인 체험을 하고 싶어하며, 자신을 가장 매혹시 키는 상품(브랜드)에 기꺼이 돈을 지불한다.

매혹의 7가지 기제들 중 하나 혹은 그 이상을 의도적으로 활성화시 킬 수 있다면 자신의 가치를 높이고 더욱 효율적으로 경쟁할 수 있게 될 것이다. 세상을 매혹하는 데 실패한 메시지는 아무 효용성이 없다. 간단하다. 세상은 공정하지 않기 때문이다.

우리는 때로 스스로도 이해할 수 없는 행동들을 하곤 한다. '왜' 그 랬는지 정확히 설명할 수 없는 행동이나 선택을 하기도 한다. 왜 이런 일이 발생하는 것일까? 매혹 상태에서 우리들은 종종 논리적으로 생 각하고 행동하는 법을 잊어버린다. 무엇인지 알지도 못하는 행동을 하고, 동의하지 않는 메시지를 믿고, 원하지 않는 물건을 사기도 한다. 매혹이 극한에 달하면 논리적인 평가 과정의 회로가 끊겨 제 기능을 하지 못하게 된다.

특정 대상에 매혹된 사람은 냉정하게 자신의 결정을 분석하기보다 뿌리 깊은 매혹 기제에 사로잡혀 벗어나지 못한다. 우리는 일상에서 자신이 한 선택을 스스로 통제하고 있다고 생각하지만 과연 이것은 옳은 생각일까? 모든 선택에는 7가지 매혹 기제가 작용한다. 이 기제들은 사람들이 자기파괴적인 사이비 종교 집단에 가입하고, 기이한 페티시를 앓으며, 독재자에게 기꺼이 복종하는 이유를 설명해준다. 지불 능력도 없으면서 스포츠카를 사고, 데드라인 직전까지 일을 미루고, 나쁜 사람인 줄 알면서 사랑에 빠지는 이유기도 하다. 이런 일들 뒤에 숨겨진 기제들을 이해한다면 비이성적으로 보이는 결정들이 어떻게 이루어졌는지 이해할 수 있게 될 것이다.

우리가 앞으로 탐구하게 될 몇 가지 예들을 간략히 살펴보자.

왜 약물 오남용 예방 교육 프로그램이 실제로 아이들의 마약 남용을 더 부추겼을까

미국 정부가 매년 1,130억 달러를 지출하고 있는 약물 오남용 예방 교육 프로그램 D.A.R.E는 아이들이 마약에서 멀어지게 하는 대신 오히려 아이들의 마약 남용을 부추겼다. 이 프로그램은 의도하지 않았지만 '악덕'이라는 기제로 아이들을 마약에 매혹시켰기 때문이다. 악덕에 반응하는 것은 십대 청소년들만이 아니다. 대부분의 모반이나 실험 뒤에는 이 기제가 자리하고 있다.

왜 수백만 명의 사람들이 히틀러를 믿었을까

히틀러는 '신뢰' 기제를 끔찍할 정도로 효과적으로 활성화시켰다. 어떻게 이것이 가능했을까? 신뢰는 '연속성'에 기반한다. 히틀러는 이 것을 알고 있었고, 신뢰에 대한 근본적인 진실을 탐구했다. 만약 엄청 난 거짓말을 할 것이라면 그것을 지속적으로 반복해 말하고, 그에 대 한 반박이나 반증을 제거하라. 사람들은 거짓을 진실로 믿게 될 것이 다. 논리성이나 논쟁력은 중요치 않다. 사람들은 이미 자신이 알고 있 는 메시지를 신뢰하는 경향이 크다. 히틀러의 독재 뒤에 숨겨진 이런 교훈들과 우리가 브랜드에 대해 지니고 있는 생각은 크게 다르지 않 다. 신뢰 기제가 작동한다는 측면에서 말이다.

꽃 한 송이의 가격이 어떻게 집 한 채의 가격을 상회하게 되었을까

17세기 후반, 세계는 경제학자들이 첫 번째 거품 경제라고 부르는 현상을 겪게 된다. 이 거품은 주택이나 통화, 혹은 신용카드 문제가 아 니었다. 바로 튤립에서 발생했다. 2006년 부동산 거품 문제처럼 튤립 광란 역시 엄청난 이윤에 대한 소문에서 시작되었다. 최상급 튤립 종 의 가격은 계속 치솟아 올랐고, 루이비통 가방처럼 부의 상징이 되었다. 명성 기제가 투자자들과 계층 의식을 중요시하는 사람들을 사로잡은 것이다. 튤립 가격은 기이하리만큼 치솟았고, 튤립 구근 한 대의 가격이 직장인의 한 달 월급을 상회하는 현상이 일어났다. 그렇다. 돌이켜 보면 이는 광기에 다름없다. 그러나 명성 기제를 근거로 의사결정을 하는 우리들에게 명예와 동료들의 인정은 무시할 수 없는 개념이다.

인간은 왜 미소 짓는가

동물들이 이가 드러나도록 입술을 끌어올리는 것은 대개 공격을 의미한다. 그러나 왜 인간에게만 이것이 친밀함의 표시인 미소가 되는 것일까? 수년간의 논쟁 끝에 진화학자들은 그 수수께끼를 풀었다. 제1부에서 우리는 얼굴 형태를 통해서가 아니라 목소리를 통해 모든 것을 판단한다는 것을 알게 될 것이다. 이런 매혹의 신호를 우리는 이미 많은 곳에 이용하고 있다.

우리의 선택 대부분은 실제로 전혀 스스로 선택한 것이 아니다. 친구, 좋아하는 음식, 애완동물, 불쾌감 등 모든 것은 매혹 기제에 의해 발생한다. 영화 선택에서 씨리얼 구매까지 우리의 선택은 갈증이나 수면욕 등의 욕구에 의해서라기보다는 이러한 것들이 촉발하는 매혹에 의해 이루어진다. 어떤 의견을 믿는다든가, 농담에 웃는다든가, 누군가와 사랑에 빠지는 것 역시 마찬가지다. 우리의 행동은 개인적인 선호도에 의해 통제되는 것이라기보다는 이런 보이지 않는 7가지 기제에 의해 이끌어진다.

　골프에 몰두하고·치킨을 좋아하고, 데드라인 직전이 되어서야 집중력을 발휘하는 등의 일에 대해 질문해보자. 실제로 어떤 일이 일어나고 있는 것일까? 그 행위들의 기저에는 7가지 기제 중 어떤 것이 작용하고 있는 것일까? 매혹이 작동하는 방식을 이해하기만 한다면 우리의 행동이 생각하는 것과는 훨씬 다르게 이루어진다는 것을 알게 될 것이다.

　매혹에 끌려다니지 마라. 이제는 우리가 매혹을 조종할 차례다.

제1부

사로잡을 것인가, 사라질 것인가

Fascinate

F a s c i n a t e

최상의 끌림, 매혹

이성에게 매력적인 사람

세인트 폴 공항 메리어트 호텔의 어두운 칵테일 바. 각기 다른 도시에서 온, 각기 다른 직업을 가진, 서로 접점이 없을 듯한 비즈니스 여행객들이 모여 있는 이곳은 마치 사회적 페트리 접시(세균 배양용 접시-옮긴이) 같다. 라운지는 사람들에게 익숙함과 익명성이라는 편안함을 제공한다.

바텐더는 샘 애덤스나 캔달 잭슨 샤도네이 등을 서빙하면서 매일 밤 이방인들 사이에서 벌어지는 시시덕거림을 일상적으로 대면한다. 이는 두 시간 정도가 고작인 관계를 맺기 위한 진부한 의식이다. 바텐더가 전설적인 독일의 진화인류학자 이레내우스 E. 아이베스펠트 Irenaus Eibl-Eibesfeldt의 이론을 알고 있다면, 이 한밤의 연애 유희의 중심을 차지할 수 있을 것이다. 인류는 이런 일련의 춤사위들을 태초부터 반복적으로 행해왔다. 이 춤의 모든 동작은 상대에게 더욱 매혹적으로 보이기 위해 세심하게 고안되어 있다.

아이베스펠트는 놀랍게도 〈섹스 앤 더 시티Sex and the City〉의 캐리 브래드쇼부터 비문명화된 부족의 여성들까지 여성들은 대륙, 문화, 지역에 관계없이 모두 유사한 비언어적 신호를 사용한다고 말한다. 모든 여성들은 사회적, 경제적 위치나 교육 정도에 관계없이 상대의 흥미를 이끌어내고 매력을 발산하기 위해 모두 유사한 제스처를 사용한다는 사실도 알아냈다. 매혹 행위는 시대와 문화, 지형학적 조건을 넘어선 인류의 타고난 본성이다.

유혹의 춤

조앤 앨리슨 로저스Joan Ellison Rodgers는 《성Sex》이라는 책에서 아이베스펠트가 말하는 여성의 유혹법에 대해 묘사한다. 여성은 미소로 남성을 매혹한다. 눈썹이 올라가고, 아이처럼 순수하게 눈매가 가늘어지고, 입꼬리가 올라간다. 얼굴은 상대방 쪽으로 다소 기울어진다. 그녀들은 예외 없이 잠시 수줍게 눈동자를 굴린 다음 입가로 손을 가져가며, 미소 짓고, 입술을 핥고, 애정을 갈구하는 듯한 눈동자로 상대를 응시한다. 가슴은 앞으로 내민다.

남성들 역시 일반화된 규범을 따른다. 가슴을 앞으로 내밀고, 턱을 돌출시키고, 등을 곧추세우고, 손동작이 커지고, 제스처가 많아지며,

지배자처럼 오만하게 걷는다. (이는 마치 수비둘기가 가슴을 부풀리거나 수고릴라가 가슴을 두드리는 행위와 크게 다르지 않다.) 여성의 유혹 방식과 같이 남성들 또한 자신의 생식적인 건강함에 대한 신호를 보내는 것이다.

매혹, 연애 유희, 관계 맺기

우리는 태생적으로 상대가 보내는 특정한 신호에 매혹당하도록 되어있음은 물론 상대를 매혹하는 방법도 알고 있다. 연애 유희는 매혹의 가장 기본적인 요소이며, 인류라는 종이 가장 쉽게 의존하고 있는 것들 중 하나다. 연애 유희 없이는 짝짓기도 없다. 짝짓기 없이는 종족 보존도 없다. 유전자가 대물림되지 않으면 가족도 없고, 결국 종족이 멸종한다. 자손을 생산하는 것은 이 세 단계의 춤을 효과적으로 표현했다는 증거다.

그러나 주의해야 할 것은 매혹이 성적 매력의 동의어가 아니라는 사실이다. 짝짓기에 대한 비유는 다방면의 현상에 적용할 수 있는 보편적인 현상일 뿐이다. 학문적인 주제라 해도 적용할 수 있다.

매혹은 끌림의 힘이다

끌림의 힘은 지적, 감정적, 물리적인 집중을 강화시킨다. 메리어트 호텔의 커플들은 끌림을 경험하고 있는 것이다. 이런 느낌은 이성 간이 아닌 다른 상황에서도 겪을 수 있다. 영화 티켓을 구매할 때, 아이스크림 종류를 선택할 때, 아이팟의 반복 버튼을 누를 때, 그 정도는 모두 다를지라도 사람들은 모두 끌림을 경험한다.

매혹은 이성적으로 설명할 수 없다. 아니 대부분의 경우 설명할 수 없다. 우리는 일반적으로 "저 사람에게 매력을 느낄거야"라고 생각하며 매혹되지는 않는다. 매혹을 유발하는 근원은 우리가 매혹이라는 개념을 설명하고자 하기 훨씬 오래전부터 인류에게 내재되어 있는 것이기 때문이다.

매혹의 형태는 다양하지만 사냥 욕구, 통제, 안정감, 양육 같은 본능적인 요구에서 기인한다. 어떤 매혹은 단 한순간의 두근거림이기도 하고, 어떤 매혹은 75주년 결혼기념일까지 지속되기도 한다. 매혹에 있어서는 매혹의 지속 기간이나 촉매, 매혹을 촉발하는 특정 기제가 무엇인지를 밝히기 전에 매혹이 대상과 우리를 하나로 강하게 묶어주는 연결고리라는 점에 주목해야 한다. 우리들은 단 한순간일지라도 완전히 넋을 잃을 수 있다. 매혹은 우리의 이성적인 벽을 무너뜨리고, 속마음을 드러내게 하고, 자발적인 복종을 유도하며, 설득당할 준비를 하게 한다.

다시 메리어트 호텔의 바로 돌아가 연애 유희를 하는 커플들을 보자. 여기서는 감정을 주체하지 못하고 다소 얼빠진 사람처럼 보이더라도 상대의 마음을 취할 수 있다. 다소 몰입 정도가 덜하다고 해도 일단 상대를 홀리는 데는 성공할 수 있다. 일단 연애 유희가 시작되면, 그 안에서는 누구도, 어떤 행위도 미친 것이 아니다.

사랑이라고 알려진 정신 질환

연애 유희에서 상황이 잘 진척되었다면 우리의 뇌는 '심취' 혹은 '홀림'이라고 알려진 '애정'이 유발되는 화학작용을 한다. 매혹과 심취는 모두 뇌 내 변연계에서 시작되는데, 이곳은 분노, 흥분, 슬픔, 투쟁-도주 반응(fight-or-flight, 방위 반응의 일종으로 갑작스러운 자극으로 인해 자신의 행동 반응을 결정하지 못한 상태-옮긴이) 등을 관장한다.

'상사병'은 사랑을 정신적 질환으로 보는 관점에서 나온 단어다. 영국의 심리학자 프랭크 탈리스Frank Tallis는 사랑의 증상을 이렇게 표현했다. "정신적 질병에 대한 진단상의 기준에 근거하여 상태를 살펴보자 사랑에 빠진 연인들은 강박증, 우울증, 혹은 조울증 증세를 보였다. 때로는 불면증이나 과민반응, 식욕부진 등이 나타나기도 했다."

사랑이 이토록 중요한 것인가? 노스웨스턴 대학의 심리학자 엘리 핀켈Eli Finkel은 "사랑에 빠지게 되면 평범한 사람들도 광기 어린 증상을 보일 수 있다. 이들은 스토킹, 해킹, 도청 등 이성적인 상태에서는 전혀 상상도 하지 못했던 일들을 거리낌 없이 자행하곤 한다"고 말했다. 진화인류학자 헬렌 피셔Helen Fisher 역시 한창 사랑에 빠져 질주하고 있는 사람들은 도파민 수치가 높아져 평범한 상태에서는 생각지도 못할 위험을 감수할 수 있게 된다고 한다. 사랑은 모든 것을 극복한다. (*주: '속박' 역시 유대감을 의미한다.) 하지만 모든 것이 좋은 방향으로 진행되는 것은 아니다.

여기서 잠깐 생각해보자. 왜 뇌는 우리를 일시적인 광란 상태에 빠지게 하는 것일까? 매혹이 우리의 저항력을 빼앗아가는 이유를 알려면 연애 유희의 비논리적인 특성과 사랑의 광기에 대해 생각해보아야한다.

매혹은 본능적이고 기초적인 의사결정 과정이며, 무의식적인 과정이다. 피셔는 우리의 뇌가 글자 그대로 '사랑에 빠지게 되도록' 만들어져 있고, 이는 인간이 자신에게 최선의 이익을 추구하며 진화한 결과라고 한다. 때문에 사랑은 아이를 만드는 시간 동안, 혹은 제정신이 돌아와서 육아의 불편함을 느끼게 되는 시간 동안만 지속된다고 한다. 진화론적인 이유에서 우리는 '정신병리학적인 로맨스'에 관한 강박관념에 집착한다. 다시 말하면 유전자들의 생존을 보장하여 세대를 이어가기 위해서라는 생물학적인 이유로 우리가 사랑에 집착한다는 것이다.

로맨스에 관한 신화

매혹은 대부분 잠재의식 수준에서 일어난다. 어떤 대상에 이성적으로 주목하는 행위와 달리 매혹은 열정이라는 비논리적인 행동에 가깝다. 매혹이 일어나는 동안 우리는 그것을 깨닫지 못하기도 하고, 종족보존을 위한 생물학적인 이유라기보다는 마음과 꽃다발에 끌리는 것이라고 생각한다. 그러나 깨닫든 그렇지 못하든, 매혹은 우리를 비합리적인 방식으로 지배한다.

이제 '사랑'에 대해 살펴보자. 그러면 우리의 신체가 얼마나 본질적으로 매혹을 만들어낼 준비를 하고 있는지 알 수 있게 될 것이다.

연애 유희와 성이 매혹에 대한 은유라면, 오르가슴은 자체로 극단적인 매혹이라는 말이 된다. 알프레드 킨제이Alfred Kinsey도 매혹이 성적쾌감의 절정이라고 표현한 바 있다. "대부분의 사람들이 오르가슴의순간에 잠시 의식을 잃고, 현실감을 잃어버린다."

본질적으로 매혹은 사로잡은 대상과 사로잡힌 대상 사이에 완전한연대감을 느끼게 한다. 그 순간 사람들은 시간 감각과 외부 세계에 대한 인식을 상실하는 등 현실 세계와의 연결고리를 잃게 된다. 프로이트는 오르가슴을 완벽히 이성적인 사고 기능이 멈추고, 일시적으로 자아 인식마저 상실하는 일종의 최면 상태라고 생각했다. 프랑스 문학에서는 이를 '작은 죽음la petite mort'이라고 표현하기도 한다. 주변 세계에 대한 인지를 상실한다는 의미다.

이런 몰입 상태는 일상생활에서도 경험할 수 있다. '존 현상zone'에 대해 들어본 적이 있는가? 심리학자 미하일 칙센트미하이Mihaly Csikszentmihalyi가 '몰입 상태flow'라고 부르는 이 현상은 '일에 완전히몰두했을 때 일어나는 정신적인 작용으로, 집중력이 활성화된 정신 상태'다. 주변을 둘러싼 세계에 대한 의식을 잃어버리고, 완전하고 순수하게 하나의 자극에만 집중하며, 순간적으로 방어벽을 무너뜨리고, 주목 대상에 대해서만 모든 것이 활성화되는 상태다. 영화에 완전히 빠져든 순간이나 한 가지 생각에 완전히 빠져 있을 때 신체의 감각이 어떻게 변화하는지 생각해보라. 완전히 매혹된 순간 무의식적으로 입이 벌어지고, 혈압이 상승하며, 시간 감각과 주변 세계에 대한 인지를 잃어버리고, 몸을 꼼짝할 수 없게 된다. 극도의 몰입은 강의 시간에 사고를 정지시키고, 농구 게임 중에 '존' 상태를 경험하게 한다. 자기 자신을 잃게 되는 것이다.

사람이든 사물이든 모든 매혹적인 대상들은 우리를 아무것도 하지 못하고 스스로를 소모하게 하며 전란의 소용돌이에 몰아넣는다. 칙센트미하이는 이것을 몰입의 '중독적인 특성'이라고 표현했다. "한 가지에 몰두하게 되면 그 활동에 관계된 것에만 빠져들며 그 외의 것들은 중요하게 여기지 않는 상태에 빠진다. 경험 그 자체가 매우 즐겁기 때문에 사람들은 어떤 대가를 치르고라도 기꺼이 그 일을 하는 것이다."

매혹의 순간은 경험의 절정을 의미하며, 그 어느 때보다 시간을 더욱 충만하게 사용할 수 있도록 해준다. 또한 완벽하게 생생히 살아 있다는 생의 감각을 느끼게 하며, 대상과의 완전한 일체감을 준다. 그러나 매혹 같은 감정이 극단적으로 발전하면 동전의 양면과 같은 감정이 발현된다. 바로 '강박obsession'이다.

매혹이 강박으로 변화하는 순간

누구나 건전한 몰입 상태를 느끼고 주변 세계와의 연결고리가 끊어지는 순간을 경험한다. 그러나 그 연결고리가 강박이나 집착으로 변하게 되면, 사회에서 고립되거나 현실감을 상실하는 등 사회병리학적인 현상을 유발할 수 있다.

매혹은 어떤 종류든 매혹된 사람과 매혹 대상과의 연결고리를 만들어낸다. 연결고리는 때론 강박이라는 부정적인 형태로 나타날 수도 있다. 강박은 세계와 나를 단절시키고, 자신이 연결된 1차적인 대상에만 반응하게 한다. 자기 통제를 잃게 되고, 강박적으로 사로잡힌 행위에만 온정신을 쏟게 만든다. 기피증Phobia이나 중독증 같은 것을 예로 들 수 있다.

기피에서 집착까지

매혹 수준은 집중 정도에 따라 구분할 수 있다. 주방 정리를 예로 들어보자. 대부분의 사람들은 그 행위를 의식적으로 생각하지 않는다. 하지만 강박증에 걸린 사람들은 다른 사람들의 평범한 행동에 신경도 쓰지 못할 정도로 주방 정리만을 생각한다. 그리고 이에 대해 극단적으로 스트레스를 받고 때로 화가 나 있는 심리 상태를 겪는다. 정리라는 하나의 일에 대해서도 몰입 수준은 이처럼 다를 수 있다.

많은 사람들이 PS2나 위Wii 같은 비디오 게임에 빠져 있지만 그것은 대개 휴식이나 놀이의 일부다. 그러나 여기에 극도로 빠져 있는 사람들은 몇날 며칠 다른 것은 아무것도 생각지 않고 이 게임에만 매달린다. 일본에서는 이런 게임에 대한 강박적인 흥미를 일컬어 '게임 오타쿠'라는 신조어까지 생겨나기도 했다. 매혹의 강도에 따라 얼마나 다른 상황이 벌어지는지 살펴보자.

아래의 표는 집중도 수준으로 집착의 정도를 이미지화한 것이다.

'기피'에서 '집착'까지 총 10단계다. 물론 이는 절대적인 것이 아니지만 매혹에 빠진 상태에 대해 대략적으로 알아볼 수 있을 것이다.

주위에서 일상적으로 벌어지는 일들 중 한 가지를 예로 들어보겠다. TV를 보고 있을 때 광고 방송이 나온다고 해보자.

TV 광고를 통해 본 매혹의 단계

기피 능동적으로 TV 광고를 피한다. TV 프로그램만 시청하고 광고
　　　가 나오면 채널을 바꾼다. 의식적으로 결코 광고를 보지 않는다.

무관심 광고가 나오는 시간을 이용하여 샌드위치를 만들러 주방으로 간다.

중립 광고가 나오든 말든 관심이 없다. 굳이 광고를 건너뛰려고 리모컨을 만지작거리지도 않지만 열심히 시청하지도 않는다.

호감 호기심을 자극하는 광고가 나오면 보고, 그렇지 않으면 보지 않는다.

흥미 광고를 재미있어한다.

연대감 광고 시청을 즐긴다. 슈퍼볼 경기를 보고 있을 때 본 경기보다 광고판에 눈길을 준다.

주목 광고를 보기 위해 자신만의 방법을 개발한다. 이를테면 인터넷 광고 카페에 가입을 하거나 최신 광고 자료가 업데이트되는 사이트를 방문한다.

몰입 광고가 생활의 중요한 일부분이다. 광고를 보기 위해 많은 시간과 에너지를 쏟고 어느 정도의 금전 지출도 기꺼이 한다.

강박 비정상적인 행동을 하기 시작한다. 광고에 대해 비이성적인 욕구를 가지게 되고, 현실 세계에서 등을 돌리기도 한다. 광고를 보는 데 자신을 투자한다. 이를테면 수면 시간을 줄이기도 하고, TV에서 눈을 떼면 자신도 모르는 불안을 느끼거나 공황 상태에 빠지기도 한다.

집착 TV 광고는 일종의 마약과 같다. 생활이 광고를 중심으로 돈다. 하루의 대부분을 광고를 보는 데 할애하고 밤낮으로 TV 앞에 달라붙어 떨어지지 않는다. 실직당하거나 결혼 생활이 파탄난다고 해도 포기하지 않는다.

TV 시청에 대해서도 이런 매혹 수준이 적용될 수 있다면 강박은 남녀관계에서 어떻게 나타날까? 가장 극단적인 형태 중 하나가 페티시다. 특정 사물에 대한 선호로 나타나는 세계이다.

매혹의 극단적인 형태, 페티시

페티시는 어떤 행동이나 사물(머리카락, 하이힐 등 무엇이든 상관없다)에 극단적이고, 비이성적인 애착을 보이는 것을 말한다. 이것은 이성이나 일반적인 관심을 넘어서 중독을 촉발한다. 유혹하는 듯한 가벼운 미소가 일반적인 형태의 매혹이라면 페티시는 어둡고 집착적인 극단화된 형태의 매혹이다.

'페티시fetish'라는 단어는 15세기 포르투갈어 '페티소feitiço'에서 유래했다. '잘못된 힘false power'이라는 의미로 한 가지 물건이 상징적인 대상으로 변화되는 힘이다. 보통 사람들에게는 큰 의미를 지니고 있지 않지만 특정 대상에 의미를 부여한 사람들은 그 대상이 아니라면 어느 것에도 자극을 받지 못한다.

페티시는 유방, 립스틱, 머리카락, 실크 천, 관음증 같은 것에서부터 특이한 경우 차의 엔진까지 공통적으로 어떤 사물에서 성적인 것을 연상하는 것이다.

카운슬러 콜 웨스턴Cole Weston은 특이한 페티시를 가진 환자를 진

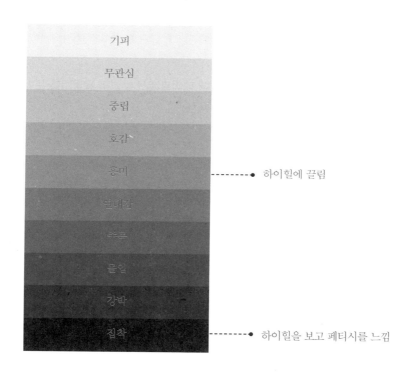

기피

무관심

중립

호감

흥미 ·······● 하이힐에 끌림

열대감

흥분

몰입

강박

집착 ·······● 하이힐을 보고 페티시를 느낌

찰한 적이 있다. 차가 출발하는 소리에 반응하는 사람이었다. 학창 시절 그는 매일 이웃 여성이 차를 몰고 나가는 것을 보았는데 곧 차 엔진 소리를 들으면 성적인 흥분이 고조되었다. 자동차 면허를 딴 후 그는 '곤경에 처한 아가씨'라는 상황을 상상했다. 매력적인 여성이 차를 주차하고 식료품 가게로 들어가면 그가 차의 보닛을 열고 엔진 연결선을 풀어버린다. 쇼핑을 하고 돌아온 여성이 시동이 걸리지 않아 당황하는 순간, 그가 멋지게 나타나 도움을 주는 것이다. 처음에 매혹된 대상이 머릿속에 남아 그를 사로잡고 놓아주지 않은 것이다.

매혹은 이런 잡다한 물건들에만 있는 것은 아니다. 이제 조금 더 흥미로운 우리의 신체를 살펴보자.

여성은 첫 번째 데이트에서 남성의 팔꿈치를 본다

진화생물학자 스티븐 갠지스태드Steven Gangestad와 랜디 손힐Randy Thornhill의 연구 이래 정확한 대칭이 만들어내는 미에 관한 연구는 최근 수년간 활발히 진행되어왔다. 그들은 7가지 신체 부분(예를 들어 팔꿈치 같은)을 측정하고, 좌우대칭성이 DNA의 우월함뿐만 아니라 부모들, 더 나아가 이성에게도 매력적으로 작용한다고 주장했다.

그리고 좌우대칭이 완벽한 사람일수록 더욱 매혹적으로 보이고, 아름다운 배우자를 만날 확률이 높아진다는 사실을 알아냈다. 이런 진화론적인 생물학적 특징들은 좌우대칭에 기반한 성적인 매력만이 아니라 육체적 지배력, 감정적 안정성, 평소 건강 상태 등을 나타내기도 한다.

팔꿈치 측정은 인터넷 사용 기반을 점검하는 것과 다소 유사하다. 빠른지, 편리한지, 필요한 정보가 더 많이 있는지를 점검하는 것 말이다. 그러나 만약 이런 팔꿈치 같은 외형적인 척도가 없다면 어떨까? 그래도 저런 능력들을 알아볼 수 있을까?

갠지스태드와 손힐의 연구에는 재미있는 자료들이 많다. 예를 들어 우리는 어둠 속에서도 미인을 감지할 수 있는데, 그것은 매력적인 사람들이 보통 사람들과는 다소 다른 향기를 풍기기 때문이라는 것이다. 시야를 가리고 있어도, 여성들은 '향기'를 통해 대칭형의 남성을 선택한다. 대칭성이 강한 파트너와 함께 할수록 성적인 매력을 느낄 가능성이 2배가 된다는 자료도 있다. (이는 대칭성이 생물학적으로 장점이라는 근거에서 도출된 연구이다.)

하지만 대칭이 아니어도 불안해할 필요는 없다. 당신이 이 부분의 매력을 발산하지 못한다 해도 사람들은 이외에도 다른 방향에서 영향을 받는다.

외모보다 중요한 것은 면역계다

매혹은 먼저 외모에서 나온다. 하지만 오해는 하지 마라. 얼굴을 가꾸고 날렵한 몸매를 만들기 위해 운동을 하는 것은 생각만큼 중요하지 않다. 우리의 주의를 끄는 결정적인 첫 번째 요소는 체취다. 백화점 향수 매장에 가서 아쿠아 디 지오를 사서 뿌리고 다니라고 말하는 것이 아니다.

우리의 면역MHC 유전자 혹은 조직적합성은 면역 체계를 강화하는 유전자들의 집합이다. 과학자들은 우리가 무의식적으로 향기를 통해 상대의 MHC 유전자 구성을 알아낸다는 사실을 밝혀냈다. 즉, 우리는 체취를 통해 본능적으로 상대의 면역 체계를 탐색한다는 이야기다. 모든 사람들이 그렇지는 않을 것이라고? 물론 이는 다소 이상하게 들릴 수도 있다.

이런 실험이 있다. 남성들에게 이틀 동안 같은 셔츠를 입게 하고, 향수나 비누, 데오드란트 같은 것은 일절 사용하지 못하게 했다. 이틀 후 셔츠에는 실험자들의 체취가 배게 되었다. (셔츠 냄새에 대해서 상세한 묘사는 없었다.) 그리고 두 그룹의 여성들에게 이 셔츠를 주고 블라인드 테스트를 했다. 첫 번째 그룹에는 자신과 같은 MHC 유전자를 가진 남성의 셔츠를, 두 번째 그룹에는 상이한 MHC 유전자를 가진 남성의 셔츠를 주었다.

결과는 어땠을까? 여성들은 자신과 다른 MHC 유전자를 가진 남성의 향기에 더 끌렸다. 이는 잠재적인 자손 번식력을 의미한다. 즉, 상이한 유전자 조합은 면역 체계를 강화하기 때문에 자손의 생존 확률을 높인다. 실험 결과는 일견 타당해 보인다. 상이한 유전자를 가진 커플들이 유산 확률이 낮고 번식력이 더 높기 때문이다. 이 연구는 조직적 합성이 자신과는 완전히 상이한 사람을 선택하라는 사실을 알려준다.

그러나 같은 실험을 피임 중인 여성에게 한다면 어떨까? 완전히 다른 반응이 나타났다.

리버풀 대학의 연구진은 피임약을 먹는 여성들이 동일한 MHC 유전자를 지닌 남성에게 매력을 느낀다는 것을 알아냈다. 피임약으로 인한 호르몬 변화가 유전적 친화성에 관한 판단을 혼란시킨 것이다. 과학자들은 이를 출산을 관리하는 부분이 여성에게 자신의 신체가 임신 상태라고 여기게 하여 유사한 신체 상태를 지닌 남성에게 반응하게 한다는 가설을 세웠다. 이 때문에 때로는 가족 구성원에게 끌리기도 한다. 진화론적 견지에서도 임신 중인 여성은 자신을 보호해주고 자식을 길러줄 사람들과 함께 있으려고 한다. 피임약 복용은 의식적으로 조절할 수 있다. 그러나 남성의 MHC 유전자에 끌리는 현상 같은 매혹의 요소들은 대개 그렇지 않다.

배란기의 여성이 배우자에게 더욱 매혹적이라는 것을 입증하는 연구는 다양하다. 특히 생식 상태에 있는 여성은 그들의 파트너에게 더욱 상냥하고 세심하며, 남성이 떠나지 않도록 자신의 남자를 지키는 행위를 한다. 뉴멕시코 대학의 연구진들은 배란기에 있는 바의 댄서들이 다른 댄서들보다 팁을 30퍼센트 이상 더 받는다는 것을 알아냈다. 즉, 월경 주기에 따라 팁을 받는 횟수가 달라진다는 것이다. 또한 한 달 중 배란기에 받는 팁의 총 액수가 그 나머지 날에 받는 팁의 액수보다 30퍼센트 이상 높았다. 피임약을 복용하는 댄서들의 경우에는 팁 액수에 변동이 없었다. 피임이 댄서들의 주 수입원이 생기는 날을 박탈한 것이다. 즉, 피임이 연간 수천 달러의 잠재적인 손실을 가져온다고도 할 수 있다. 만약 MHC 유전자가 매혹을 담당하고 있다면 피임이 그 반대의 결과를 가져올 수 있을까? 무의식 중에 우리의 행동을 이끄는 다른 매혹 요인들은 없을까? 대부분의 매혹 기제들은 우리의 인식 바깥에 자리하고 있으며, 대부분은 우리의 통제 밖에 있다.

지금까지 연애 유희, 페티시, 팔꿈치, MHC 유전자들을 살펴보면서 매혹의 유전자가 인간에게 내재되어 있는 방식을 살펴보았다. 우리는 특정 대상에게 의식적인 선택이나 판단의 결과로써가 아니라 불합리하고 마법 같은 끌림을 느낀다. 물리적인 끌림은 끝이 아니라 시작이다. 〈가십 걸Gossip Girl〉의 재방송을 보는 것에서부터 가족들과 함께 시간을 보내는 것까지 우리의 행동을 설명하기 위해서는 매혹 기제들에 대해 자세히 알아보아야 한다.

누군가에게 끌리고, 대화를 계속 이끌어나가고, 어떤 사건이 특히 기억에 남는다면 한번 생각해보자. 이런 흥미를 강화하는 우리의 의사결정 뒤에는 과연 어떤 일이 일어나고 있는 것일까? 미소 한 가지에 대해서 설명하려 해도 복잡한 매혹 기제에 대한 올바른 추론이 필요하다.

F a s c i n a t e

매혹적인 얼굴

우리는 설득하는 법을
정확히 알고 태어난다

뇌간을 기초로 정보를 처리하는 비열한 뇌가 만들어진 이후, 수억
세대를 거치는 동안에도 끌림의 가장 기본적인 형태는 '매혹'이었다.
매혹은 생존에 기반하는 것이기 때문이다. 멸종된 것들은 사라지고,
살아남은 것들이 승리한다.

아마존 정글에서 아마존닷컴까지

머리가 어지러울 정도로 수많은 선택지들 중에서 눈에 띄기 위해
노력하는 것은 마케터들만이 아니다. 꽃 역시 그렇다. 플로리다 대학
의 생물학 교수 데이비드 딜처David Dilcher는 "식물의 개화는 세계에
자신을 알리는 첫 번째 광고 행위다. 그들은 아름다운 꽃잎, 화려한 무
늬, 향기로 곤충을 유혹하여 결국 과즙이나 화분을 보상으로 얻는다"

고 말했다.

식물의 광고 캠페인은 아마존 열대 우림에서도 수행되고 있다. 아마존 정글에서 자원을 쟁취하기 위한 경쟁은 다양한 매혹 전략을 만들어 내게 한다. 3,000만 종 이상의 식물들이 빽빽하게 들어찬 열대 우림에서 개개의 식물들은 음식을 얻고, 자기 보호를 하고, 햇빛을 쪼이기 위해 맹렬히 노력한다. 자신만의 생태적 지위를 만들어내기 위해 각기 다른 적응 방식을 개발하고, 부산물들을 만들어내는 식물들은 마케터들이나 다를 바 없다.

지구상에서 가장 경쟁적인 장소가 아마존 정글이라면 두 번째로 경쟁적인 장소는 아마존닷컴이라 할 수 있다. 수많은 경쟁자들로 들끓는 환경에서 책들은 매혹을 위해 수많은 방식으로 경쟁하며, 경쟁이 심해질수록 사람들에게 선택받기는 더욱 어려워진다. 생존을 위해 꽃들이 곤충들을 유혹해야 한다면 이들은 독자들을 유혹해야 한다.

진화의 역사에서 우리 선조들이 저녁거리로 먹을 맘모스를 사냥하는 것과 같이 본능적으로 현대의 우리들 역시 버거킹 드라이브 인에서 더블 와퍼를 주문한다. 이런 본능은 완전히 뼛속에 새겨진 것으로 오늘날에도 감소되지 않았다. 호모 사피엔스로서 커뮤니케이션을 할 때 그 대상은 단순히 바로 앞에 있는 사람만이 아니라 수백만 년 전 선조들에게 물려받은 특성들과도 맞대면하고 있다는 사실을 고려해야 한다. 남아 있는 생존 본능은 현대의 환경과 충돌하며, 우리의 행동 대부분은 여전히 뇌의 이성적인 부분을 벗어나 있다. 우리는 이미 바디랭귀지가 의사결정에 영향을 미친다는 것을 알고 있다. 그러나 이보다 더욱 강력한 것이 있다. 바로 얼굴 표정이다.

신생아의 첫 번째 책략

우리는 끊임없이 미소, 커진 눈동자, 찌푸린 얼굴, 눈물 같은 얼굴 신호를 읽는다. 단지 두 눈동자와 코, 미소로 우리는 감정과 상대의 성격, 의도를 읽고 해석한다. 얼굴은 생존의 핵심으로 우리는 사람의 얼굴을 보고 해석하는 날카로운 능력을 지니고 태어난다. 이는 대부분 놀라울 정도로 정확하다.

1960년대 초, 발달심리학자 로버트 프란츠Robert Franz는 우리가 얼굴 같은 특정한 형태를 감지하는 능력을 타고 태어난다는 것을 알아냈다. 그는 현대의 MRI 장비의 도움을 받지 않고 자력으로 단순하지만 멋진 실험 한 가지를 했다. 그는 신생아 단계의 피험자에게 2가지 사물을 제시했다. 테이블 좌측에는 명암대비가 뚜렷한 과녁을, 우측에는 사람의 얼굴을 연필로 그린 간단한 스케치를 놓았다. 그리고 테이블 뒤에 작은 구멍이 뚫린 장막을 세우고 장막 뒤에 몸을 숨기고 관찰을 시작했다. 그의 이론은 발달심리학계를 발칵 뒤집었다.

그때까지 발달심리학계에서는 갓 태어난 신생아의 눈동자는 초점 없이 여기저기를 둘러보거나 특정한 지점을 무심하게 바라본다고 여겨져왔다. 그러나 프란츠는 오히려 신생아는 일생의 어느 단계보다 훨씬 더 형태에 주목하며 특히 인간의 얼굴처럼 특정한 것을 선호하기까지 한다는 것을 입증했다. 그는 이 실험을 통해 생후 2개월 된 신생아들이 인간의 얼굴 스케치에 2배 이상 관심을 가지고, 2배 이상의 시간을 들여 관찰한다는 사실을 밝혀냈다. 신생아들이 12인치 떨어진 곳에 있는 사물들을 가장 명확히 볼 수 있다는 등 시각 인지 범위도 알아냈다. 이는 젖을 먹을 때 엄마의 얼굴과 아이의 얼굴이 떨어져 있는 거리와 거의 일치한다.

프란츠의 발견은 발달심리학계에 엄청난 파장을 불러일으켰다. 얼굴에 끌리는 것이 후천적으로 습득된 것이 아니라 선천적으로 타고난 것임을 입증한 것이다. 심지어 그의 실험들은 우리가 다른 사람(사물)들과 관계를 맺을 수 있도록 하는 생존 메커니즘이 이미 확립된 채 태어난다는 것을 증명했다. 우리는 본능적으로 얼굴에 끌린다. 그 얼굴이 보여주는 신호를 포함하여 말이다.

얼굴은 우리가 재빨리 다른 사람의 행동 동기를 파악할 수 있게 함으로써 생존에 중대한 역할을 한다. 사실 얼굴에 주목하는 것은 뇌의 중대한 기능 중 하나다. 우리의 뇌에는 인간의 얼굴에 대한 인식과 해석, 반응을 주관하는 영역이 있다. 얼굴 인식 영역FFA, Fusiform Face Area이라 불리는 뇌역이다. 뇌의 아래쪽, 대뇌 측두엽 깊은 곳에 자리 잡은 FFA는 얼굴과 표정(감정)을 구별하고 해석하는 데 필요한 고도의 시각화 과정이 이루어지는 곳이다. 뇌과학자들은 최근 MRI를 이용하여 우리의 뇌가 목표물을 정확하게 조준하는 핀포인트pinpoint를 가지고 태어난다는 것을 밝힘으로써 프란츠의 이론을 보강했다. 2,500만 명의 관련 연구자들이 당신이 좋아하는 것, 말하고자 하는 것(치킨치미창가를 먹고 싶은지 빈부리또를 먹고 싶은지) 등을 뇌를 통해 알 수 있다는 이야기다.

이러한 인간의 타고난 선호도에 관한 연구들은 마케터들에게 소비자들이 세계를 인식하는 방식을 알려줌으로써 이에 대해 즉각적, 무의식적으로 영향을 미칠 수 있는 유용한 방식을 제공한다. 자동차 제조업체 다임러 크라이슬러Daimler Chrysler는 MRI를 이용하여 젊은이들이 세 종류의 차체 스타일을 선호한다는 것을 알아냈다. 스포츠카, 세단, 경차의 순서다. 스포츠카는 뇌를 가장 활성화시켰다.

그러나 이런 발견보다 더 주목할 만한 것은 뇌의 어디에서 이런 활동이 일어나고 있는가에 관한 것이다. 바로 뇌의 측좌핵(쾌락과 관계된 곳으로 코카인 중독자가 코카인을 원할 때 활성화된다)으로 물리적인 보상을 강렬히 원하는 것과 관련된 심층적이고 1차적인 영역이다. 이전에 과학자들은 이 영역이 초콜릿, 코카인, 성적 흥분과 같은 물리적인 보상에 반응한다는 것을 알아낸 바 있다. 그러나 이제 연구자들은 이 뇌역이 인위적인 주제(스포츠카 같은)에도 감정적으로 활성화된다는 것을 알아냈다.

더욱 놀라운 것은 그다음에 일어난 일이다. 연구자들은 젊은이들에게 가장 끌리는 특정 브랜드에 대해 묻고, 뇌의 패턴을 관찰했다. 놀랍게도 피험자들이 좋아하는 모델에 대해 평가할 때, 뇌의 이 부분이 다시 한 번 활성화되었다. 이런 감정적 점화는 FFA에 자리하며 이곳은 얼굴을 구별하는 영역이기도 하다.

이러한 얼굴과 해석 사이의 연관관계는 스포츠카에만 적용되는 것이 아니다. '의인화'는 인간적인 특성을 지니고 있지 않은 사물이나 동물에 인간적인 특징을 부여해주는 것으로, 이는 연관관계를 창출해낼 때 종종 쓰이는 일반적인 방식이다. 어떤 대상이 인간의 얼굴과 유사할수록 우리가 그 대상에게 느끼는 감정적인 애착(부착)은 더욱 커진다.

광고는 종종 이러한 반응들을 교묘히 조종한다. 미쉐린 타이어 Michelin는 별것 아닌 타이어 더미들에 한 쌍의 활기찬 눈동자와 미소를 부여함으로써 번뜩이는 개성을 획득했다. 필즈베리 더프 보이, 스크러빙 버블Scrubbing Bubbles을 비롯한 의인화 기법을 이용한 많은 브랜드들이 70년대와 80년대에 개발되었다. 얼굴에 관한 최근 연구들을 돌이켜보면 이때의 기술로 되돌아가야 할 듯하다. (*주: 시스코Cisco의 카우보이, 보잉Boeing의 친구들, 3M의 삼총사, H&R의 블록 등 이러한 것들을 생각해보면 별 특징 없는 대상에 우리가 무엇을 해야 할지 깨닫게 될 것이다. 물론 모든 브랜드가 인간적인 감성을 느끼게 하기 위해 제품에 얼굴을 박아 넣는 것은 아니다. 애플Apple을 생각해보라. 애플은 매우 신기하다. 애플은 자사의 제품에 인간의 숨결을 불어넣는 데 탁월한 재능을 가지고 있다. 일반적으로 절전 상태에서 컴퓨터가 꺼지면서 불이 깜빡이는 상태를 맥Mac은 '심장이 뛴다'고 표현했다.)

얼굴을 통해 연대감을 촉진하는 이 기법은 특히 아이들에게 유효하다. 의인화의 효과를 입증하는 초기 사례는 꼬마기관차 토마스 시리즈 Thomas the Tank Engine다. 이 시리즈물은 기관차에 인간의 얼굴을 부여함으로써 이야기의 의도와 감수성을 전달한다. 오늘날에도 대형 할인점의 장난감 통로를 지나다니다보면 '얼굴'을 통해 아이들과 기계 사이의 결속감을 강화한 제품들을 심심찮게 볼 수 있다. 꼬마기관차 토마스에서부터 뚝딱뚝딱 밥 아저씨Bob the Builder까지 말이다.

만약 꼬마기관차 토마스가 얼굴을 가지고 있지 않았다 해도 아이들이 이 장난감에 주목했을까? 아마도 아닐 것이다. 얼굴이 있기 때문에 아이들은 기관차가 경험하는 일을 자신이 경험하는 것으로 동일시할 수 있다. 장난감이 가지고 있는 얼굴은 아이들에게 이야기에서 가장 큰 인간의 진실을 이끌어내고, 이야기가 담고 있는 메시지를 내면화, 주관화하고, 아이들 각자의 인생에 교훈을 적용할 수 있게 해준다.

얼굴을 식별할 수 없게 된다면

만약 뇌가 본능적으로 다른 사람들에게 주목하는 능력을 타고 나며 이를 통해 세계와 우리를 연결해준다면, 즉 얼굴 인식이 생존은 물론 종족 보존을 위한 근본적인 자질이라면, 이러한 근원적인 기반 없이 인간관계를 맺는 것이 가능할까?

해리슨 프랫Harrison Platt은 생후 18개월이 될 때까지 6개월 단위로 받은 정기검진에서 소아과 의사들에게 어떤 문제도 없다는 진단을 받았다. 그러나 해리슨의 엄마는 무언가가 잘못되어 가고 있다는 것을 느꼈다. 해리슨은 엄마가 말을 해도 입 모양도 보지 않고, 눈도 마주치지 않았다. 이런 이상행동은 무언가를 암시하는 듯했다. 해리슨은 보지 못하는 것이 아니었다. 장난감들을 한 줄로 세워놓기도 하고, 때로는 점심 시간부터 저녁 시간까지 온종일 장난감들을 일렬로 세우는 데 몰두하기도 했다. 시간이 지날수록 해리슨이 시력은 정상이지만 사람의 얼굴을 감지하지 못한다는 느낌이 뚜렷해졌다. 엄마가 손뼉을 치며 주의를 유발해도, 아이는 어떤 동작도, 어떤 감정도, 어떤 표정도 나타내지 않았다. 24개월이 되어 받은 정기검진에서 해리슨은 결국 자폐라는 진단을 받았다.

의사들은 MRI를 통해 아이의 뇌를 유심히 살펴봤고, 결국 해리슨이 사람들을 눈으로 보지 않는 이유를 알아냈다. 보통의 아이들과 달리 해리슨의 뇌는 엄마를 볼 때와 낯선 사람을 볼 때 항상 같은 반응을 보였다. 그리고 해리슨은 엄마보다 가지고 노는 장난감에 더 크게 반응했다. FFA가 주위에 널려 있는 수많은 대상들과 엄마의 얼굴을 구별하고, 엄마의 얼굴에 다른 것들보다 더 큰 의미를 부여하는 일을 제대로 수행하지 못하는 것이었다.

예일 대학에서 뉴로 이미지 개발 프로그램을 연구하는 로버트 슐츠 Robert Shults와 동료 연구진들은 3년간의 연구 끝에 결국 이러한 현상이 생기는 원인을 밝혀냈다. FFA가 상대의 얼굴을 인식하는 과정에서 자폐아들은 상대의 얼굴을 평가하는 과정을 진행하지 못함은 물론 얼굴에 끌리는 인간의 생득적 필요 욕구 자체가 결핍되어 있었다. 얼굴은 사람들의 성별, 나이, 감정적인 상태 등 중요한 정보들을 전달한다. 이 정보들을 해독하는 것은 사람들과의 관계성, 즉 사회성에 중대한 영향을 미친다. 이 때문에 자폐증 환자들이 타인과 내면적으로 감정적 관계를 맺는 것이 필연적으로 어려울 수밖에 없다.

자폐증 환자들은 얼굴을 사람으로 인식하기보다 하나의 대상으로 본다. 사실상 그들에게는 사람과 사물 사이를 구별하는 것이 불가능하다. 이는 FFA가 우리의 사회성을 길러주고, 관계를 맺게 해주도록 만드는 여러 가지 방식, 즉 타인에게 감정을 이입하고, 기분을 파악하며, 행동을 예측하게 하는 모든 것이 힘들다는 이야기다.

이런 것을 염두에 두고 우리의 친구 꼬마기관차 토마스로 돌아가보자. 〈뉴욕포스트〉에 실린 〈미국 자폐아 세계의 대통령〉이라는 기사는 '토마스를 보며 자신의 아이를 기리는' 부모들이 보낸 수많은 편지에 대해 언급하고 있다. 과장된 표현과 명백하게 드러나는 감정들이 아이들로 하여금 표정을 이해하고 그 뒤에 숨겨진 의미를 알 수 있게 하는 데 도움을 준다는 것이다. 영국 자폐아협회도 자폐아들이 그 어떤 캐릭터보다 꼬마기관차 토마스를 선호한다는 연구 결과를 발표했다. 즉, 자폐아들은 인간의 얼굴에 끌리지 않는 반면, 의인화된 캐릭터의 얼굴에는 끌린다는 것이다. 이는 곧 사람의 얼굴을 감식할 수 없는 아이들도 '얼굴'에 끌리는 것을 생득적으로 타고난다는 것을 시사한다.

모나리자, 83퍼센트의 행복한 미소

수 세기 동안 우리를 사로잡은 얼굴, 그리고 그 얼굴에 담긴 의미가 사회적으로 강요되어왔던 얼굴 모나리자. 우리는 레오나르도 다 빈치의 정체불명의 명작 뒤에 숨겨진 정확한 감정을 읽어낼 수 없다. 이 때문에 수십 년간 이 그림이 우리를 매혹해왔는지도 모르겠다. 최근 얼굴 감정 인식 프로그램을 통해 모나리자의 얼굴을 분석해보니 모나리자의 표정은 83퍼센트의 행복, 9퍼센트의 가식, 6퍼센트의 두려움, 2

퍼센트의 화로 이루어져 있다고 한다. 그 찡그린 얼굴은 우리에게 신비감을 이끌어내며, 매해 수십만 가구의 가정을 파리로 집단 이동시켜 그 그림 앞에 다가가게 만든다.

우리가 (의도적이든, 그렇지 않든) 방출하는 얼굴의 모든 매혹 신호 중에서 가장 중요한 것은 미소다. 진화론적인 관점에서 인간의 미소는 수년간 과학자들을 곤혹스럽게 했다. 동물의 왕국에서는 입가를 안쪽으로 당기고, 이를 드러내는 것은 공격 신호로 여겨진다. 으르렁거림과 같이 지배 의도를 표출하고, 일촉즉발의 공격 상태를 보여주는 것이다. 그러나 인간 사회에서 이 같은 행동은 유화 정책이고, 방어적인 접근과 복종의 의도를 나타낸다. 즉, 미소는 당신과 관계를 맺을 것이니 안심하라는 신호인 것이다. 그러나 이를 이해하기란 어렵다.

인간은 왜 웃는가

인류학자들은 동물들의 행동을 관찰한 후 이를 다소 가감하여 인간의 행동을 설명한다. 미소의 수수께끼는 수백 년간 인간 사회에서 풀리지 않은 난제 중 하나였다. 버클리 대학의 언어학자 존 J. 오하라 John J. Ohala 교수는 미소 짓는 얼굴만이 눈에 보이는 신호를 전달하는 것은 아니라고 한다. 오히려 웃음에서 주목해야 할 것은 소리다.

미소의 수수께끼를 이해하기 위해서는 먼저 왜 우리가 저음이나 고음에 주목하는지 알아야 한다. 큰 동물은 깊은 소리, 낮은 음조, 큰 성량을 가지고 있다. 개의 으르렁거림을 깊이, 위압감, 공격적인 울림의 측면에서 생각해보라. 동물들 사이에서 낮은 음조의 깊은 소리는 위협의 신호다. 반대로 높은 소리, 작은 성량은 온건책, 유화책을 상징한다. 개가 발톱을 아래로 내리는 것은 자신을 낮추고, 복종하겠다는 대대로 이어져온 행위다.

인간 세계에서 이와 같은 높은 음조와 낮은 음조 현상에 대해 생각해보자. 목소리가 높을수록 예의 있고, 공손하게 보인다. 아이를 어를 때는 목소리와 눈썹이 올라간다. 하지만 상대에게 위압감을 주고, 지배하려고 한다면 자연히 목소리는 낮아지고 눈썹은 내려간다. (*주: 음조와 얼굴 표정 사이에는 기이한 연관관계가 있다. 뇌과학자 데이비드 휴론David Huron 박사는 간단한 실험을 했다. 입술을 O자 형으로 오므리고, 편안한 음조로 노래하면서 얼굴 표정을 살펴보라. 자, 이제 가능한 가장 높은 음조로 노래해보자. 뺨과 눈썹이 얼마나 올라가는가. 다음으로 가능한 가장 낮은 음조로 노래해보자. 뺨과 눈썹이 어디까지 내려가는가. 그리고 얼마나 공격적인 감정이 드는지 생각해보라.)

남성은 사춘기에 몸집이 커지고, 테스토스테론 수치가 올라가며, 목소리는 저음이 된다. 이러한 생득적인 특질은 깊은 목소리와 지배성 사이의 의식적인 연결고리다. 마거릿 대처는 '철의 여인'이라고 불리기 전과 후에 이와 유사한 변모를 겪었다. 정치 활동을 하면서 그녀는 자신의 제안이 중요하게 여겨지지 않는 것은 높은 목소리 때문이라고 생각하여 목소리 트레이닝을 받았다. 이후 사람들은 (무의식적으로) 그녀가 크고, 지배적인 성향의 사람이라고 생각하게 되었다.

하지만 모든 문화권이 낮은 목소리에 가치를 부여하는 것은 아니다. 어떤 문화권에서는 높은 음조를 선호한다. 중국에서는 높고 달콤한 가성이 선호되는데, 여성들은 구직을 할 때 달착지근한 목소리가 더 나은 직업을 획득하게 해준다고 생각한다. 성형 수술 시장에서도 '목소리 수술'은 빈번하게 행해진다. 성대를 분할하는 목소리 수술은 목소리를 높이고, 사람들의 감정에 깊이 각인된다는 것 때문에 폭발적인 인기를 끌고 있다. 뿐만 아니라 구강을 더 작게 하고 다른 사람의 음조를 흉내냄으로써 더욱 '공손한' 목소리를 만들어내기도 한다.

이제 이러한 사실을 염두에 두고 다시 미소로 돌아가보자.

1980년 11월 오하라는 《미소에 있어서 음향의 기원The Acoustic Origin of the smile》이라는 논문을 발표했다. "여운을 남기는 높은 목소리는 성도에서 목소리가 산출되는 듯이 보이는 유아기적 발성의 특징을 보여준다. 높은 울림(공명)은 성도를 올르거나, 입가를 작게 오무림으로써 얻을 수 있다." 우리는 미소를 지을 때 치아가 드러나도록 뺨을 끌어올리고, 목소리를 높이는데 이런 입 모양은 음조를 높이게 된다. 이는 본능적으로 지배 성향을 낮추고 더욱 친근한 사람으로 여겨지게 한다. 이것이 중국 여성들이 더욱 공손해 보이도록 목소리 수술을 하고, 마거릿 대처가 권위적으로 보일 수 있도록 목소리 트레이닝을 받는 이유다.

미소는 위협성을 낮추고, 더욱 친근하고 접근하기 쉽게 보이도록 소리는 내는 데서 시작한 결과물이다. 시각적 신호가 아니라 청각적 신호인 것이다.

사회적 상호작용으로 발생하는 미소는 보이는 그대로를 의미하지는 않는다. 진화론적 견지에서 보면 상대에게서 알아야 할 중요한 정보를 취하고, 관계를 맺고 싶다는 욕구를 표출하고, 공공연하게 친밀한 의도를 전달하는 외부적인 접근법이기 때문에 사람들은 미소에 매혹되는 것이다.

왜 여자들은 재미있는 남자를 좋아할까

미소와 같이 유머 감각도 진화론적인 이유에서 우리를 끌리게 한다. 최근 연구들은 여성이 재미있는 남성에게 끌린다는 것을 보여주는데, 이는 유머 감각이 이상적인 배우자로서 높은 지력과 건강 상태를 보여주기 때문이다. 공작의 꼬리는 건강한 DNA를 표현하는 것으로 이성을 유혹한다. 유머가 여성에게 인상을 남기는 것이다. (만약 상대가 배가 고프거나 아픈 상황에서라면 아마 당신의 농담이 초토화될 수도 있다.) 생물학적으로 말하자면 재미있는 남성은 자손을 이을 가능성이 더 높다고 할 수 있다.

무엇이 사람에게 웃음을 주는가? 코미디 프로그램? 촌철살인의 화법? 서커스 공연? 방귀 쿠션같은 장난감? 인간의 얼굴 인식 방법에 관한 전문가인 스털링 대학의 심리학자 앤서니 리틀Anthony Little 박사는 다른 사람들을 지각하는 것은 특정한 얼굴 부위의 특징을 조합하는 것과 관계가 있다고 한다. 인간은 선천적으로 비대칭형의 얼굴보다 대칭형의 얼굴을 선호한다. 코미디언들의 얼굴을 생각해보면, 웃음을 주는 얼굴에 어떤 특징이 있는지 쉽게 연상할 수 있을 것이다.

20명의 코미디언들의 얼굴에서 179가지의 얼굴 특성을 정밀 조사한 결과 리틀은 웃음을 만들어내는 최적의 조합을 찾아냈다. 둥근 얼굴, 좁은 이마, 큰 눈, 튀어나온 광대뼈, 크고 넓은 코, 큰 입술이다. 〈인디펜던트〉의 칼럼에서 그는 "얼굴은 사람의 특성을 시사하는 강력한 기제다. ……성공한 코미디언들은 부드럽고 여성성이 느껴지는 얼굴형을 지니고 있다"라고 하면서 그 원인을 "아기는 엄마의 얼굴에서 느껴지는 온화함과 친숙함에 반응하도록 선천적으로 프로그램되어 태어난다. 부드럽고, 여성성이 느껴지는 얼굴은 우리에게 안락함과 편안함을 제공해준다. 이것이 웃음을 유발한다"고 썼다.

그의 연구를 이용하여 '완벽한 코미디언의 얼굴'을 만들어보니 〈더 오피스The Office〉라는 TV 시리즈에 등장하는 영국인 코미디언 릭키 제바이스Ricky Gervais의 얼굴과 매우 닮은 얼굴이 만들어졌다. 그의 얼굴은 누구보다도 우리를 웃게 한다. (간결성이 유머 감각의 핵이라면, 제바이스의 얼굴은 명백히 그렇다.)

사회적 매개물로서 미소

우리는 첫인상을 만들어내기 위해 특정한 시각적 신호에 의존한다. 전화 통화를 하는 동안 무슨 일이 일어나는지 생각해보자. 우리가 실제로 상대를 보지 못할 때, 미소는 어떤 역할을 할까? 통화를 하는 동안 우리는 상대를 보지 못하지만 청각적 신호를 들을 수는 있다.

오하라의 말을 생각해보자. 진화론적 견지에서 친근하게 '보이기' 위해 미소를 짓는 것이 아니다. 통화를 하는 동안 우리는 본능적으로 미소를 짓는다. 친근한 목소리를 위해 의도적으로 하는 행위인 것이다.

기술 발전에 따라 매주 새로운 기계장치들이 등장하고 있는 시대지만 진화론적인 관점에서 우리의 인간적 특성들은 사라지지 않는다. 우리는 여전히 상대가 보내는 감정 신호를 포착하기 위해 노력하며, 감정 상태와 의도에 대한 수백 개의 미세한 힌트들을 주고받는다. 우리는 이런 사실을 거의 깨닫고 있지 못하지만, 이런 힌트들을 통해 상대방에 대한 의견과 의사를 신속하게 결정한다. (상대 역시 우리에 대해 마찬가지의 과정을 수행한다.)

인간으로서 우리는 매 시각 목소리로, 체취로, 표정으로 상호작용하고 있는 상대를 매혹한다. 어떤 이들은 자신의 매혹 신호들을 의식적으로 사용하기도 하며, 능숙하게 그것들을 다룸으로써 자신의 경쟁 이점으로 삼기도 한다. 포커 챔피언십에서는 상대의 의도치 않은 사소한 신체적 신호를 읽음으로써 우승하기도 하고, 마릴린 먼로는 무의식적으로 침실에서 그녀의 모습을 상상하게끔 만드는 청각적 신호를 통해 청자들을 매혹한다. 제2부의 2장 '욕망'에서는 그 이유를 밝힐 것이다. 그러나 이런 유명한 배우나 포커 챔피언들이 아니라 하더라도 우리들은 본능적인 매혹 신호들을 지니고 태어난다.

만약 이런 본능적인 신호들을 자유자재로 사용할 수 있게 된다면, 사람들은 당신의 편이 될 것이다. 그러나 그렇지 않다면 사람들을 당신의 편으로 끌어들일 수 없다. 마케팅의 경우 소비자들은 광고 채널을 돌리고 상품 판매대를 무심히 지나치게 될 것이다.

F a s c i n a t e

매혹과 미디어

우리는 매일 설득당하고
영향을 받는다

기억장애와 햄프턴의 미로

영국 햄프턴 코트의 미로는 500년의 역사를 자랑하는 세계에서 가장 유명한 미로 중 하나다. 헨리 8세의 궁전 뒤에 담쟁이덩굴과 풀로 만들어진 높은 담장이 미로같이 복잡하게 이리저리 구부러져 있는 이곳은 마치 《이상한 나라의 앨리스》에서 막 튀어나온 듯하다. 이곳은 또한 기억에 관한 연구를 하기 가장 좋은 장소 중 하나기도 하다.

만성 기억장애 환자를 대상으로 한 연구가 있다. 이곳에 와본 적이 없는 기억장애 환자를 데려와 미로를 보여주고 여기에 와본 적이 있느냐고 묻자, 그는 '없다'고 답했다. 연구자들은 피험자에게 호루라기를 주고 중간 지점에 도달하면 호루라기를 불라고 지시하고 시간을 기록했다. 그리고 장벽을 지나갈 때 향을 피워 길을 인도했다. 다음 날 연구자들은 같은 일을 반복했다. 피험자에게 미로에 와본 적이 있냐고 묻자 그는 '없다'고 대답했다. 연구자들은 다시 피험자에게 호루라기를 주고 중간 지점에 도달할 때까지 걸린 시간을 기록했다. 사흘째 되는 날 역시 같은 과정이 반복되었고, 피험자는 이번에도 미로에 와본 적이 없노라고 대답했다. 그리고 다시 그가 중간 지점에 도달할 때까지 걸린 시간을 측정했다.

피험자는 자신이 미로를 통과했던 경험을 기억하지 못했지만 이상한 일이 일어났다. 그는 매번 새로운 길로 미로를 통과했는데, 그가 미로를 통과하는 시간이 점점 짧아졌던 것이다. 이전의 경험을 통해 미로의 길을 기억해내지는 못했지만 그는 무의식적으로 출구를 찾는 법을 습득했던 것이다.

기억은 우리가 의식적으로 기억하든 그렇지 않든 항상 작동하고 있다. 우리는 매일 온종일 주변 세계가 내보내는 정보를 수동적으로 받아들인다. 그 메시지들이 의식에 남아 있지 않다고 해도 이는 사실이다. 수십 년간 반복되어온 기억은 결국 우리의 행동을 형성한다. 이것이 광고가 작용하는 방식이다. 미로를 찾는 기억장애 환자처럼 우리들은 수년 동안 깨닫지 못한 채 브랜드의 메시지를 수동적으로 흡수하고 있다.

기억장애 소비자들

마인드셰어 노스 아메리카Mindshare North America의 CEO 필 코델

은 한 가지 이야기를 들려준다. 코넬의 이야기는 기억장애 환자(소비자)가 미로(미디어 환경)를 통과하는 법을 기억하는 방식을 보여준다. 코넬은 광고 메시지에 주목하지 않고 이리저리 배회하는, 심지어 냉담한 소비자들을 유혹할 만한 마케팅 메시지를 고안했다.

코넬은 "전통적인 광고 모델은 소비자들이 수동적으로 정보를 받아들이고, 소비자들의 기억에 서서히 스며들게 한다는 규칙을 토대로 구축되어 있다. 메시지의 수가 막대할수록 이런 메시지에 노출되는 정도가 극대화되며, 이는 브랜드를 더욱 가치 있고, 더욱 일상적으로 접할 수 있게 만들어준다"고 말한다.

그러나 오늘날 매일매일 미로의 장벽이 변화함에 따라 마케터들이 자신의 임무를 수행하기가 더욱 어려워졌다.

반복적이고 규칙적으로 메시지를 흡수하는 것의 유용성에 대해 소리 높여 주장하기보다 한 가지 질문을 해보자. 이 모델은 과연 어디에서부터 시작됐을까?

광고는 여전히 효과적인가

광고는 고대 이집트에서 시작되었다. 고대 이집트인들은 파피루스에 물건을 파는 메시지를 적어 벽에 붙였다. (*주: 여기에서 궁금한 점 한 가지. 이 포스터를 어디에 붙였을까? 고대 이집트에는 버스 정류장도 없었을 것이고, 대형 쇼핑몰도 없었을 텐데 말이다. 혹시 경주용 사륜차에 붙였을까? 피라미드 옆면? 스핑크스의 몸?) 20세기 초반 광고인들은 브랜드의 측면에서 주목을 끌기 위한 갖가지 기법들을 개발했다. 라디오 광고, 게시판 광고 등의 방식은 '반복'과 '노출'이라는 매우 이성적인 근거에 기반한다. 호기심을 자극하는 메시지보다 반복적으로 메시지를 노출하는 것이 더욱 효과적으로 기억된다는 것이다. 여기서 해야 할 일은 몇 년간 수만 번 이상 메시지를 계속 내보내는 것, 이것이 전부다.

이 모델은 매우 적합하고 효과적이었다. 특히 라디오, TV, 회사 경비로 처리하는 호화로운 점심 식사 같은 것들이 마케터들의 자리를 차지했던 지난 수십 년간 눈부시게 발전해왔다. 광고는 매우 효과적이었다. 이런 종류의 네트워크만이 존재하는 세계에서는 콜게이트 팜올리브 광고에서 사람들의 눈길을 돌릴 만한 다른 선택지들이 없었기 때문이다.

미로 찾기를 하는 기억장애 환자처럼 우리는 인식하고 있든 그렇지 않든 수동적으로 메시지를 받아들였다. 매스 커뮤니케이션이 전성기를 누리는 동안에는 거대 자본을 가진 회사들이 사람들의 이목을 끌고 행동을 촉구하기가 훨씬 쉬웠다. 자사의 브랜드와 메시지를 반복적으로 노출할 만한 자본만 있다면 브랜드를 성공시킬 수 있었던 것이다. 20세기 내내 최상의 브랜드를 만든 것은 광고였다. 그럼 오늘날은 어떨까? 이에 대한 대답은 '아니오'다. 그 이유가 궁금하지 않은가?

트렌드가 노이즈를 움직인다

아이들이 대형 할인점의 과자 코너를 지나가면서 소리를 지르는 것은 사람들의 주목을 끈다. 반면 '뛰지 마시오' 같은 깜빡이는 전광등 신호는 주목을 끌지 못한다. 마케터들은 주목을 끌기 위해 할인 쿠폰을 나눠주거나 1+1 행사를 하거나 슈퍼볼 시간에 광고를 집행한다. 그러나 이런 프로모션은 제대로 작동된다 하더라도 감정적인 연관관계를 이끌어내거나 장기간의 행동 변화를 일으키지는 못한다. 흥미만으로는 충분치 않기 때문이다. 뇌리에 인식되거나 구매의사를 불러일으키거나 혹은 셰어 오브 마인드(Share of mind, 브랜드회상률 중 특히 최초에 기억해낸 브랜드명에 대한 비율-옮긴이)가 아니라면 파워포인트 위에 쓰인 헛소리에 불과하다. 더 나은 제품을 만드는 것만으로는 충분치 않다. 더 강한 주목을 끌어내야 한다. 아마존의 식물들과 아마존닷컴의 책들처럼 점점 경쟁이 심해지는 환경에서는 강력한 감정적인 연결고리가 필요하다.

정보 과부하와 선택

자극이 지나치게 많은 세상이다. 유투브 비디오, 링크드 인 리퀘스트, 아이폰 앱스 등 우리는 시시각각으로 정보를 취하고 있다. 대형 할인점의 세제 코너에 가면 41가지의 가루세제를 볼 수 있다. DVD 대여점에 가면 약 70,000종의 영화들이 진열되어 있다. 인터넷 검색엔진에서는 한 가지 검색어만 입력해도 무려 100,000,000가지의 관련 정보가 화면에 나타난다. 어떤 것이든 결정에는 선택의 순간이 따르기 마련이고, 이러한 선택지들은 스트레스가 된다. 소비자들의 65퍼센트가 쉴새없이 수많은 마케팅 메시지들의 포격을 받고 있는 듯하다고 응답했고, 61퍼센트는 그 수가 통제 불가능한 것 같다고 응답했다. 선택의 범위가 지나치게 크면, 각각의 선택 사항들에 집중할 시간은 줄어든다.

시대가 얼마나 빨리 가속화되고 있는지 망각한다면 이 모든 것들이 정상적이라고 생각하기 쉽다. 잠시 과거를 되돌아보자. 문자 메시지, 블로그, 인터넷 광고, CMOS 같은 휴대전화 미디어 등이 등장하기 전을 말이다. 불과 10여 년 전이다.

1997년 J. C. 헤르츠J. C. Herz는 《조이스틱 제국Joystick Nation: 비디오 게임이 우리의 시간과 마음을 빼앗고, 마음을 재구성한다》라는 책에서 "앞으로 전화, TV, 팩시밀리, 호출기, PDA, 음성 메시지 시스템, 택배, 회사 서버, 그리고 인터넷 등 16가지의 중요한 정보를 동시에 설명할 수 있는 능력이 필요해지게 될 것이다. 19세기 말 미국에서 비디오 게임은 이런 삶에 필요한 훈련을 완벽하게 제공해준다. 조이스틱 안에는 이 모든 기능이 내장되어 있다"고 썼다.

잠시 생각해보자. 이러한 단어들은 1997년에 나타났다. 만약 1997년에 16가지의 중요한 정보를 동시에 해독하는 능력이 필요했다면, 오늘날에는 과연 몇 종류의 정보를 해독해야 하는 걸까? 그게 가능하기나 한 것일까?

일상적인 주의력 결핍 장애의 탄생

정보 과부하의 시대에 우리의 마음과 생활은 점점 파편화되어가고, 한 대상에 집중하는 시간은 점점 줄어들게 된다. 하루에도 약 5,000여

개의 마케팅 메시지들(페덱스보다 빠르다, 머라이어 캐리보다 성량이 풍부하다, 디즈니 월드보다 멋지다 등)이 우리를 스쳐 지나가고 우리는 그것을 아주 잠깐 쳐다볼 뿐이다. 주의력이 지속되는 시간은 정보의 양이 증가할수록 줄어든다. 100년 전만 하더라도 주의력은 20분 정도 지속되었다. 주목 대상은 천천히 지나갔고 주목을 방해하는 노이즈들은 훨씬 적었다.

오늘날의 환경에 적응하면서 우리의 주의력은 훨씬 짧아졌다. BBC 뉴스에 따르면 "인터넷 서핑의 중독적인 특성상 주의력은 9초 밖에 지속되지 않는다. 이는 금붕어의 집중력과 같은 시간"이다. 9초! 사람들이 새로운 상품으로 시선을 옮기고, 화제를 전환하고, 다른 생각을 떠올리고, 다음 웹사이트로 이동하는 데 걸리는 시간이다! 이 시간 안에 우리는 사람들의 시선을 사로잡아야 하는 것이다. 주의력 결핍 장애ADD, Attention Dificit Disorder는 더 이상 특이한 단어도 아니다. 집중력 부족, 주의력 결핍 장애 등의 증상은 쉽게 지루함을 느끼는 경향과 상통한다. 이런 ADD의 시대에 사람들은 계속 다음 대화, 다음 아이디어, 다음 웹사이트를 요구한다.

주목받는 대상이 될 것인가, 그저 주목할 것인가

유통 경로의 측면에서 주목에 대해 생각해보자. 일반적으로 '주목'이라는 것은 관심을 주는to pay 것이라고 생각되어왔다. 영화를 보기 위해 돈을 지불하는pay 것처럼 우리가 '주는' 것 말이다. 지난 세기 중반까지 이는 유효했다. 그러나 주목은 위협받게 되었다. 이제 소비자들을 브랜드 메시지에 주목시키는 것은 더욱 어렵고 비용이 많이 드는 것이 되었다. 주목은 점점 더 중요하고, 희귀하고, 가치 있는 것이 되었다. 누군가의 주목을 얻기 위해서 마케터들은 엄청난 노력과 비용을 쏟아부어야 하게 되었다. 이제 사람들에게 메시지를 도달시키고 싶다면, 이전처럼 시간의 한 자리를 차지하는 것만으로는 충분치 않다. 채널을 돌리거나 클릭 한 번으로 메시지를 간단히 차단해버릴 수 있게 되었기 때문이다.

메시지를 차단하는 능력

오늘날의 마케터들은 TiVo(시청자들이 광고를 골라낼 수 있는 새로운 TV 시스템-옮긴이) 같은 장비부터 스팸 메시지를 걸러내는 프로그램들 같은 온갖 종류의 '게이트키퍼'들을 다룰 줄 알아야 한다. 마케터가 아니라 해도 우리들은 무엇이 우리의 본능적인 저항감을 유발하는지 익히 알고 있다. 우리들은 모두 원치 않는 메시지를 걸러낼 정신적인 '스팸 메시지 필터'를 가지고 있다. 때문에 사람들의 행동에 영향을 주기 위해서는 많은 노력과 오랜 시간이 필요하다. 사람들에게 무시당하지 않고 주목을 끌었다면, 다음 과제는 사람들에게 잊히지 않는 것이다. (무사히 무시당하지도, 잊히지도 않았다면, 그 메시지가 사람들의 행동에 실질적인 영향을 미치는지에 대한 과제가 남아 있다.)

정보의 시대에서 매혹의 시대로

지난 세기에 정보는 두려움을 유발시키는 것이었다. 정보를 알아내고 만들어내는 것이 성공을 가져다주던 시대에 정보는 곧 힘을 의미했다. 그러나 오늘날 정보는 더 이상 힘을 상징하지도 않고, 두려움의 대상도 아니다. 누구든 구글에 접속만 하면 언제, 어디서든 정보에 접근하고, 다룰 수 있는 시대가 되었다. 우리는 일상적으로 정보를 만들어내고, 정보에 접촉한다. 인터넷 검색엔진이 모든 것을 바꾸어놓았다. 정보는 이제 일용품이 되었다. 그럼 오늘날 희귀한 대상은 무엇인가? 완전한 몰입이다. 정보는 이제 더 이상 힘이 아니다. 힘은 매혹 능력에 있다.

이런 경향은 정보의 가치를 감소시켰다. 이제 시장에서 제품들 자체의 가치를 변화시켜야 한다.

매혹 경제학

시대는 상품 경제에서 서비스 경제로, 그리고 정보 경제에서 지식 경제 사회로 이동해왔다. 그리고 파인Pine과 길모어Gilmore가 '체험 경제Experience Economy'라고 부른 시대를 거쳐 기업들이 자신들을 차별화시키기 위한 새로운 방법을 찾느라 고군분투하는 매혹 경제의 시대가 되었다.

매혹은 기업들이 자사의 상품에 특별함을 부여하고, 시장에서 더욱 많은 영향력을 발휘할 수 있게 하고, 오랫동안 충성 고객을 유지하게 하는 수단이다. 성공한 상품이나 서비스, 혹은 경험을 판매하는 것보다 자신들의 상품에 매혹의 가치를 부여한다. 기업들은 소비자들에게 그들의 일상적인 삶이, 관계가 더욱 매혹적이 될 수 있도록 해준다. 단순히 자신들의 상품을 활발하게 구매하게끔 판매에만 열을 올리는 시대는 지나갔다.

매혹적인 사람이 승리한다

매혹했다는 것은 곧 전투에서 승리했다는 말이다. 이에 따라 당신은 더 많은 예산과 시간, 관계, 최대의 찬사, 그리고 깊은 신뢰를 얻어낼 수 있다. 상대와 관계를 맺고 자극을 촉진하는 데 실패한다면 전투에서 패배하게 될 것이다.

어떤 측면에서든 우리들은 모두 상대의 행동이나 반응을 유발하기 위해 노력한다. 사람들의 기호를 바꾸고, 어떤 대상에 대해 생각하게 하고, 유대감을 만들어내고, 행동 변화를 유도하는 것은 쉽지 않다. 그들의 의견과 행동을 바꿀 만한 매개가 필요하다.

매혹은 우리의 행동을 촉발한다. 그렇다면 주변 세계를 성공적으로 매혹하는 방법들은 과연 존재할까? 당신의 메시지를 더욱 강력하게 만들어주고, 즉각적인 감정 반응을 이끌어내는 것이 있을까? 추종자들을 만들어내고, 대화를 자극하는 것들이 있을까? 경쟁자들이 당신을 따라 자신의 전략을 수정하도록 할 수 있을까? 이제 매혹이라는 금빛 찬란한 휘장을 두를 방법을 살펴보자.

F a s c i n a t e

매혹의 황금률

매혹을 어떻게 평가할 수 있을까

매혹되고 싶은 욕망만으로는 충분하지 않다. 상식을 날려버릴 만한 멋지고 참신한 아이디어만으로는 충분하지 않다. 이 아이디어가 사람들의 흥미를 유발할 수 없고, 사람들의 지지를 이끌어낼 수 없다면 말이다. 참신하기만 한 아이디어들은 도처에 널려 있다.

그렇다면 왜 비슷해 보이는 아이디어들 중 어떤 것은 사람들을 사로잡고, 어떤 것은 사람들의 주목조차 끌지 못하는 것일까?

위대한 아이디어가 반드시 매혹적인가

멋지고 독창적인 아이디어 하나가 널리 세계적으로 완전히 인정받는다고 해도, 그것이 반드시 사람들을 사로잡는 것은 아니다. 에스페란토어Esperanto가 이런 아이디어 중 하나다. 단순하고, 영리하고, 믿을 수 없을 만큼 유용한 이 '제2의 국제공용어'는 페이스북Facebook에 비교할 만하다.

19세기 말 L. L. 자멘호프L. L. Zamenhof는 지역적인 장벽을 없애고, 국제 커뮤니케이션을 향상시킴으로써 세계를 하나로 연결시킬 언어를 고안했다. 이 언어는 프랑스어, 러시아어, 독일어, 영어 등의 기반에서 공통적이고 가장 단순한 요소만을 뽑아 구성되어 있다. 레오 톨스토이Leo Tolstoy는 1888년 에스페란토어의 첫 지지자 중 한 사람이었다. '에스페란토'는 에스페란토어로 '희망을 가진 사람'이라는 의미다. 자멘호프는 지역적 경계를 없애고 국제적인 이해를 도모함으로써 평화를 전파하고자 했다. 페이스북의 설립자 마크 주커버그Mark Zukerberg가 태어나기 수백 년 전에 자멘호프가 이미 간단한 사용법과 사회적 네트워크의 활용으로 세계를 하나의 언어로 구축하고자 하는 시도를 했던 것이다.

그러나 1930년대의 정부 관계자들은 실질적으로 에스페란토어를 억압했다. 엘리트 계층들은 이 언어의 필요성을 그리 느끼지 못했다. 에스페란토어는 몇몇 지역에서 사용되었지만 광범위하게 퍼져 나가려고 할 때면 억압을 받았다. 소비에트 연방은 에스페란토어 사용에 대한 규제를 늘렸고, 에스페란토어 사용자들을 정부에 등록하라고 선포했다. 1938년까지 이런 금지 정책은 강화되어 에스페란토어 사용자들은 시베리아로 추방되거나 처형되기도 했다. 사용 금지는 그나마 나은 억압책이었다. 일본 정부는 사형을 시키기도 했다. 죽음은 어떤 개념에 대해 대중이 받아들이기에 확실히 무서운 장애물이다.

에스페란토어는 세계를 매혹시켜 문화에 영향을 주었던 다른 개념들과 달리 영향력을 발휘할 만한 것은 아무것도 얻지 못했다. 고작 60억에 가까운 세계 인구 중에서 0.3퍼센트의 사용자를 얻었을 뿐이다.

위대한 아이디어가 도출되는 길에는 실패한 아이디어들이 빽빽이 자리하고 있다. 소니 베타맥스, 에드셀, 지마, 애플 뉴턴, 마이크로소프트 웹TV, 페덱스 잽 메일…… 몇 시간이고 읊을 수 있을 정도다. 이런 아이디어들은 매혹 기제를 활성화시키지 못했다.

에스페란토어처럼 대단한 개념조차 자리를 잡지 못했다는 사실은 그 어떤 것도 매혹 기제를 활성화시키지 못한다면 실패한다는 것을 의미하는 것일까? 그렇다면 좋은 아이디어, 즉 당신의 아이디어가 세계에 더 널리 전파될 수 있도록 어떻게 7가지 매혹 기제를 활성화시킬 수 있을까?

먼저 어떤 아이디어가 매혹적인 것인지 먼저 정의해보자. 그러고 나서 나머지 매혹 기제들을 비교해보자.

매혹적인 메시지의 6가지 징표

매혹적인 사람(기업)은 직접 말하지 않는다. 그들은 대화 속에 은근히 스며들어 있다. 그들은 우리들에게 도전하고 우리들을 변화시킨다. 그들은 질문을 두려워하지 않으며, 우리들이 생각하는 방식을 바꾼다. 우리들의 신뢰를 끌어내고, 대화의 주제가 되며, 일상이 된다. 매혹적인 이들은 단순히 자신을 알리는 대신 어떤 방식으로든 우리를 변화시킨다.

매혹적인 메시지 역시 매혹적인 사람과 마찬가지로 기존의 기준을 넘어서 자신이 새로운 기준이 되어 경쟁자들을 뒤따르게 만든다.

강렬하고 즉시적인 감정 반응을 끌어내라

사람들은 즉각적, 본능적, 그리고 대개 무의식적으로 대상에 반응한다. '좋거나 혹은 나쁘거나' 식으로 극단적인 반응을 이끌어내는 것들이 있다. 버나드 메도프(미 사상 최대의 금융사기를 벌인 버나드 메도프 LLC의 회장-옮긴이), 보톡스 수술, 애시드랩, 로만 폴란스키(스릴러의 거장으로 불리는 영화감독-옮긴이), 부시 행정부 등은 호불호가 극명하지 않은가.

마니아들을 만들어내라

매혹당한 사람들 중 1퍼센트 정도는 매혹만으로도 엄청난 헌신을 보이고, 물건을 구매한다. 특정 부분에 대한 감정적인 강화가 전체 감정을 활성화시키기 때문이다. 나스카(NASCAR, 미국 개조 자동차 경기-옮긴이), 퍼프 대디, 댄 브라운의 《다빈치 코드》, MAC 화장품, 워렌 버핏, 그리고 대부분의 종교는 대상에 대한 헌신을 지닌 마니아를 기반으로 한다.

특정한 행동이나 가치에 대해 '문화적 약칭'을 부여하라

특정 가치를 상징하는 것들은 그에 소속된 사람들에게 차별성을 부여해준다. 특정 가치를 내포하고 있는 브랜드들은 사람들이 같은 집단의 사람들과 자신을 동일시하고 외부 세계와 차별화시키는 평가 기준을 만들어내기 때문이다. 루이비통, 엑스 게임, 펜더 스트라토캐스터 기타, 문신 등은 감정적 유대를 활성화시킨다.

대화의 주제가 되라

사람들이 관계를 맺고, 함께하고 싶어하고, 알려 하고, 대화 주제로 삼고자 하는 대상은 사회적 유행이 된다. 이는 주목받는 것 이상이다. 쉴새없이 사람들의 입에 오르내리고, 논쟁거리가 되며, 경쟁하고, 미디어에 노출될 수 있다. 그리고 같은 집단에서 단연코 최고의 위치에 자리하게 된다. 당신이 만들어내는 메시지보다 더 많은 주목을 얻어내라. 웹킨즈(Webkinz, 가상 애완동물을 육성하는 것으로 다마고치와 유사한 게임-옮긴이), 아디다스 오리지널, 페이스북, 《내셔널 에스콰이어》, 《해리포터》 시리즈처럼 말이다.

경쟁자들의 서열을 재정립하라

트렌드만을 좇거나 반영하지 마라. 새로운 트렌드를 만들고, 새로운 시장을 만들어라. 다른 이들과 다르게 생각하고, 행동하고, 그렇게 보이게 하라. 당신의 제품은 무엇과도 대체할 수 없는 것처럼 보여야 한다. 그래야만 모방자들에게 자리를 빼앗기지 않을 것이다. 모방자와 미 투me too 전략을 구사하는 이들이 당신을 압도하는 경우도 발생한다. 맥도널드는 칙필라Chick-Fil-A의 샌드위치를 모방했지만, 결과적으로 패스트푸드 업계의 서열을 완전히 바꾸었고, 우리는 칙필라보다 맥도널드를 기억한다.

사회적 혁명에 불을 당겨라

사람들이 받아들이고 있는 믿음, 현상 유지 상태를 무너뜨려라. 이미 만들어진 시장 카테고리를 부수고, 관습을 깨라. 그것이 사소한 반항이든 근본적인 변화든 관계없다. 자신과 세계에 대해 다르게 생각할 여지를 제공해준다면 충분하다. 보노 수프, 미니 쿠페 같은 것들은 '멋진 인생Life is good'을 표방하는 브랜드다. 요가나 그레이트풀 데드(로큰롤 명예의 전당에 헌정된 밴드-옮긴이), 유투브는 혜성처럼 등장하여 라이프 스타일을 바꾸었다. 도브는 '진짜 아름다움Real Beauty' 캠페인을 벌임으로써 사회적으로 미의 기준을 재고하게 만들었다.

그런데 이 중에 무언가 빠진 것이 있다고 생각되지 않는가? 그렇다. 분명히 빠진 것이 있다. 여기에서 언급되지 않은 것은 바로 우리 자신의 존재다.

이는 매혹이 우리가 말하는 것이 아니라 다른 사람의 입을 통해 우리들의 메시지가 전파되는 것이기 때문이다. 매혹적인 사람(기업)은 스스로가 왜 매혹적인지를 설명하고자 하지 않는다. 《오즈의 마법사》에는 "마음은 얼마나 사랑했는지가 아니라 얼마나 사랑받았는지로 평가된다"라는 대사가 나온다. 매혹은 당신이 세계를 향해 커뮤니케이션하는 것이 아니라, 세계가 당신에 대해 커뮤니케이션한 것으로 측정된다. 이는 매우 감성적으로 들리지만, 그것이 사실임을 부인할 수는 없다. 우리는 다른 사람들의 목소리의 높낮이가 어떠냐는 등으로 메시지를 지능적으로 평가하지 않는다. 그 목소리가 우리를 을르느냐 그렇지 않느냐로 구분한다. 메시지는 흥미로우냐 그렇지 않느냐로 구분된다.

브랜드 측면에서 고려해야 할 것은 대부분의 사람들은 브랜드가 아니라 그것과 관계된 사람들과 유대감을 느끼고 싶어한다는 것이다. 매혹적인 기업들은 사람들에게 유대감이나 소속감을 느낄 수 있는 기회를 더 많이 만들어낸다. (할리 데이비슨 사용자의 모임 등을 생각해보라.) 유대감을 고취시킬수록, 매혹 수준도 높아진다. 미국인의 72퍼센트가 매혹적인 삶이 인생의 가장 중요한 목표지만 실제로는 그렇지 못하다고 응답했다. 과연 당신이 이들에게 매혹적인 삶을 선사해줄 수 있을까?

마케터들은 메시지 개발에만 신경 쓰기보다 시장에서 자신에 대한 메시지가 만들어지는지를 중요하게 생각해야 한다. 웹사이트 순수 방문자 수가 중요한 것이 아니라 얼마나 많은 웹사이트에 연결되어 있는지, 그 사이트들의 질적 측면은 어떠한지가 더욱 중요하다.

하이퍼링크로 연결된 세상에서 링크된 메시지들은 결국 원래의 메시지를 잃어버리게 된다. 매혹과 자극의 차이점을 이해하기 위해 나는 하이퍼메시지의 전문가이자 《2011 마케팅Full Frontal PR and 2011》의 저자 리처드 래머Richard Laermer를 찾아갔다.

"우리는 그 어느 때보다도 네트워크화된 사회에 살고 있다. 우리는 텍스트, 대화, 시각적 자극, 스카이프와 트위터들이 매 초마다 우리들에게 자극을 내보내는 SMS 사회에 살고 있다. 그러나 즉각 이에 응답한다고 해도 우리는 실제로 다른 대상과 직접 연관관계를 맺지는 못한다. 우리는 네트워크에 속해 있지만 관계를 맺고 있는 것은 아니기 때문이다. 행위로써 그저 다른 이들에게 말을 걸고 있을 뿐이다. 우리는 하이퍼링크 속에 살고 있다."

그러는 동안 노이즈는 자극으로 변화한다. 래머는 자극이 현재 우리의 정신 속에 깊게 뿌리박고 있다고 말한다. 자극이 많아질수록 대상과 관계를 맺기는 어려워지고 있다. 미디어의 공격에 대해 비판적으로 생각하는 능력을 점점 잃어가고, 가족의 기념일조차 마케팅 대상이 되며, 정치가들의 논쟁적인 출마 선언은 새로운 책의 일부가 된다. 영화는 배역 중심으로 연기되기보다 유명 배우들이 나와서 자신들의 모습을 보여주는 것으로 여겨진다. 메시지 그 자체보다 자극에 끌리게 된 것이다.

구글의 페이지랭크Pagerank 알고리즘은 웹페이지의 상대적인 중요도를 순위로 매기는 것이다. 브랜드의 홈페이지 순위는 다양한 방식들로 매혹 수준에 따라 연결되어 있다. 주어진 주제에 대한 관심과 에너지, 관여도 등에 따라 결정되기 때문이다. 온라인적인 관점에서 페이지랭크는 명성과 직접 연결되어 있다고 할 수 있다.

여기에서는 사람들이 당신에 대해 얼마나 자주, 많이 이야기하는지에 따라 당신의 가치가 평가된다. 아마 아직 태어나지 않은 아이의 이름을 정하기 전에 페이지랭크에서 그 이름을 평가해볼 수도 있다.

친구가 아니라 구글에게 물어라

나는 구글이 만들어지기 26년 전에 태어났다. 인터넷 세계에서 내 이름은 거의 경쟁력이 없다. 내 이름을 검색해보면 검색되는 이름이 거의 없기 때문이다. 당신의 이름이, 자녀의 이름이 구글을 매혹시키는지 생각해보라.

만약 앞으로 자녀계획을 하고 있다면, 아직 아이의 이름을 지을 기쁨을 누릴 때는 아니다. 아이의 이름에 관해 친구들의 의견을 묻기 전에 먼저 구글에 물어라. 〈월스트리트 저널〉의 저널리스트 케빈 J. 딜레인Kevin J. Delaney은 "구글에서 당신의 이름을 찾을 수 없다면, 당신은 아무 존재도 아니다"라고 쓰기도 했다.

기사 검색 결과 당신의 이름이 등장하지 않는다면, 이는 실제로 전문적인 비용을 이겨내야 한다는 의미다. 이는 아무도 당신과 당신이 이룩한 성과를 알아낼 수 없으며 신용을 잃어버렸다는 의미다. 구직을 하고 있다면 헛수고로 돌아갈 공산이 크다. 고위 리쿠르터들의 80퍼센트가 일상적으로 검색엔진을 이용하여 지원자들에 대한 정보를 파악하고 있다. 아무도 당신을 찾아낼 수 없다면, 매혹시킬 수도 없다. 많은 사람들의 열망을 끌어내고, 검색엔진의 상위에 위치되도록 노력해야 한다. 그리고 사회적 네트워크 사이트의 멤버 검색 기능에 이름을 등록하는 방법도 있다.

검색 가능성을 높이는 것은 사회적으로, 직업적으로, 금전적으로 매우 가치 있는 경쟁력을 지니게 된다는 말이다. 회사 로고처럼 독특하고 쉽게 구별되는 당신만의 브랜드를 만들라. 구글에서 어떻게 당신을 차별화시킬 수 있을까? 만약 당신의 이름이 지나치게 흔한 이름이라면 어떻게 할 것인가?

구글 최적화와 1587년 메이플라워 호

공통의 이름을 찾는 방식은 구글이 처음은 아니다. 1587년 식민지 미국 해안에 보트 한 대가 상륙했다. 보트에는 99명의 남성이 타고 있었다. 이들 중 23명의 이름이 '존'이었다. 이 첫 번째 정착민들은 모두 사망했다. 그러나 그다음 '메이플라워Mayflower'라는 이름의 배를 타고 온 정착민들은 모두 살아남았다. 이 이름에는 겸손Humility, 욕망 Desire, 기억Memory, 결의Resolved라는 이름의 탑승객들이 타고 있었고, 항해 도중 오케아노스(Oceanus, 대양의 신)라는 이름의 소년이 태어나기도 했다. (한 남자는 독창적이게도 자신의 두 딸은 '인내Patience'와 '두려움Fear'으로, 두 아들은 '사랑Love'과 '레슬링Wrestling'이라고 이름 짓기도 했다. 아마 두 아들이 싸우면 누가 이길지 심히 궁금해했을 사람도 있을 것이다.)

매혹적인 작명이 정착민들이 신세계에서 살아남은 이유는 아닐 것이다. 그러나 이름은 구글에서 살아남는 데 결정적인 요인이 된다. 당신이 구글이 선호하는 이름인 '오케아노스'나 '두려움' 같은 이름을 가지고 태어나지 못했다면, 온라인상에 두각을 드러낼 만한 흔치 않지만 공통적인 이름 하나를 가지고 있어야 한다.

당신의 이름이 '데이비드 스콧David Scott'이라면?

당신의 이름이 데이비드 스콧이라고 해보자. 미국에서 스콧은 가장 흔한 성 중 하나일 뿐 아니라 데이비드라는 이름 역시 흔하다. 구글에서 이 이름을 검색해보면 무려 20,000,000건의 이름이 검색되며, 이 중 19,999,999개가 당신이 아닌 사람의 이름일 것이다. 특히 이 이름은 달 착륙을 한 아폴로 15호의 선장, 국회의원, 철인 3종 경기 선수의 이름이기도 하다. 지나치게 많은데다 경쟁까지 치열하다는 것이 당신의 불행이다. 이런 상황에서 구글 페이지랭크의 알고리즘에서 당신의 이름이 눈에 띄게 하려면 어떻게 해야 할까?

이것은 내 친구 데이비드 스콧이 직면한 문제였다. 1999년 데이비드는 첫 책《미디어 전쟁Eyeball War》을 출간했다. 구글에서 간신히 찾아볼 수 있는 그리 주목받지 못하는 책이다. 데이비드는 검색엔진에서 눈에 띄지 않는 단어들만으로 책 제목을 지었고, 그 이후 다른 수많은 책들의 제목을 그렇게 지었다. 더 심각한 문제는 이런 특징 없는 제목들로 자신의 홈페이지 주소를 만들었는데, 마치 흔한 록 음악이나 밴드명, 혹은 무명의 블로그 이름 같아 보인다는 것이다. 마치 그는 검색엔진에서 자신의 존재가 노출되길 바라지 않는 듯했다.

결국 데이비드는《미디어 전쟁》이라는 완벽한 제목을 짓기에 이른다. 이 두 단어의 조합은 검색엔진에서 이전에는 의미심장한 조합이 아니었고 여전히 그렇다. 그는 자신의 홈페이지 주소도 동명으로 만들었다. 사람들이 '미디어 전쟁'이라고 정확히 입력해야만 그의 존재는 웹상에서 노출된다.

이 과정에서 내 친구 데이비드는 동명이인이 너무나 많다는 것을 깨달았다. 이 이름을 바꾸지 않는 한 자신은 대서양에 떠 있는 한 마리 송사리 정도밖에 안 된다는 것을 깨달은 것이다. 그래서 그는 자신의 풀네임을 사용하기로 결심했다. 바로 데이비드 미어맨 스콧David Meerman Scott이다.

알다시피 데이비드 미어맨 스콧이라는 이름은 온라인 마케팅과 PR 분야의 귀재로 칭송받는 사람과 같은 이름이다. 그는 인기 있는 자기계발연사이자 베스트셀러《신 마케팅 법칙New Rules of Marketing&PR》과《오! 레이브》의 작가다. 그는 자신의 미들네임인 미어맨이 자신을 다른 데이비드 스콧들과 구별해줄 뿐만 아니라 마케팅 업계 사람들이 의사결정을 할 때 자신의 이름이 보증수표 구실을 해줄 것이라고 호언장담한 바 있다.

구글에서 친숙한 이름이 됨으로써 그는 '마케터 데이비드 스콧'이나 '작가 데이비드 스콧'이 아니라 바로 '그' '데이비드 미어맨 스콧'으로 자리매김했다. 더 이상의 설명이 필요 없는 사람이 된 것이다. 그는 이렇게 말한다.

"내 이름은 곧 나의 브랜드다. 이것이 나의 가장 큰 경쟁력이다. 당신의 이름을 브랜드화하는 것은 '힘'의 기제를 촉발시키는 가장 비상한 방법이다. 그 순간 당신은 사람들이 원하는 것에 대해 전문성을 가진 사람이 된다. 브랜드화된 이름은 당신을 순식간에 해당 분야의 전문가, 선도주자로 만들어준다."

이제 구글을 설득하는 방법을 충분히 알게 되었을 것이다. 그러나 우리가 원하는 것은 다른 사람들을 설득하는 법이다. 프로젝트에서 동료들을 설득시키고, 사업설명회에서 확신을 주고, 워싱턴 시의회에서 예산을 타내기 위해서는 이 기술이 필요하다. 페이지랭크가 적을수록 점수는 낮아진다.

매혹의 기술

매혹은 양날의 검이다

가장 매혹적인 사람은 누구인가

호텔 컨퍼런스 룸에 수백 명의 사람들이 모여 있다. 모든 사람들의 이목은 진행자인 내게 집중되어 있다. 참석자들은 모두 매혹 수준 테스트를 막 끝냈고 이제 자신의 점수를 들으려고 기다리고 있다.

사람들의 태도로 보아 자신의 점수가 높기를 바라고 있음을 알 수 있다. 누군가는 옆자리의 동료보다 '더욱 매력적인' 사람으로 보이길 원하고, 누군가는 그 방에서 자신이 '가장 매혹적인 사람'일지도 모른다는 생각을 할 수도 있다. '가장 멋진'이나 '가장 지적인' 사람이라는 찬사를 원하고 있는 사람도 있을 것이다. 어쩌면 이 사람들이 옳을 수도 있다. 높은 점수는 대개 실제로 좋은 의미지만, '더욱 매혹적'이라는 것이 항상 '더 나은' 결과를 가져오지는 않는다는 것을 사람들은 잘 깨닫지 못한다.

나와 내 동료들은 상품, 브랜드, 아이디어가 산출하는 매혹 수준을
객관적으로 평가하는 매혹 수준 테스트를 개발했다. 상품 포장이나
TV 광고를 평가하기도 하고, 혹은 제품을 출시할 때 적절한 메시지를
골라내고자 시행하기도 했다. 그리고 재미있게도 이는 사람들의 개인
성향에도 적용이 가능했다.

그러나 이 수치는 아이큐 테스트처럼 절대적이고 고정 불변의 것은
아니다. 단지 사람들의 겉으로 드러나 있는 성격 뒤에 자리한 타인의
끌림을 유발할 가능성을 테스트하는 것이다. 또한 깨닫지 못하고 있던
개개인의 행동 뒤에 숨겨진 유형, 강점, 특성들을 밝혀내고 다른 사람
들에게 긍정적이거나 부정적인(때로 의도적이지만 대부분 의도하지 않
은) 반응을 이끌어내는 방식을 살펴보게 한다.

나는 마케팅 전문가들부터 부동산 중개인들까지 다양한 조직의 수
많은 사람들에게 이 테스트를 해왔다. 매혹 수준에 대한 집단 분포도
는 대개 종형곡선으로 나타난다. 대부분의 사람들이 중간층에 자리 잡
고 있고 위아래로 적은 수의 사람들이 분포되어 있는 것이다.

매혹적인 브랜드는 행동에 영향을 미치는 능력이 뛰어나며 이는 사람에게도 마찬가지로 적용된다. 고득점자들이 저득점자들보다 훨씬 효율적으로 의견과 행동에 영향을 미친다. 이는 그들이 비범하게 눈에 띄고, 강하게 두드러지기 때문이다. 그들은 자신의 메시지를 전파하는 능력이 뛰어나다.

이런 사람들은 대체로 주목의 중심에 있지만 때로는 스포트라이트를 피하는 사람들도 있다. 엄청난 카리스마를 지니고 있거나, 완전히 내향적이기도 하다. 고득점자들은 공통적으로 상대방의 지적, 감정적, 물리적 저항감을 없애고 설득하는 능력을 지니고 있다.

고득점자들의 행동을 따라할 필요는 없다. 이들은 대부분의 사람들과는 다르기 때문이다. 그들은 록 스타, 미디어 명사, 악당, 도전자의 모습을 하고 있으며 때로 그들의 재능은 잠재적으로 상대의 반발심을 유도하기도 한다.

더욱 매혹적인 것이 언제나 더 나은가

앞에서 우리는 매혹 수준을 살펴보았다. 강한 매혹은 건전한 끌림이 될 수도 있지만 극단적인 경우 어둡고, 뒤틀리고, 위험한 행동을 유발했다. 매혹과 호감도, 그리고 존중도는 다르다.

매혹 vs 호감

매혹적이라는 말이 사람들의 호감이나 존경심을 이끌어낸다는 것과 동의어는 아니다. 매혹 수준이 높은 이들은 물론 존경과 찬사의 대상이 되기도 한다. 그러나 매혹적인 사람들 중 상대에게 감정적인 호소력을 전혀 발휘하지 못하는 경우도 드물지 않다. (마치 저주라도 받은 듯이 말이다.) 이는 그들이 우리들의 본능적인 생존 욕구에 불을 지피기 때문이다. 세기의 살인마 찰스 맨슨Charlse Manson, 매력적인 외모의 살인마 테드 번디Ted Bundy, 카리스마적 악당 오사마 빈 라덴Osama Bin Laden 등이 이런 부류에 속한다.

매혹 vs 존중

존경받는 기업이 모두 매혹적인 기업은 아니다. 고품질의 제품을 제공하여 100퍼센트의 고객만족도를 자랑하는 이베이eBay의 판매자가 사업을 접게 될 수도 있고, SAT 점수가 1,600점이나 되는 학생이 면접관의 관심을 끌지 못해 스탠포드 대학 입학시험에서 탈락할 수도 있다. 완벽하게 법 질서를 존중하고 판사들의 존경을 받는 변호사에게 고객이 전혀 몰려들지 않는 경우도 있다.

매혹의 두 얼굴

유명인들은 대개 매혹 지수가 높으며 한 가지 이상의 매혹 기제를 사용하는 능력을 지니고 있다. 안젤리나 졸리Angelina Jolie는 욕망 기제(가끔 신비 기제를 덧붙이기도 한다)를 사용함으로써 성적 매력을 발산한다. (그녀는 때로 나쁜 여자의 면모를 보여주기도 한다.) 만약 하워드 스턴(Howard Stern, 롤링스톤즈의 멤버로 DJ 활동을 하며 악동 이미지를 지니고 있다-옮긴이)이 경고 기제를 촉발하지 않는다면 우리는 "저 남자 지금 진심인 거니?"라며 믿을 수 없어할 것이다. 냉소적이고 비꼬는 말투로 유명한 시사 프로그램 진행자 러시 림보Rush Limbaugh에 대해 〈뉴욕타임스〉는 "그는 고의적으로 사람들에게서 비호감을 끌어낸다"라고 평했다. 보수적인 비평가 로라 슐레징어Laura Schlessiger와 악동 하워드 스턴은 추구하는 바가 완전히 다르지만 사람들에게 폭발물 취급을 받는다는 공통점을 지니고 있다. 이런 대우는 매혹적인 사람이라는 신호이기도 하다(비록 싫어하는 방향의 매혹이기는 하지만 말이다).

우리를 매혹하는 사람들 중에는 무례하고, 상식 없고, 악평으로 점철된 사람도 있다. 때로는 사회적으로 역할 모델로 삼을 만한 사람들이 몰락했을 때 더욱 매혹적으로 보이기도 한다. 악당은 영웅보다 더 매혹적이고, 좋은 뉴스는 스캔들에 밀려난다. 기자들은 누구보다 이 사실을 잘 알고 있다. 그들은 날카로운 낚시 바늘을 휘둘러 추문을 낚고, 우리는 모두 그것을 즐겨 읽는다.

〈뉴요커〉의 기자 재닛 말콤Janet Malcolm은 저널리즘의 목적은 "사회의 근본적이고 구제하기 힘든 매혹적인 노이즈들을 전달하는 것"이라고 말한다. 사람들은 대체로 정치나 경제면보다 연예, 스포츠, 가십난을 먼저 훑어본다. 사람이 개를 물었거나, 정치가가 동성애자임을 고백하거나, 성직자가 불륜을 저질렀다거나, 대기업 CEO가 슈퍼마켓에서 과자 한 봉지를 훔쳐 달아났다는 기사에 열광한다.

고득점자 집단이 공유한 특성은 이렇다. 그들은 대체로 매우 솔직하게 의견을 개진하며, 자아가 강하고 자존감이 높다. 그리고 다른 사람들의 감정이나 반응에 민감하지 않다. 개인적으로 그들을 대면할 때, 그들은 언제나 자신의 주장으로 상대를 압도하곤 한다. 이런 경향은 상대의 발을 밟고, 그들에게서 멀어지게 하는 역작용을 일으킨다. 이런 유형은 극단적으로 호불호가 갈린다. 너무 완벽해서 결국 사람들을 질리게 하기도 한다. 흔히 사람들이 귀추를 주목하고 화제로 삼는 이들은 이런 유형의 사람이다. 이들은 심각한 경우 대인관계에 있어서 시한폭탄이 되기도 한다. 그들은 사람들과의 사이에 눈에 보이지 않는 선을 긋기도 하고, 사람들에게 그 선을 넘어 친밀하게 사귀고자 하는 욕구를 불러일으키지 못하기도 한다.

매혹 지수가 낮다는 것의 진실

반대로 이 설문에서 저득점을 기록한 사람들 중에도 강하지 않지만 호감을 살 만한 무언가를 지니고 있는 사람도 많다. 이들은 극단적인 태도를 지양한다. 사람들 사이에서 큰 반향을 일으키지도 않고, 쉽게 눈에 띄지 않는 경우도 종종 있다. 그들은 일반적으로 눈에 띄는 행동을 즐기지 않고, 사람들에게 쉽게 잊히는 미미한 인상의 소유자들이다. 카리스마도 없고, 화려하지도 않다. 그러나 사람들을 즐겁게 해주기 때문에 주변에는 멋진 친구들이 많은 경우가 대부분이다. 이 유형은 전형적으로 '힘' 기제는 약하지만 '신뢰' 기제의 특성이 강하다.

이러한 사실은 매우 중요하다. 매혹이 호감 지수를 나타내는 것이 아니라는 점을 주목하라. 매혹은 흥미를 끌고, 호감도를 높이고, 존경심을 이끌어내는 것을 의미하는 것이 아니라 주변 세계를 사로잡을 만한 타고난 자질을 특정하는 하나의 지표일 뿐이다. [*주: 미국인의 61퍼센트가 자신이 다른 사람들을 거의 매혹시키지 못하며, 매혹 지수를 높이고 싶다고 응답했다. 60퍼센트는 매혹적인 인생을 위해서라면 기꺼이 자신들의 상식, 기준, 가치관을 포기할 수 있다고 대답했다. (그러나 다행히 규칙을 깨지 않고도 더욱 매력적인 사람이 될 수 있는 방법은 많다.)]

이제 다시 처음의 이야기로 돌아가보자. 수백 명의 사람들이 조용히 자신의 매혹 지수가 발표되기를 기다리고 있는 컨퍼런스 룸으로 말이다.

"이제 누가 이 방에서 가장 매혹적인 사람인지 알아볼까요? 만약 당신의 점수가 3점 이하라면, 자리에 앉아주세요."

한 명의 여성이 자리에 앉는다. 수수한 갈색 셔츠를 입은 내성적으로 보이는 여성이다. 그녀 주위에서 잠시 호의적인 느낌의 웅성거림이 들려왔고, 그녀는 자신의 실패를 인정했다. 그녀의 이름은 신시아로 참가자들은 모두 같은 회사 직원이었기 때문에 그녀를 알고 있는 사람들이 있을 터였다.

"여기 신시아 양을 알고 계신 분, 그녀가 어떤 사람인지 말씀 좀 부탁합니다"라고 나는 참가자들에게 요청했다. 즉시 여기저기서 대답이 튀어나왔다. "정말 온화한 사람이에요." "평범해요." "말을 잘 들어줘요.""좋은 친구예요." 신시아는 외롭고 허전한 순간에 부르고 싶은 유형의 '친구'로 보였다. 매혹 지수에서 낮은 수준을 기록하고 있는 사람들에게서 이런 특성을 발견하기란 드문 일은 아니다.

나는 계속해서 사람들에게 득점 수준에 따라 자리에 앉아줄 것을 요청했다.

"점수가 5점 미만인 분은 앉아주세요."

이번에는 많은 사람들이 자리에 앉았다. 이 유형의 사람들은 일반적으로 유순한 태도, 조심성 있는 어투를 지니고 있다. 다음에 자리에 앉은 집단은 태도와 몸짓이 이들보다는 분명한 사람들이다. 이 일은 단계적으로 계속 진행되었고, 참석자들은 주위를 돌아보면서 미소 지었다. 개인의 성향에 따라 분류되는 이러한 작업을 즐기고 있는 듯이 보였다.

이 과정은 최고 득점자가 나타날 때까지 계속되었다. 즉, 가장 매혹적인 사람이 나타날 때까지 말이다. 이 유형은 수가 매우 적고, 태도와 어투가 매우 분명하고 강한 사람들이다. 마지막으로 10점 만점을 획득한 사람은 에릭이라는 남성이었다. 붉은 머리의 날카로운 푸른 눈에 곧게 선 태도, 그리고 장난기 어린 미소가 매력적이었다. 마치 개구쟁이 데니스Dennis the Menace가 서른 살이 된 듯했다. 여기저기서 미소와 웅성거림이 들려왔고 나는 사람들에게 에릭을 아느냐고 물었다. (좋은 쪽이든 나쁜 쪽이든 그에게 매혹적인 요소가 있다는 것은 분명했다.)

매혹 수준에서 신시아와 에릭은 정반대에 자리 잡고 있다. 신시아는 자기 주장이 거의 없고, 유순하며, 큰 파장을 일으키지 않는다. 그녀 스스로도 자신이 사람들의 주목을 받는 일은 거의 없다고 말했다. 에릭은 정반대로 에너지가 넘치고, 굉장히 창조적이며, 누가 보아도 리더의 자리에 있을 듯 보였다.

무대 위로 초청하자 그는 가볍게 무대 위로 뛰어 올라왔다. "사무실에서 당신은 얼마나 매혹적인 사람입니까?"라고 묻자 그의 눈이 다소 건조하게 빛났다.

"사람들을 소리 지르게 합니다."

(이때 객석에서 폭발적으로 웃음 소리가 터져 나왔다. 사람들의 반응으로 이것이 진실임을 알 수 있었다.)

그는 실제로 매력적인 사람이었다. 내가 그에게 다가가기 힘든 사람이냐고 묻자 그는 즉시 내 말을 되받아쳤다.

"아니오, 제 변호사가 더 이상 말하지 말라고 했습니다."

촌철살인의 일갈에 회장 전체의 사람들이 박수까지 치며 웃어댔다. 매혹은 이와 같은 것이다. 사람들의 눈이 커지고, 이를 드러내게 웃으며 "와우, 그 모습을 상상이나 할 수 있어?"라고 신나게 이야기할 수 있게 만들어주는 사람인 것이다.

나 역시 웃었다. 에릭이 완벽히 내 견해를 증명해주는 유형의 사람이었기 때문이다. 매혹은 양날의 검이다.

당신은 어떤 성향의 사람인가? 에릭인가, 신시아인가? 어떻게 하면 이 두 사람의 특성을 잘 조화시킬 수 있을까?

마지막 장에서 우리는 어떤 특징이 잠재적으로 매혹적인지를 살펴볼 것이다. 즉, 매혹적인 메시지의 증표를 살펴볼 것이다.

- 강하고 즉각적인 감정 반응을 촉발한다.
- 추종자들을 만든다.
- 특정한 행위(가치)를 기반으로 한 문화적 연대감을 만든다.
- 대화의 주제가 된다.
- 경쟁자들이 뒤를 따르게 만든다.
- 사회적 혁명을 촉발한다.

사람들의 성격은 관계 속에 자리하고 있으며, 특정한 관계에 속한 사람들은 유사한 방향으로 행위한다. 다소 세부적으로 차이가 있거나 방식이 다를 뿐이다. 다음의 질문들을 생각해보면 자신의 잠재적인 매혹 수준을 알 수 있을 것이다.

사람들이 당신에게 자연스럽게 말을 건네는가?

사람들이 당신과 관계를 맺고 싶다고 생각하게 만들 수 있는가? 사람들이 기꺼이 당신과 오랫동안 이야기를 나누고, 당신의 이야기를 듣고, 당신과 친분을 맺는가? 회사라면 회사 웹사이트에 로그인하는 사람들의 수는 얼마나 되는가? 그중 웹사이트의 글을 신중히 읽는 사람은 몇 명이나 되는가?

사람들이 당신의 이야기를 듣고 싶어하는가?

당신이 이야기하는 것 이상으로 사람들이 그 이야기를 듣고 싶어하는가? 사람들이 당신의 생각이나 행동에 관심을 가지고 있는가? 매혹은 당신의 현재 행동과 다음에 취할 행동에 사람들이 호기심을 가지게 한다. 누군가가 당신의 전기를 쓸 만큼 당신에 대해 알고 싶어하는가? 그리고 그 이야기를 많은 사람들이 듣고 싶어하는가?

당신의 말, 행동, 생각은 사람들에게 어떤 반응을 끌어내는가?

당신은 논쟁거리를 만들고 활성화시키는가? 매혹은 사람들의 감정적인 반응을 강하게 끌어낸다는 말이다. 반응은 의도한대로이든 의도한대로가 아니든, 긍정적이든 부정적이든 관계없다.

사람들에게 새로운 사고방식을 유도하는가?

사람들을 가장 매혹시키는 것은 일반적인 사고방식이 무너졌을 때다. 기발한 것부터 끔찍한 것까지 다양한 방식이 있을 수 있다. 매혹하려면 다르게 생각하는 법을 보여주라.

다른 사람들이 당신의 행동, 생각, 기술을 모방하는가?

모방은 당신의 매혹에 끌렸다는 상징이며 단순한 아첨이 아니다. 매혹은 더 큰 가치를 추구하는 일종의 지름길이다. 당신은 무언가를 상징하는 사람인가? 누군가가 어떤 것을 묘사할 때 시종일관 당신을 언급하는가?

매혹 방식은 사람마다 다르다. 그것이 당연하다. 누구에게나 적용되는 절대적인 매혹 방식이란 있을 수 없다. A회사에서 배척당하는 듯이 보이는 성격적 특질은 B회사, 혹은 다른 환경이나 상황에서는 매력적인 것이 될 수 있다. 장기적인 관계에서 내성적이거나 수수한 사람들이 카리스마 있는 사람보다 더욱 매력적일 수 있다. (그들이 신뢰 기제를 촉발시킨다면 말이다.) 신뢰는 관계에서 가장 중요한 매혹 기제이며 저득점자 집단이 고득점자 집단보다 더 많이 지닌 자질 중 하나기도 하다. 그들은 사람들을 이끌지는 않지만 사람들을 은근히 자신의 편으로 끌어들인다.

신뢰 기제가 당신에게 적합할 것이라고 섣불리 단정하지 마라. 또한 한 사람에게 적합한 매혹 자질이 반드시 다른 사람에게도 적용되어 효과를 볼 수 있는 것이 아님을 유념하라. 중요한 것은 어떤 매혹 기제가 중요하느냐보다 자신이 지닌 매혹 기제 중 사람들 간의 커뮤니케이션 장벽을 제거할 수 있도록 하는 가장 최상의 자질이 무엇이느냐는 것이다.

매혹하기 위해서 자신의 매혹 기제를 사용하는 것이 아니다. 《아버지와 아들의 모터사이클 다이어리Zen And The Motorcycle Maintenance》에서 로버트 퍼시그Rober M. Pirsig는 "궁극적인 목적이 개인적인 영달에 있는 경우 어떤 노력이든 결국 재앙을 불러온다"고 했다. 짐 콜린스Jim Collins는 《좋은 기업에서 위대한 기업으로》에서 자신을 과대평가하는 사람은 조직이나 상품의 성공을 오히려 가로막을 수 있다고 한다. 최상의 성과를 내는 사람들은 자신보다 자신의 메시지, 팀이 더욱 매혹적이 될 수 있도록 노력을 집중한다.

당신은 리더인가? 사람들이 당신을, 당신의 비전을 따르게 할 수 있다면 그렇다. 피터 드러커Peter Drucker는 "리더의 단 한 가지 조건은 누군가를 따르게 만드는 것이다"라고 말했다. 매혹하지 못하면, 따르는 사람들도 없다.

물론 가장 중요한 것은 당신이 말하고자 하는 메시지의 가치다. 가치가 없다면 매혹도 없다. 당신이 말하는 것이 말하는 방식보다 중요하다. 그러나 메시지의 중요성보다 그것을 얼마나 효율적으로 들리게 하느냐가 더 중요하다.

여기 7가지 매혹 기제가 있다. 욕망, 신비, 경고, 명성, 힘, 악덕, 신뢰가 그것이다. 각각의 기제들은 각기 다른 반응과 행동을 이끌어낸다. 일단 각각의 기제 뒤에 숨겨진 힘을 규정할 수 있다면, 우리는 왜 어떤 리더들을 신뢰하는지, 왜 불합리한 위험을 감수하게 되는지, 왜 우리가 특정 브랜드의 제품을 구매하는지 알게 될 것이다.

제2부

7가지 매혹 기제

Fascinate

매혹이라는 무기고

욕망, 신비, 경고, 명성, 힘, 악덕, 신뢰

세상에는 지루하고 잡다한 것들(사람을 포함하여)이 너무나 많다. 예를 들어 화장실 휴지나 세정제, 세금보고서, 건물 외장재, 타일, 잔디 깎는 기계, 커피포트, 손톱용 드라이어, 계산대에서 줄 서서 기다리기, 재방송되는 시트콤 등 말이다. 초콜릿도, 음악도 지나치게 종류가 많다. 이런 것들은 매혹을 만들어낼 수 없는 것처럼 보인다. 그러나 어떤 대상이든 어떤 사람이든 매혹적이 될 수 있다. 반응을 이끌어낼 수만 있다면 언제든 매혹적인 대상이 될 수 있다. 매혹 기제들은 의미 없는 대상에 의미를 부여해주기 때문이다.

대상 자체보다 매혹 기제가 중요하다

대상 자체가 매혹을 유발하는 경우는 없다. 매혹을 촉발하는 기제가 있을 뿐이다. 어떤 기제가 활성화되면 우리는 원하든 원치 않든 주목을 하게 된다. 어떤 대상이든 그 자체로 좋고 나쁨, 매혹적이거나 매혹적이지 않다는 등의 특성을 지니고 있지 않다. 사람이든 사물이든 대상을 둘러싼 정황과 의미가 매혹을 결정한다.

우리는 모두 평범한 것들을 매혹적인 것으로 전환시키는 기제들을 가지고 있다. 누군가에게 통하는 특정 상징물이나 음악, 혹은 신체적 매력이 어떤 사람들에게는 전혀 영향을 미치지 않는 것을 본 적이 있을 것이다. 루벤스가 즐겨 그렸던 여인들은 현대적인 기준에서는 지나치게 풍만하다. 반대로 루벤스 역시 우리를 매료시키는 헤로인 시크 Heroin Chic 케이트 모스에게 전혀 끌리지 않았을 것이다.

여기에는 개인적인 선호도가 중요하다. 매혹 기제들이 일률적으로, 만인에게, 같은 정도의 영향력을 발휘하는 것은 아니다. (매혹의 과학은 일종의 기술이다.) 예를 들어 페티시의 경우 보통 사람들에게 별다른 의미를 지니지 않는 하이힐 한 짝이나 머리카락 한 가닥이 누군가에게는 대단한 의미를 지니고, 강렬한 매혹으로 작용하지 않는가.

세상에서 가장 매혹적인 2개의 C

제1부에서 살펴본 페티시를 생각해보자. 우리에게 별 의미 없는 하이힐 한 짝이 누군가에게는 매혹의 상징이 될 수 있다. 이런 경우 매혹의 대상은 하이힐 한 짝이 아니라 그 하이힐이 담고 있는 욕망이나 악덕 혹은 힘 등 그것에 매혹을 부여해주는 기제다.

여기에서 중요한 것은 이미 말했듯이 특정한 대상 자체가 아니라 그 대상에 매혹을 부여하는 '기제'다. 이는 개인적 선호도의 문제이기도 하다. 특정 기제에 대한 반응이나 선호도는 사람마다 그 정도가 다르다. 어떤 사람들은 악덕에 강하게 반응하고 어떤 사람들은 명성에 반응한다.

페티시의 대상은 그 자체로는 의미 없는 물건이며, 매혹을 유발하지 않는다. 초콜릿 케이크를 보고 입 안에 침이 고이는 것은 '욕망' 기제가 발현된 것이라 할 수 있다. 가십난이 그토록 인기 있는 것은 그것이 '악덕'이기 때문이며, 신부의 심장을 뛰게 하는 것은 '웨딩 사진'이 아니라, 그 안에 담긴 '신뢰'다.

브랜드 로고를 예로 들어보자. C 문자 2개를 연동시키는 것은 그 자체로는 거의 의미가 없다. 그것이 아래의 그림이 아닌 한 말이다.

그림과 같이 교차된 순간 2개의 C는 하나의 의미를 가지게 된다. 이것이 '명성'이다. 사람들은 이 로고가 박힌 멋진 선글라스에 대해 다른 회사의 동일한 제품보다 2배의 가격을 기꺼이 지불한다. '샤넬'이기 때문이다. 샤넬의 추종자들에게 샤넬 로고는 선글라스에 명성을 불어넣는다. 그 명성은 매혹으로 가는 티켓이다. (*주: 선글라스를 비싸게 만드는 것은 로고 때문만은 아니다. 그 안에는 샤넬이 보증하는 '질'적인 측면도 포함된다. 그러나 같은 수준의 제품인 경우, 로고가 가격을 결정하는 것도 사실이며 소비자들은 반드시 '질'적인 수준으로만 제품을 구매하지는 않는다.) 이처럼 매혹에 의해 소비자들이 당신의 브랜드에 기꺼이 2배 이상의 가격을 지불하게 하는 것에 대해 생각해 보자.

하찮은 대상이 의미를 획득할 때

강력한 브랜드들은 자체로는 의미 없는 대상에 의미를 부여해준다. 동등한 제품군들 사이에서 특정 상품에 의미를 부여함으로써 가치를 더욱 높이는 것이다. 이는 모통 소금Moton Salt, 치키타 바나나Chiquita Bananas, 다사니 워터Dasani water 같은 일용품에도 적용된다. 샤넬 선글라스와는 작동하는 기제는 다르지만 원칙은 동일하다. 그리고 이 원칙은 브랜드에만 적용되는 것도 아니다. 날씨에도 적용된다. 7가지 기제는 온갖 종류의 의미 없는 상황에 의미를 부여해준다는 점에서 모두 동일하다.

4월 19일에 비가 내린다고 하자. 지평선 너머로 몰려오는 먹구름은 농작물 피해를 우려하는 농부와 결혼식 날을 맞은 신부에게(서양에는 결혼식 날 눈이나 비가 오면 잘 산다는 속설이 있다–옮긴이) 의미가 다르다. 양쪽 모두 '비'에 주목하고 있지만 정서적 반응은 다를 수 있다. '비'라는 현상에 대해 각기 다른 의미를 부여하는 것이다.

온종일 자극제들의 폭격을 받는 상황에서 모든 대상에 주목하기에는 정신적 에너지도 한계가 있다. 때문에 우리는 필연적으로 선택을 하게 되며, 이때 자신에게 의미를 지닌 대상에 주목한다. 당신의 삶에서 벌어지는 일들은 일상적인 물건들에도 당신만이 부여한 의미가 존재한다. 이는 소비자도 마찬가지다. MP3는 애플이 아이팟이라는 제품에 매혹을 불어넣기 전까지는 실용적인 제품이었지 매혹적인 대상은 아니었다. 자신의 애견을 사랑스러워하는 사람이라고 해서 모든 강아지를 예뻐하지는 않는다. 당신의 강아지에는 당신이 부여한 의미가 존재하기 때문이다.

본질적인 매혹은 없다

당신의 브랜드, 회사, 그리고 당신 자체가 전혀 매혹적인 대상이 될 수 없다고 생각하는가? 이는 사실이 아니다. 제아무리 무의미한 것이라 해도 7가지 매혹 기제를 통해 매혹적인 것으로 거듭날 수 있다. 예를 들어 한 잔의 오렌지 주스는 그 자체로는 매력적인 제품이 아니지만 당분 수치를 낮춰야 하는 당뇨병 환자에게 그 오렌지 주스는 목숨을 위협하는 대상으로 이목을 끌 것이다. 대학 입학통지서를 기다리고 있다면 집 앞을 지나가는 우체부에게, 경찰에게 쫓기고 있는 상황이라면 차의 주행계기판에 온 관심이 쏠리게 될 것이다. 매운 음식 먹기 대회를 치르고 있는 중이라면 시원한 물 한 병이 당신의 시야를 지배할 것이다. 검은색 갭Gap 티셔츠는 평범하기 그지없지만, 아카데미 시

상식장에 샤론 스톤이 그 셔츠를 입고 왔다면 더할 나위 없이 멋진 티셔츠로 보일 것이다. 칵테일 바에서 조용하고 예의바른 어투로 말하는 사람은 그다지 매력적으로 보이지 않지만, 그 사람이 당신이 들어가고자 하는 회사의 CEO라면 이야기가 달라질 것이다. 상황이 매혹을 만드는 것이다.

우체부, 물 한 병, 갭 티셔츠는 본질적으로 매혹적인 대상이 아니다. 특정 상황과 연결이 되었을 때 매혹적인 성질을 획득하는 것이다. 어떤 것이든 매혹적인 것이 될 수 있다. 전혀 그렇게 보이지 않는 것이라도 그렇다. 당신이 매혹 기제와 문맥을 잘만 사용한다면 말이다.

사람들의 반응 메커니즘을 전환시킬 수 있다면 관심을 바꾸고, 유도하고, 행동을 변화시킬 수 있다. 이것이 우리가 7가지 매혹 기제를 알아보고자 하는 이유다. 즉, 사람의 행동도 조절할 수 있다는 것이다.

7가지 매혹 기제

먼저 매혹 기제들이 어떻게 의미 없는 대상에 강한 끌림을 부여하는지를 이해한다면, 매혹이 의사결정에 어떻게 영향을 미치는지 알 수 있을 것이다. 다음 장에서 우리는 행동주의적, 정신분석적, 물리적 설명들을 통해 우리가 대상에 왜, 어떻게 사로잡히게 되는지를 탐구해볼 것이다. 먼저 아래의 간략한 도표를 보자. 이 도표에서 당신은 각각의 기제들이 의미하는 것과 왜 그것들이 우리를 사로잡는지를 간략하게 볼 수 있을 것이다.

기제	욕망	신비	경고
정의	쾌락에 관한 기대	호기심	결과에 대한 위협
매혹의 원인	쾌락이 예측되기 때문에 열망이 생긴다.	수수께끼를 풀고자 하는 욕구를 불러일으킨다.	경고는 즉시적인 반응을 요구한다.

명성	힘	악덕	신뢰
성취의 상징	지배력	일탈	확실성과 안정성
명성은 계층 의식, 존중, 찬사를 불러일으킨다.	힘을 통제한다.	금단의 열매에 이끌린다.	신뢰는 우리가 그것에 기댈 수 있기 때문에 안정을 준다.

　　각각의 기제들은 각기 다른 방식으로 적용되고, 각기 다른 반응을 이끌어낸다. 이런 7가지 보편적인 기제들은 다양한 반응들을 촉발하고, 특히 어떤 이들에게는 물리적, 감정적, 지적 집중력을 극대화할 수 있다. 경고는 모험심, 즉시성, 위험 감각을 일깨운다. 신비는 호기심을 일으킨다. 힘은 공포나 존경심을 일으키고, 악덕은 악평을 떠올리게 한다. 그러면 욕망에는 무엇이 부가될까? 이제 그것을 살펴보자.

F a s c i n a t e

욕망

왜 우리는 쾌락을 생각하는 것만으로
유혹당하는가

　그녀의 목소리는 '솜사탕, 연기, 산들바람, 막대사탕, 그리고 벨벳,
샴페인, 분홍 캐시미어 스웨터'라고 묘사된다. 그러나 오하이오 주립
대학의 음악과 인지 관계를 연구하는 심리학자 데이비드 휴론은 조금
달리 표현했다. '젖은 목소리.'

　"먹고 싶은 음식을 보았을 때, 칭찬을 들었을 때, 아이들을 껴안을
때 우리의 입술은 글자 그대로 '젖는다'"라고 휴론은 말한다. 행복한
상태에서 우리의 입은 샐비어(salvia, 깨꽃, 차세대 마리화나로 통칭되기도 한다 –
옮긴이)라는 마약 물질을 만들어낸다. 입 안이 젖은 상태일 때 혀는 더
욱 유려하게 움직이는데 휴론은 이런 '입이 젖은 신호'에 주목했다.

　젖은 입은 사소하고 무의식적인 반응이지만 음색을 변화시킴으로
써 우리의 감정 상태를 전달해준다. "입 안이 젖었다는 것은 정서적인
거리감이 가까워졌음을 의미한다. '이리로 와서 나와 함께 놀지 않겠

어?'라는 표현이다. 우리는 더욱 가까운 관계가 되고 경험을 공유한다는 사실에 매혹되기 시작한다."

마릴린 먼로는 젖은 입술을 이용해 최고의 효과를 본 사람 중 하나다. 그녀의 호흡 소리는 단지 촉촉한 것만이 아니라 흡기력을 가지고 있다. 사람들은 모두 태생적으로 목소리를 빨아들인다. 즉, 성대를 통해 공기를 최대한 빨아들이는데, 이는 속삭일 때도 마찬가지다. 많은 사람들 앞에서 말을 할 때조차(심지어 생일 축하 노래를 할 때도) 그녀는 사람들이 정서적으로 가까움을 느낄 수 있도록 이런 특성을 이용했다. 그녀의 속삭임에 가까운 소리는 마치 침대 머리맡에서 들려오는 듯한데 이는 청자들이 그녀와 물리적으로 가까운 거리에 있다고 무의식적으로 느끼게 한다.

깨닫고 있든 그렇지 않든 입 안이 젖은 정도는 세계에 대한 우리들의 감정적인(부정적 혹은 긍정적) 상태를 미묘하게 드러낸다. 우리는 이런 무의식적인 욕망에 대한 힌트를 매일 발산한다. 그리고 이런 신호를 통해 누군가를 가까워지게 하고, 누군가를 밀어낸다.

감각적 만족을 얻고자 하는 갈망

욕망은 미각, 후각, 시각, 청각, 촉감이라는 경험을 통해 매혹된다. 무언가를 욕망한다는 것은 그것을 간절히 원한다는 말이다. 최악의 결과가 예상되는 욕구를 느꼈을 때 우리는 욕구를 충족시킨 후의 결과를 알지만 오히려 이 때문에 더욱 그것을 욕망하게 된다.

갈증을 느끼면 시원한 오렌지 주스 한 잔이나 콜라 한 잔을 갈망하는 것, 허기를 느끼면 북경 오리 요리나 갈릭 소스를 얹은 대하 요리, 핫케이크를 떠올리게 되는 것, 덥고 습한 날 창문을 통해 들어오는 바람을 간절하게 느끼는 것, 이 모두가 욕망이다. 욕망은 특정한 사물이나 사람, 혹은 경험과 관계될 수 있다. 순간적일 수도 있고, 일생을 지속되는 것일 수도 한다. 어떤 경우든지 욕망은 당신의 감각이 긴급하게 충족되어야 하는 순간에 나타난다.

기원전 6세기 초, 욕망은 초기 가톨릭 사제들에게 있어 공공의 적으로 취급되었다. 여기에는 합당한 이유가 있다. 욕망은 유혹자(여성)들에게 정조대를 채우는 것을 골자로 하는 순결 의무들을 저버리게 하기 때문이었다. 욕망을 극복하는 것은 쉬운 과업이 아니다. 6세기 이래 세계의 주요 철학적 개념들은 이 주제를 놓고 씨름해왔다. 불교에서는 '욕망을 극복하는 것'을 이상으로 묘사한다.

욕망은 가장 깊은 곳에 있는 통제되지 않는 충동을 표출시킴으로써 수세기 동안 길들여지고 억눌려진 본능의 일부를 해방시킨다. 욕망은 특히 무시하기 어려운 기제다. 그것이 현명하고 합리적인 의사결정을 방해하기 때문이다. 이 기제는 저항할 수 없는 매혹을 강화시키는 데 특히 유용하다.

그럼에도 불구하고 원할 수밖에 없는 것

욕망은 생물학적 끌림에서 발생한다. 이것은 육체적, 정서적 반응을 촉발하고, 이성적인 계산을 지나쳐 머리에서 직접 욕망으로 나아간다. 성공적으로 욕망에 저항한다 해도, 그것에서 완전히 벗어났다고 말할 수는 없다. '취하거나 버리거나'의 상황은 거의 발생하지 않는다. 우리의 행동은 의지의 힘으로 바뀔 수 있지만 매혹은 그렇지 않다.

사실은 경고를 만들어내고, 의견은 힘에서부터 나타난다. 그러나 욕망은 다르다. 논리나 사리판단과는 관계가 없다. 타코벨 나초를 원하는 것과 실제로 그것을 갈망하느냐는 다른 문제일 수 있다.

만약 당신이 내보내는 메시지가 이성적인 것이라면, 사람들의 욕망을 증가시킬 새로운 방식으로 메시지에 욕망을 부가시켜야 한다. 휴머니티에 대한 욕구는 특히 힘과 명성 기제에서 잘 작동되는 데 이는 힘과 욕망이 차갑고 비인격적인 대상이기 때문이다. 이성적인 정보와 안정성에 기반한 신뢰 기제는 끌림의 신호를 만드는 데 유익하다.

전통적인 메시지에서 욕망

먼저 대부분의 사람들(기업들)은 욕망이 자신들과는 무관한 것이라고 생각한다. 그렇다면 당장 이 책을 손에서 놓아라. 경쟁적인 환경에서 대부분의 사람들은 누군가와 친밀한 관계를 맺고자 한다. 대부분의 기업들, 특히 전통적인 기업들은 이 기제에서 따뜻함과 감정적인 부분을 끌어냄으로써 이익을 얻는다.

브랜드를 혁신하는 프로젝트를 진행할 때 나는 차가운 제품에 인간적인 감성을 불어넣는다거나 자연적인 느낌을 담는 일을 고안하곤 했다. 욕망은 사람들에게 일시적이나마 주변의 것들을 잊게 만들고, 방어벽을 낮추며, 그 메시지 이외에는 다른 대상을 생각지 못하게 한다.

사람들을 곁에 두고 싶은가? 특정한 사람이 당신의 말과 행동에 관심을 갖게 하고 싶은가? 당신의 제품(회사)을 선호하게 만들고 싶은가? 사람들이 당신의 매장에 방문하고, 당신의 상품을 보고 만지지 않을 수 없게끔 만들고 싶은가? 욕망은 이런 상호작용의 끌림 위에 구축된다.

유용성이 같아도 욕망 수준은 다르다

욕망은 기능이나 유용성에 관한 것이 아니다. 제품에 더 많은 정보나 더 많은 기능을 담는 것으로 욕망 수준을 높일 수는 없다. (마이크로소프트와 애플을 비교해보라.)

멋진 디자인은 종종 욕망을 불러일으킨다. 특히 디자인이 인간미 혹은 인간적인 감각을 담고 있거나 기능적으로 더욱 기쁨을 줄 수 있는 경우에는 더욱 그렇다. PC의 전원 상태 표시등이 깜빡이는 것을 애플은 '심장이 뛴다'고 표현함으로써 인간미를 부여했고, 디자인 전문업체 IDEO는 인슐린 주사기를 의료기기가 아니라 몽블랑 펜처럼 시각적, 촉각적인 욕망을 일으키게끔 디자인했다. 공학적인 유용성에 인간미와 쾌락을 담은 것이다. 기능적으로는 완전히 같지만(인슐린 주사기는 주사기일 뿐이다) 디자인은 경험을 더욱 매혹적으로 만들어준다.

이런 감각의 속임수에 대해 알아보자. 욕망은 4가지의 특징을 지니고 있다. 생각을 멈추고, 감각으로 느끼게 한다. 일상적인 것을 더욱 감각적으로 만든다. 오감을 사용한다. 그리고 사람의 애를 태운다. 이성적으로 브랜드가 지닌 이점들만을 소구하기보다 매혹 기제들이 경험적 애착을 만들어낼 수 있게끔 하는 방안을 강구하라.

생각을 멈추고 감각으로 느낀다

욕망은 이성적인 판단 과정을 무너뜨리고, 우리를 사고에서 해방시키고, 감각으로 느끼게 만든다. 우리는 이런 일이 일어나는지조차 모를 수도 있지만, 관계에서 그 영향은 오랫동안 지속된다. 마야 안젤루Maya Angelou는 "사람들은 자신이 말한 것, 행동한 것은 쉽게 잊어버린다. 그러나 그때의 감각은 결코 잊지 않는다."

욕망에의 이입

마릴린 먼로와 젖은 목소리가 내는 신호를 기억하는가? 우리들 대부분은 이런 신호를 내보낸다. 즉, 우리 모두는 자신을 세계에 내보이고 있는 것이다.

업무상 중요한 회의에서 프레젠테이션을 한다고 해보자. 회의장의 가장 앞에 서게 되면, 생각보다 목소리 톤이 높아지고, 크게 미소 짓고, 주목을 끌기 위해 더욱 애를 쓰는 등 모든 행동이 커지게 될 것이다. 속으로 자기 자신에게 응원을 하고, 긴장을 푼 상태에서 자신감이 차오르는 쾌감을 느끼게 될 것이다. 사람들은 당신의 이런 신호를 반영하여 기분 좋은 상태를 경험하게 된다. 의식적으로는 당신의 말을 경청하고 있지만, 이때 더욱 중요한 것은 그들이 무의식적으로 당신이 말하는 방식에 귀 기울이고 있다는 사실이다. 당신은 욕망 기제로 사람들의 주의를 잡고 있는 것이다.

노이즈를 차단할 뿐만 아니라 회의를 새로운 국면으로 전환시켜야 한다고 생각해보자. 갑자기 당신이 거대한 결론을 제시한다면, CMO(Cheif Marketing Officer, 최고 마케팅 경영자-옮긴이)들은 얼굴을 찌푸리고 말할 것이다. "우리도 이미 시도해본 바가 있네만, 완전히 실패했네." 그들의 기분을 알고 싶다면, 목소리가 젖어 있는지를 살펴보면 된다.

당신이 자신의 의견을 계속 주장한다면 성대막은 바짝 마르고 입안도 말라 있을 것이다. 딱딱한 목소리에서는 쇳소리가 나오게 될 것이다. 이는 아드레날린이 폭발하여 호르몬이 투쟁-도주 반응을 촉진하기 때문이다. 만약 CMO들에게 한 주장을 철회했다면, 당신은 곧 신경이 곤두서게 될 것이다. 그리고 참석자들은 이를 즉시 감지한다. 당신의 스트레스에 대해 참석자들은 신경학적으로 신체 반응을 일으킬 것이며 당신의 불안정한 감정 상태에 감정이입을 하게 될 것이다. 이렇게 되면 더 이상 참석자들은 당신의 경험을 공유하지 않게 된다. 무의식적으로 욕망을 촉발시키는 것이 사라졌음을 감지하고 당신과 거리감을 두게 되는 것이다.

욕망의 자극과 테스토스테론

쾌락은 예측만으로도 샐비어라는 마약 물질을 생성하기도 하지만 그것만은 아니다. 흔히들 자동차의 트렌드는 마제라티 콰트로 포르테로 선도되는데, 욕망의 수레바퀴를 보여주는 데 이것만큼 좋은 것도 없다. "본능적이고, 세속적으로 욕망을 자동 촉진시킨다." 이러한 욕망은 남성만이 아니라 여성도 경험한다.

최근 영국에서 테스토스테론의 존재에 대한 여성의 샐비어 반응을 테스트하는 연구가 이루어졌다. 호르몬 수치는 흥분할수록 높아진다. 여성에게 페라리, 람보르기니, 마제라티 같은 이탈리아산 스포츠카의 소리를 들려주고 나서 샐비어 수치를 측정했다. 결과는 어땠을까?

스포츠카의 엔진 소리를 들은 여성은 모두 상당한 테스토스테론 수치 상승을 보였다. 특정한 차의 엔진 소리가 여성들을 자극한 것은 아니다. 상대적으로 약한 폭스바겐 폴로 엔진 소리를 들은 후에 여성들의 테스토스테론 수치는 다소 내려갔다. 소리가 작아질수록, 욕망의 자극도 작아진 듯이 보였다.

감각 경험으로써의 욕망

뉴욕의 아티사널 비스트로Artisanal Bistro는 이국적인 치즈 향취를 풍긴다. 안은 마치 후각 자극 공장 같다. 누군가가 그곳에서 저녁을 먹는다면 동맥이 요동치고 젖산이 자동적으로 분비되는 경험을 하게 될 것이다. 이 레스토랑은 세계 각국의 치즈들을 모아놓은 거대한 치즈 동굴이다. 식도락가들은 여기에서 이런 생각을 할 것이다. "첫 번째 주문은 무엇으로 할까?" 그러나 마케터들이라면 이런 생각을 할 것이다. "이런 경쟁적인 환경에서 모든 치즈가 경쟁력을 가질 수 있을까?"

아티사널 비스트로는 경쟁이 극심한 마케팅 환경을 모두 갖추고 있다. 수많은 레스토랑이 입점해 있는 거리라는 외부적 환경과 세계 최고의 치즈 250여 종, 각종 향취와 한 종의 치즈로도 수많은 메뉴를 만들어내는 내부적인 환경 등 모든 경쟁 환경이 갖추어져 있다.

특색 있는 향취를 풍기는 고르곤졸라 크레미피카토부터 오토 껍질에 쌓인 페코기노 포질 드 노체까지 다양한 종류의 치즈가 살아남기 위해 각자 자신만의 방식으로 존재감을 드러내고 있다. 이국적인 치즈들은 각자 독특한 매혹 기제들과 결합하여 자신만의 매력을 발산한다. 어떤 치즈는 숙성 기간이라는 신비 기제를, 어떤 치즈는 풍부한 지방층이라는 악덕 기제를, 어떤 치즈는 산딸기나 라즈베리 등의 과일 향이라는 남다른 향취를, 어떤 치즈는 순금이나 순은을 입혀 명성 기제를 발휘한다.

아티사널 비스트로는 욕망의 다양한 매혹 방식을 제공한다. 이 기제는 생각만큼 다루기 어려운 것은 아니다. 욕망은 모든 형태의 감각적 경험이기 때문이다. 당장 당신이 이 책을 읽으면서 경험하는 책 냄새, 표지의 색깔, 책장을 넘기는 소리 등이 모두 감각 경험에 새겨지며 욕망 기제로 발현될 수 있다.

흔히 냄새는 과소평가되기 쉬운 욕망 기제 중 하나다. 샤넬 No. 5의 향이든 그보다 덜 좋은 냄새든, 냄새는 우리의 예측을 일으키는 중요한 단서다. 놀랍게도 부정적인 신호들이 긍정적인 결과를 끌어들이기도 한다. 욕망이라는 목록에서 감각은 미처 맡지 못한 냄새를 포함하고 있기도 하다.

날아간 담배 냄새에 관한 욕망

영국식 퍼브를 떠올리면 즉시 담배 냄새가 꽉 찬 허름한 주점을 연상하게 된다. 이것이 영국식 퍼브의 분위기를 상징하는 트레이드마크다. 냄새는 매우 강력한 신호다. 멋진 향수 냄새든, 날아간 담배 연기같이 미미한 냄새든 말이다. 그러나 만약 공공장소에서 흡연이 금지된다면, 담배 연기가 상징인 영국식 퍼브의 앞날은 어떻게 될까? 다소 재미있는 문제긴 하지만 이는 실제로 방향제 회사인 대일 에어Dale Air가 봉착한 문제였다. 영국 전역에서 흡연이 금지된 이후 영국식 퍼브들은 자신들만의 상징을 잃게 되었다. 대일의 창립자 프랭크 나이트Frank Knight는 "많은 퍼브 주인들이 흡연이 자유로웠던 때와 무언가 다른 점을 느끼고 있다"고 말했다. 결국 대일은 '담뱃재' 냄새라는 독특한 용도의 방향제를 발명했다. "이에 대해 들었을 때, 바로 사람들의 체취나 구토 냄새처럼 끔찍한 담배 냄새를 풍겨야 한다고 생각했습니다." 매우 재미있지 않은가.

더욱 일상적이고, 더욱 감성적으로

가장 평범한 제품들이 기억에 깊게 새겨질 수도 있다. '욕망'이란 단어는 많은 것을 나타낸다. 우리는 일반적으로 일상적인 대화에서도 매혹 기제를 사용하곤 한다.

신뢰는 관계에 있어서 성실, 연속성, 안정성과 결합되어 있는 기제다. 그러나 욕망은 긍정적이고 따뜻한 대화를 이끌어내는 역할을 할수 있다. 욕망은 대화에 친근함과 친밀도를 높여주고 낯선 사람들 사이에서 자연적으로 발생하는 심리 장벽을 낮춰준다. 그리고 서로의 메시지에 더욱 잘 집중할 수 있게 해준다.

데이비드 휴론은 발화자의 스트레스가 청자에게 전달되어 입 안을 마르게 하고 배를 아프게 한다는 것을 알아냈다. 의도했든 아니든 부수적인 심리학적 신호들은 우리의 의도를 전달한다. 목소리, 의도하지 않은 신체적 표현, 제스처, 눈맞춤, 어색한 웃음 등은 모두 진실을 보여준다.

《신뢰Trust me》의 저자 닉 모건Nick Morgan은 미국 최고의 커뮤니케이션 전문가 중 한 사람이다. 그는 내게 "모든 커뮤니케이션은 언어적 표현과 비언어적 표현, 이 두 가지로 이루어진다"고 말했다. 누군가가 말하는 단어가 우리에게 한 가지 사실을 알려준다면 그가 보이는 제스처, 목소리의 톤 등은 우리가 그 말을 믿어야 할지를 알려준다. "만약 두 가지가 잘 조화되어 있다면 우리는 그 사람에게 설득당하고, 그를 믿게 될 것이다. 그러나 두 가지가 조화되지 않는다면 사람들은 그중 비언어적 표현을 신뢰한다. 언제나 말이다."

모건은 앨버트 메라비언Albert Mehrabian의 연구를 지적했다. 메라비언은 청자들이 화자의 말에 대해 시각적 신호 55퍼센트, 목소리 톤 38퍼센트, 그리고 실제 발화된 말 7퍼센트를 신뢰한다는 것을 알아냈다. 이런 신호들은 신뢰 기제를 촉발시킨다. 그러나 욕망을 촉발시키지는 못한다. 우리가 따뜻하게 웃고 있을 때, 어려운 대화를 하면서 누군가의 팔을 쓰다듬을 때, 더욱 가까이 듣고자 몸을 가까이 기울일 때, 우리는 욕망 기제를 끌어내어 유대감을 느낀다. 신뢰가 말하는 내용과 상황에서 촉발된다면, 욕망은 말하는 방식에 의해 촉발된다.

이 두 가지를 결합함으로써 메시지는 더욱 잘 경청되고 기억에 남는 것이 된다. 신뢰는 장기간의 관계를 구축하고, 욕망은 사람들에게 자주 회자되게끔 만든다. 그러나 이런 것들이 모든 것을 보여주는 것은 아니다.

오감에 새겨진 욕망

장기적인 관계는 상대의 지속적인 피드백에 의해 결정된다. 장기적으로 욕망을 촉발하기 위해서는 지속적으로 감정을 자극하는 새로운 방식을 고안하는 노력이 필요하다. 쉬운 일은 아니지만, 행운이 작용하는 일도 아니다. 우리의 오감을 모두 이용해야만 한다.

초콜릿은 대부분은 욕망을 이용한다. 완전히 경쟁 포화 상태인 시장 환경 속에서 초콜릿의 맛은 소리, 시각적 자극, 향기, 촉감 등을 이용하여 경쟁력을 획득할 수 있다.

얼마 전까지 고디바Godiva의 초콜릿이 들어 있는 황금색 상자는 쾌락주의의 절정을 표상했다. 어디서든 바로 눈에 띄는 이 유명한 고디바의 금색 상자는 최고급 상점에서 자신을 위해 구매하는 최고의 사치품이라는 상징성으로 사람들을 매혹했다. 그러나 고디바는 브랜드를 확장하고자 하는 욕심에 끔찍한 짓을 저질렀다. 1999년 반스앤노

블 같은 대형 소매점에서 이 제품을 판매하기 시작한 것이다. 방부제가 들어 있는 이 초콜릿들은 더 이상 사람들의 욕망의 대상이 되지 못했다. (심지어 그 제품들은 성인용품 가게에서도 살 수 있다!) 이와 유사하게 보주Vosges나 마리 벨르Marie Belle 같은 프리미엄 브랜드의 제품들이 대형 마트나 식료품점에서 압생트나 흑해 소금, 팬지꽃, 파프리카 같은 것들과 나란히 진열되어 팔리고 있는 것에 대해 어떤 생각이 드는가?

사람들에게 다시 한 번 고디바가 매혹적인 초콜릿으로 보이게 하기 위해서는 어떻게 해야 할까? 광고만으로는 고디바의 문제를 해결할 수 없었다. 그들은 젊은 계층, 유행에 관심이 많은 여성들의 시선을 경쟁자들에게서 빼앗아 자신들의 매장으로 끌어와야 했다.

고디바는 보편적인 블랜디드 초콜릿 음료를 출시했다. 유행에 민감한 도시 여성들을 타깃으로 하여, 열정적이고 유혹적인 음료(퇴폐미와 고급스러움이 공존하며 여성의 모든 감각에 대고 말을 거는)로 포지셔닝했다. 이 제품은 고디바의 매장에서만 구매할 수 있었고, 포장도 일반적인 음료 제품이 아니라 특별히 최고의 디자이너가 디자인을 한 제품처럼 보였다. 그리고 구매 과정에서 그 재료가 되는 신선한 라즈베리, 크림, 불가리안 초콜릿 조각들이 혼합되는 과정을 전시하여 감각적인 경험을 선사했다. 이 음료는 단순한 초콜릿이 아니라 여성의 오감을 유혹하는 '16온스짜리 쾌락'이었다.

제품명을 정할 때도 퇴폐미를 부여하고자 컨펙션 퍼펙션(confection perfection, 완벽한 달콤함), 봉봉비방(BonBon Vivant, 생생한 달콤함), 쇼

쿠튀르(ChoCouture, 초콜릿과 다발의 합성어로 달콤한 초콜릿 다발을 의미) 등의 안을 생각했고, 결국 최종적으로는 성적인 뉘앙스와 초콜릿의 정수를 합성하여 쇼코릭시르Chocolixir라는 이름이 결정되었다.

이 드링크가 2006년에 런칭됐을 때, 블렌디드 초콜릿 음료 시장에서 약간의 동요가 일어났다. 이 제품을 구매한 고객들은 매장을 거닐 때 초콜릿의 부드러움과 신선한 향을 맡고 감각하면서 입 안에 침이 고이던 경험에 대해 말하고 다녔다.

단순히 광고를 교체하는 대신 고디바는 욕망을 감각적으로 경험시킴으로써 사람들을 다시 한 번 매혹시켰다. 내부에서부터 혁신을 이끌어낸 것이다. 2008년까지 쇼코릭시르는 전 세계 152개의 고디바 매장에서 사랑받았다. 고디바는 자신들이 가진 근본적인 판매 방식으로 되돌아가 왕권을 되찾아온 것이다.

줄 듯 말 듯 욕망을 자극하다

욕망은 쾌락을 보장한다. 그러나 완전하게 충족되는 쾌락은 아니다. 가장 매혹적인 욕망 신호는 당신으로 하여금 대상을 더욱 원하게 만드는 것이다. 욕망이 결코 채워지지 않는 종류의 것일수록 사람들은 더욱 그에 끌린다.

뇌과학자들은 간단한 실험으로 이를 입증했다. 원숭이가 좋아하는 포도를 응시하게 한 상태에서 MRI로 원숭이의 뇌를 촬영한 결과 원숭이들은 포도를 바라보는 것만으로도 자극을 받았는데, 포도를 자신의 수중에 넣고, 먹기 시작할 때 이보다 더욱 자극을 받은 것을 관찰할 수 있었다. 그러나 포도를 다 먹고 나자 보상에 대한 판단은 감소했다. 최대의 쾌락은 원하는 것을 손에 넣었을 때 일어나며, 그를 경험한 이후가 아니었다. 욕망을 추구하는 것이 성취보다 더욱 큰 흥분감을 일으킨 것이다.

메리어트 호텔 라운지에서 만난 커플들의 짝짓기 춤에 관한 이야기로 돌아가보자. 가벼운 농담(밀고 당기기, 연애 유희)은 서로를 매혹하는 데 주요한 요소다. 사람들은 실제 데이트보다 초기의 밀고 당기는 연애 유희에서 더 들뜨고 유쾌한 감정을 느꼈다.

목적이 달성되면 욕망도 사라진다. 원숭이와 포도 실험을 기억해보라. 욕망이 없어지지 않는 한 상품을 헐값에 넘기지 마라. 다른 기제를 사용해보라. 희망을 주라. 상대가 원하는 것이 무엇이든 그것을 얻을 수 있다고 생각하게 하는 신호만 보내라. 단, 그들의 열정이 완전히 충족되도록 놓아두지는 마라.

욕망은 상상만으로도 가동된다

1979년산 오퍼스 원 카베르네 와인 한 잔을 원한다고 해보자. 그 이름만으로 당신의 혀는 이미 포도맛을 느끼고, 선홍색의 액체를 연상하며, 와인의 묵직한 바디를 감각하면서 입에서 군침이 돌게 될 것이다. 첫 모금을 마시자마자 볼은 홍조를 띠고, 한 다발의 꽃향기를 맡고, 혀에서는 웅장한 맛이 느껴진다. 욕망은 오감을 모두 정복하고, 대뇌의 사고 체계를 지배하며, 경험의 모든 측면을 한껏 즐기게 할 수 있도록 우리를 해방시킨다.

쾌락의 추구는 쾌락 그 자체보다 훨씬 매혹적이다. 충족되지 않은 욕망을 유지하라. 최소한 완전하게 만족시키지 마라. 이것이 욕망을 통해 장기적으로 매혹을 지속시킬 수 있는 핵심 방법이다.

욕망과 쾌락은 성적 코드의 동의어가 아니다

지금까지 '욕망'을 콘셉트로 한 광고들은 대개 성적 코드들을 사용해왔다. 하지만 모든 물건에 성적인 메시지를 삽입하는 것은 적절치 않다. 때로는 공공연하게 성적인 메시지를 전달하는 것이 오히려 아무런 감흥을 일으키지 않을 때도 많다. 욕망은 니베아 스킨 로션이나 헤네시 코냑과 같이 사람들이 원하는 것을 만들어냄으로써 브랜드에 영속성을 부여해주는 것이다.

욕망 기제로 매혹하기 위해서는 단순히 신호를 보내는 것이 아니라 어떤 방식이든 감각적으로 사람들에게 각인되어야 한다. 물론 성적 코드만을 의미하는 것도 아니다. 어떤 경우에는 성적 코드가 완전히 배제된 것이 효과적일 때도 있다.

성적 코드로서 욕망이 아니라 근본적인 욕망에 집중해야 한다. 금전적, 성적 욕구들이 뇌를 취하게 한다는 연구 결과가 있다. 이를 의식하지 못해도 하나의 욕구는 다른 욕구로 나타날 수 있다. 예를 들어 어떤 물리적인 자극을 경험하면 돈을 사용한다는 동등한 자극을 배출함으로써 안정을 추구하려는 것이다. 실제로 야한 속옷같이 성적 자극만 일으키는 것으로는 사람들의 구매 충동을 유발하기 어렵다. 뇌는 한 가지 형태의 욕구가 꽉 차면 다른 형태의 욕망과 쉽게 혼동을 일으킨다.

적절한 환경에서 전략적으로 응용하면 특징 없는 지루한 회사나 제품에 대해서도 강한 욕망을 불러일으킬 수 있다. 욕망은 촉각을 자극하는 방식으로 차가운 물체에도 온기를 부여할 수 있다. 애플의 아이폰을 떠올려보라. 매끄러운 커브, 음성 인식 기능, 촉감에 의해 움직이는 터치스크린, 육감적인 인터페이스 등 기계가 인간적인 감각을 구현하고 있지 않은가.

F a s c i n a t e

신비

질문에 답하지 않음으로써
상대를 당혹시킨다

독일의 예거마이스터Jäger meister는 이 제품의 충성 고객들조차도 끔찍한 맛이라고 평하는 것으로 악명 높은 리큐어 제품이다. 지독한 맛 때문에 대중성을 획득하기 힘든 이 제품은 1985년 이래로 매년 40퍼센트의 성장률을 기록하고 있다. 어쩌면 지독한 맛이 여기에 기여했을런지도 모른다. 독일 이민자들이 조금씩 구매하던 이 제품은 1985년 제품 수입업자이자 마케팅의 천재 시드니 프랭크Sidney Frank에 의해 전환점을 맞이하게 된다. 어느 날 아침 그는 《배턴루지 지역회보 Baton Rouge Adovacate》에 자신이 수입한 이 술에 대해 "마니아적이고 오컬트적인 술"이라고 묘사한 기사를 읽게 되었다. 이 기사에는 이뿐 아니라 아편이나 향정신성 물질인 퀘아루드Qaaludes나 최음제 같은 물질이 들어 있는 의심스러운 '마약성 술'이라고 쓰여 있었다. 프랭크가 이 기사에 대해 정정보도나 사과문을 요구했을까? 전혀 그렇지 않다. 오히려 이 기사를 전국의 대학 근처의 술집에 포스터로 만들어 붙였다.

예거마이스터가 급격한 인기를 끌게 된 데는 술집에서 벌어지는 난삽한 파티에서 격렬하게 춤을 출 때 마시는 '공식적'인 술의 위치를 차지한 것도 크다. 난삽한 이미지가 어째서 명성을 얻는 데 도움이 되던 것일까? 그것의 정체는 바로 '신비'다. 아무도 그 이유를 알지 못한다. 〈뉴요커〉는 "아무도 그 이유를 알 수 없다. 배턴루지나 뉴올리언스 지역의 주 소비계층인 대학생들은 예거를 쿨하다고 생각한다. 하지만 이는 극히 일부의 반응이다. 학생들은 그저 낄낄대면서 맛이 지독해서 예거를 마신다고 말하기도 한다"라고 표현했다. 시드니 프랭크는 심지어 지독한 맛을 광고하기까지 했다. 그가 만든 광고 사진에는 막 예거를 한 모금 마신 듯한 건장한 젊은이가 얼굴을 찌푸리고 있다. 그 위에 "지나치게 부드럽다"라는 카피가 쓰여 있다. 학생들은 뉴올리언스로 가서 예거마이스터 한 병을 사 들고 기숙사로 돌아갔고, 예거마이스터는 바이러스처럼 급격하게 퍼졌다.

신비가 유지되고 있는 동안에 이 브랜드가 꾸준한 성장률을 기록한 것으로 보아 실제로도 신비 전략 때문에 성공한 것이 분명해 보인다. 예거가 56가지의 재료를 합성하여 만들었다고 알려져 있는 동안에는 그 재료들이 정확히 무엇인지에 대한 각종 소문이 난무했다. 어떤 사람은 사슴 피가 들어 있을 것이라고 주장했고, 어떤 사람은 아편이 들어갔을 것이라고 말하기도 했다.

많은 브랜드들이 이런 식의 신비 전략을 사용한다. 코카콜라 병 속에 든 까만 액체의 제조법은 전세계에서 단 두 사람만이 알고 있으며, 예거마이스터의 녹색 병 안에 든 정체 모를 액체는 무엇인지 누구도 모른다. 소비자들은 정보를 갈망하게 될수록 그 제품을 원하게 된다.

잃어버린 정보에 대한 욕망

주목을 받는 데는 눈길을 끄는 것만으로 충분하지만, 흥미를 지속시키는 데는 훨씬 복합적인 요소가 작용한다. 정보 노출은 호기심을 자극하기에는 충분하지만, 사람들의 의문을 유발하기 위해서는 감추어진 요소가 필요하다. 신비 기제에 우리가 매혹되는 이유는 우리가 잃어버린 정보의 공백을 채우고자 하는 욕구를 타고났기 때문이다. 이것은 우리를 희롱하고, 상상력을 자극하고, 언젠가는 정보를 다 얻어낼 수 있을 것이라는 가능성을 암시한다. 그러나 가까이 접근하면 교묘하게 손아귀를 빠져나간다.

신비는 7가지 매혹 기제 중 가장 미묘하고, 가장 획득하기 어려운 것이다. 손에 넣기 어려운 것을 획득하기 위해 게임을 하는 것은 데이트 모임에서나 유용할 법한 일이다. 현실에서는 심리 게임이 주요한 전환점이 된다. 대신 신비감은 사람들을 가깝게 만들어준다. 당신은 정보의 파편들을 모두 제공하지 않음으로써 사람들이 수수께끼를 풀고 싶게 만들어야 한다. 서서히 애태우면서 정보를 나눠 주고, 결코 결론에 도달할 수 없게 만들어야 흥미를 증대시킬 수 있다.

4가지 방식을 섬세하게 조절하면 신비가 촉발된다. 첫째, 호기심을 일으켜라. 둘째, 정보를 움켜쥐고 있어라. 셋째, 신화를 구축하라. 넷째, 접근 금지 구역을 만들어라. 이 중 가장 중요한 것은 호기심이다. 호기심은 우리를 움직이는 열정의 원동력이 된다.

설명할 수 없다는 단 한 가지 이유로

사람들은 신비를 이끌어내는 대상들을 완전히 이해하지 못한 상태에서 끊임없이 화제에 올리고, 논쟁하고, 분석한다. 모험담, 음모론, 서스펜스 스릴러, 전설의 조직 일루미나티, 버뮤다 삼각지대, 미스터리 서클 등에 대한 우리들의 지속적인 관심을 생각해보라. 우리들은 설명할 수 없다는 단 한 가지 이유만으로 특정한 현상에 이끌린다.

조디악(Zodiac, 1969년 미국의 연쇄살인마, 미국판 〈살인의 추억〉으로 일컬어진다-옮긴이), 블랙달리아(Black Dahlia, 1947년 여배우를 난도질해 살해한 살인마로 잡히지 않았다-옮긴이), 유니봄버(Unibomber, 수학자 데오도르 존 카진스키라는 엘리트 살인마-옮긴이), 잭더리퍼(Jack the Ripper, 1888년 영국 런던의 연쇄살인마) 같은 희대의 살인마들은 공포감을 불러일으키는 존재인 동시에 우리의 관심 대상이라는 사실을 부인할 수는 없다.

신비와 위험 신호가 결합되면 어떤 마약보다 더 강렬한 중독을 유발하기도 한다. 죽음에 관한 욕망에 극도의 불안감이 더해지는 것 같이 말이다. 우리는 어째서 차 사고 현장에서는 눈을 돌리면서, 밤새 악몽에 시달리게 될 것을 알면서도 공포영화 〈쏘우the Saw〉를 기꺼이 보러 가는 것일까? 몇 년 전 〈블레어 위치the Blair Witch〉라는 영화가 선풍적인 인기를 끌었다. 수백만 명의 사람들을 매료시킨 이 영화가 실제가 아니라 완전히 허구라는 사실은 별 문제가 되지 않는다. 이 영화는 주인공 배우들조차 바로 다음 장면에 무슨 일이 일어날지 몰랐을 만큼 완벽하게 '신비'가 난무하는 영화였다. 결말은 물론 바로 다음 상황에 벌어질 일에 대해서도 관객들이 궁금해 미칠 지경에 이를 만큼 아주 조금씩 조금씩 정보를 흘리는 이 3만 5,000달러짜리 영화는 2억 4,800만 달러의 수익을 달성했다.

의문의 여지가 있는 것들은 명확한 답을 제시해주는 것보다 훨씬 매혹적이다. 알지 못하기 때문에 우리는 그 그물에 걸린다. 스톤헨지는 어떻게 만들어졌을까? 이스터 섬의 석상의 정체는 무엇일까? 사후 세계는 존재할까? 하워드 휴즈Howard Hughes는 정말 외딴 섬의 별장에 미성년자인 여배우를 연인으로 숨겨놓았을까? UFO는 존재할까? 네스 호의 괴물이나 히말라야의 빅풋Big Foot, 성배, 아틀란티스는 실재하는가? 커널 샌더스Colonel Sanders 대령은 KFC 치킨에 어떤 종류의 비밀 향신료를 넣었을까?

일단 전체 그림을 완전히 이해하게 되면 매혹은 감소된다. 주목했던 대상에 대한 호기심이라는 욕망이 충족되면, 이 매혹 기제는 약화된다. 다른 기제가 치고 들어오면 사람들은 바로 관심을 돌릴 것이다.

마술사가 모자에서 어떻게 토끼를 꺼낼 수 있는지 알게 된다면, 마술은 더 이상 우리를 매혹하지 못하게 된다. 창Chang과 엥Eng이라는 첫 번째 샴쌍둥이는 두 사람의 몸이 한 데 붙어 있다는 이유로 세계에서 가장 유명한 쌍둥이가 되었다. 샴쌍둥이가 어떻게 태어나는지에 대한 미스터리가 풀리면, 그들은 더 이상 관심의 대상이 되지 않을 것이다.

신비는 홀로 존재하지 않는다. 긴밀하게 연결된 여러 가지 요소들이 차곡차곡 쌓여서만이 생성될 수 있다. 수수께끼 더미가 높이 쌓일수록 해답을 찾고자 하는 욕구도 커진다. 스포츠 게임에서 각 팀들은 상대 팀의 방어 전략을 파악하고자 온갖 노력을 기울인다. 투자자들은 내부자 정보를 얻기 위해 감옥에 가는 위험을 감수한다. 영화 속 주인공들은 제 시간 안에 사건의 실마리를 찾아내기 위해 자신의 목숨을 건다.

신비의 반대말, 정보

오늘날에는 신비를 지닌 것들이 드물다. 기밀이 전부인 대상에서도 이 개념은 실종된 지 오래다. 우리는 모든 것이 적나라하게 드러나 있는 세상에서 살고 있다. 여배우들은 타블로이드 잡지에서 모든 것을 드러내 보이지 못해 안달을 하고, 기업들은 블로거들이 폭로하기 전에 자신들의 문제를 고백한다. 래리 플랜트Larry Flynt는 100만 달러를 받고 정부 고관의 성적 스캔들을 터뜨리고, 파파라치들은 스타의 더러운 속옷을 우리에게 친절하게 보여준다. 유투브의 등장으로 신비라는 것은 현대 세계에서 완전히 자취를 감췄다. 프라이버시가 사라진 세계에서 진정한 신비를 만들어낼 수만 있다면, 혹은 발견할 수 있다는 것을 암시하기만 한다면, 그것만으로도 사람들을 매혹할 수 있을 것이다.

정보를 좇는 동안 우리는 결론에 도달하게 해주는 실마리들이 충분히 모일 때까지 점점 그 대상에 매혹된다. 완전히 열중해서 강박적으로 그 정보만을 추구하게 되기도 한다.

한 번의 눈짓으로 수백만 달러를 벌어들인다

스트레스를 받으면 인간의 신체는 예측 가능한 방식으로 반응한다. 심장 박동 수가 증가하고, 동공이 확장되며, 땀이 나고, 잔근육들이 떨리며, 틱(tic, 안면경련반응-옮긴이) 반응이 나타나기도 한다. 신체적 반응은 지극히 개인적인 것이라고 생각되지만 실제로 이러한 무의식적 반응들은 인간의 공통적으로 지닌 특성이다. 극심한 압력을 받고 있는 상황에서 평정심을 유지할 방법을 찾기보다 당신이 내보내는 무의식적인 반응들을 통제하는 데 더욱 노력을 기울이는 것이 좋다. 당신만의 바디랭귀지를 만드는 것 말이다. 노사 협상을 하든, 법정에서 증인 선서를 하든, 모든 상황에서 당신의 미묘한 행동 차이는 진짜 의도에 대한 실마리를 제공한다. 전문가들은 이러한 미묘한 차이를 관찰하고 기억하여 당신의 의도를 완전히 해독해낼 수 있다.

진실은 얼굴이 아니라 신체에서 드러난다

《카드 플레이어Card Player》의 편집장이자 세계 포커 챔피언인 제프 해피 슐만Jeff 'Happy' Shulman은 이 방면의 전문가다. 그의 멋진 성공은 일생 동안 '신비'를 풀기 위한 노력을 해온 데서 기인한다. 게임의 수준이 높아지면, 기술이나 경험, 통계, 운 같은 것들은 통하지 않는다. 인간의 본성에 대한 깊은 이해, 이것만이 필요하다.

토너먼트 형식의 포커 경기는 단순한 카드 게임이 아니다. 속임수와 해석, 자기 통제의 게임이다. 눈에 띄지 않는 미묘한 제스처가 수백만 달러의 가치를 지닌 정보를 노출시킨다.

포커 플레이어들은 이러한 제스처들을 '이야기tell'라고 일컫는다. 이 '이야기'들은 플레이어들의 의도하지 않은 생각과 감정들을 노출시킨다. 반대로 이 이야기들을 능숙하게 감추는 능력은 장점이 된다.

아마추어 수준에서 '이야기'는 카드를 다루는 솜씨와 미소로 드러난다. 발과 다리의 움직임은 사람의 신체에서 가장 위험한 부분으로 '이야기'를 적나라하게 전달한다. 그러나 전문가 수준에서 상대의 '이야기'를 읽는 것은 거의 불가능하다. 슐만은 이러한 '이야기들'을 읽어내는 법을 알아내고자 많은 시간을 보냈다. "상대 플레이어가 무슨 행동을 할지 예측할 수 있다면, 승률은 극대화된다."

그와 같은 수준에 도달한 사람들이 모두 그러하듯 슐만 역시 게임을 하는 동안 상대방의 '이야기'를 읽어내기 위해 그들의 이전 게임을 촬영한 영상들을 수없이 반복해 본다. 이러한 정보를 읽어내는 데 강박적으로 집착하는 유형의 플레이어들은 상대의 제스처를 사소한 부분까지 낱낱이 암기한다.

만약 당신이 슐만과 함께 포커 게임을 한다면(물론 그리 추천하고 싶지는 않다) 슐만은 어떤 신체적 신호를 통해 당신의 패를 읽을 수 있을까? 어떤 패를 선택할지 결정하는 데 걸리는 시간, 칩을 거는 데 걸리는 시간을 전략적으로 배치해야 한다. 테이블을 힐끗 보는 눈길, 말의 속도, 호흡 수가 평소와 다른가? 당신이 땀을 흘리기 시작한 순간, 볼

이 붉어진 순간, 목와 팔뚝의 힘줄이 두드러지는 순간 그는 당신의 생각을 읽을 것이다. 즉, 필요한 것은 포커페이스만이 아니라 포커바디 poker boby다. 손끝의 미세한 떨림 한 번이 당신을 게임에서 패배시킬 것이다.

보상을 증가시켜라

포커는 우리들에게 신비에 대한 교훈을 안겨준다. 보상이 커질수록, 승리하기 위해 정보를 찾기 위한 사람들의 열정은 커진다. 10달러 단위의 게임보다 100달러 단위의 게임에서 플레이어들의 집중력은 더욱 높아진다. 상대의 정보를 캐내고, 자신의 정보를 흘리지 않기 위한 노력도 커진다. 판돈이 커질수록 예측 능력도 높아진다. 또한 특정 정보를 노출시키지 않기 위해 점차적으로 새로운 정보와 의미로 메시지를 감싸 신비를 더욱 강화한다. 대표적인 것이 신화를 덧씌우는 것이다.

비밀 제조법, 만들어진 신화

신화는 특정 집단이나 사건에 귀속된 일련의 이야기, 전통, 믿음의 집합이다. 이는 전략적으로 보여주기 위해 만들어질 수도 있고, 시간이 흐르는 동안 자연스럽게 구축될 수도 있다.

레오나르도 니모이Leonard Nimoy가 진행하는 TV 쇼 〈추적자In search of〉는 네스 호의 괴물이나 블랙홀, 초능력, 텔레키네시스 같은 초자연적 현상의 비밀을 밝히는 프로그램이다. 브랜드 주위에 이런 미스터리함이 존재한다면 어떨까? 이미지, 보고서, 논쟁의 여지가 있는 정보, 수많은 의문점 등 다양하고 유의미한 메시지들로 브랜드를 둘러싼다면 어떨까?

브랜드는 의도적으로 신화를 구축한다. 롤링 락은 병에 33이라는 숫자가 쓰여 있는데 이는 금주법이 폐지되던 해를 의미하기 위해 의도적으로 붙여진 것이라는 소문이 있다. 닥터 페퍼의 원래 병에는 10-2-4라는 숫자가 쓰여 있었는데 이는 하루에 3번 닥테 페퍼를 마시는 시간이라는 의미라고 추측된다. 이외에도 시장에 출시된 해, 회사가 설립된 해 등 알 수 없는 숫자를 부각시키는 일은 종종 존재한다.

예거마이스터나 코카콜라처럼 성분이나 제조법이 비밀리에 부쳐지는 것 등 제품에 담겨 있는 비밀은 하나의 신화가 되어 전략으로 이용된다.

신비는 하나의 경쟁력이다. 차별성 없는 물건을 생산하거나 한물간 회사들에게도 마찬가지다. 왜냐하면 반드시 완전히 새로운 것을 만들어내지 않아도 되기 때문이다.

커널 샌더스의 KFC는 11가지 비밀 허브와 향신료로 맛을 낸다는 광고를 한다. 이 맛은 2군데의 다른 공장에서 각각 따로 혼합되며 전체 조리법은 극소수의 사람들만이 알고 있다. 또한 전체 재료는 3군데의 장소에서 각기 따로 보관된다.

그러나 KFC의 조리법이 마을의 치킨집보다 특별할 필요는 없다. 신비는 사람들이 그렇게 생각하도록 만든다. 브랜드적 관점에서 보면 핵심은 제조법이 아니라 '비밀' 제조법이라는 것이다.

사실이 아니라 이야기다

이야기는 사실보다 강력한 메시지다. 이야기에는 청자를 참여시키는 힘이 있다. 사람들은 이야기를 듣는 동안 각자 스스로 이야기를 만들어내고, 상상하고, 결론을 만들기 때문이다. 또한 한 집단의 정보는 신화로 구축되며, (발화되지 않은) 더 큰 사건이나 이야기를 만들어내는 지름길을 만들어낸다.

종교는 신비를 구축하기 위해 사실보다는 이야기를 이용한다. 뿐만 아니라 J. J. 아브람스J. J. Abrams의 〈로스트 Lost〉나 오바마 대통령의 공약에도 이런 스토리텔링 기법이 사용된다. 힘이나 신뢰 기제에서 사실은 매우 뛰어난 조력자지만 신뢰 기제에서는 그렇지 않다. 만약 회사(브랜드)에 신화를 구축하고 싶다면 데이터를 이용하기보다는 전설이나 일화들을 배양하라. 정보는 신비에 '독'일 뿐이다.

극비, 극비, 또 극비

'상품 7X'로 불리는 코카콜라의 제조법은 7가지 알려지지 않은 재료들을 합성한 것으로 1886년 이 음료가 처음 발명되었을 때부터 철저히 기밀이 유지되어왔다. 코카콜라는 1925년 이래 이 제조법을 트러스트 컴퍼니 은행의 금고에 넣어두고 있는데 여기에 접근할 수 있는 권한을 가진 사람은 한 세대에 단 두 명뿐이다.

이는 널리 알려진 이야기다. 이것이 허구인지 사실인지는 알 수 없으나 코카콜라가 자신들의 제품에 신화를 덧씌워 소비자와 기자들에게 자신들의 특별함을 부각시켜온 것만은 사실이다.

가장 잘 알려진 신화는 코카콜라의 제조법은 단 두 명의 경영진이 가지고 있으며 그마저도 두 사람이 반씩 나눠 알고 있다는 것이다. 신화로서 결코 부족함이 없다. 코카콜라는 이 신화를 기민하게 미디어 메시지와 대중의 입소문으로 구축해냈고, 어느덧 소비자들의 머릿속에 이 음료의 가치는 높아만 갔다. 만약을 대비해 두 명의 이사들은 같은 비행기를 탈 수도 없다는 등 신화는 부풀어만 갔다.

코카콜라 신화

코카콜라 신화를 유지하기 위해 은폐된 사실들도 있다. 코카인을 함유하고 있던 원래의 코카콜라는 1920년대에 코카인 성분이 제외되었지만 이 음료는 여전히 코카인 잎으로 만들어진다. 그리고 식약청의 승인을 받기 위해 다시 코카인 성분을 제거한다. 이런 번거로운 일을 왜 하는 것일까? 코카인 성분이 제거된 잎은 코카콜라 회사로 보내지는데 'Coke'의 코카인이라고 붙은 라벨 안에서 이 성분이 주요 성분으로 표시되기 위함이다. 즉, 신비의 제조법이나 성분이 바뀌어서는 안 되기 때문이다.

코카콜라의 직원이 1,500만 달러에 이 기밀을 펩시에 넘기려다 적발되었을 때, 코카콜라의 CEO는 이렇게 말했다. "우리의 거래 기밀은 모두가 지켜야 하는 것이다. 정보는 우리 회사의 생명줄이다." 누가 코카콜라의 비밀을 사려고 했을까? 바로 펩시다.

비밀 제조법은 매혹의 주요 요소다. 신비는 삶의 가장 달콤한 근원이며, 이는 회사에도 마찬가지다.

신비감을 유지하기 위해서는 '제한적 접근'이 필요하다. 내부에 속한다는 것이 특별한 것이라고 사람들이 느끼게끔 만들기 때문이다.

사람들은 자신이 선택된 극소수의 사람들이라고 생각하게 될 때 더욱 충성도가 높아진다. 접근성은 내부자와 외부자를 나누고, 내부자의 결속력을 강화하며, 그에 대한 신화를 증가시킨다. 그리고 그럴수록 사람들은 내부자와 연결될 기회를 원하며, 내부자들은 자신들의 결속을 더욱 강화한다. 신화는 더욱 커진다.

주방 안의 주방

LA의 한 레스토랑은 비밀의 주방으로 유명하다. 크루스타션Crustacean이라는 갈릭 크랩 요리 전문점은 자신들만의 특화된 요리를 제공하기도 하지만, 이 요리점을 더욱 유명하게 만들어준 것은 요리가 아니라 바로 그 요리가 만들어지는 '비밀 주방'이다. 레스토랑의 주방 안에 작은 비밀 주방이 하나 더 있고, 이 안에는 가족과 극히 제한된 관계자만이 들어갈 수 있다. 이 안에서는 어떤 대화가 오가고 무슨 일이 벌어지고 있을까? 누구도 알 수 없다.

크루스타션은 우리들에게 삶에서 중요한 사실 한 가지를 알려준다. 지속적으로 자신의 메시지를 사람들에게 전달하고자 한다면, 고객을 유치하고 싶다면, 유능한 직원들을 끌어들이고 싶다면, 사람들로 하여금 당신에 대해 더욱 알고 싶게 만들라는 것이다.

수수께끼가 풀리는 순간

포커 플레이어들은 상대의 '이야기'를 읽으면서 동시에 자신의 '이야기'를 감추기 위해 노력한다. 슐만은 다양한 행동 가능성을 모두 통제했다. 칩을 테이블에 던지는 방식 같은 행동의 미묘한 차이를 모두 통제하는 것이다. 제아무리 냉정한 플레이어라도 우연히 신호를 누설할 수 있다. 때문에 어떤 플레이어들은 팔과 목을 완전히 가리는 옷을 입기도 하고, 눈과 표정을 가리기 위해 선글라스나 모자를, 목소리를 감추기 위해 헤드셋을 착용하기도 한다. 이런 '이야기들'이 없는 포커 게임을 슐만은 '컴퓨터 같은 게임'이라고 지칭한다.

슐만은 이러한 이야기를 해독하는 전문가와 함께 게임을 한 적이 있다. 전문가는 시종일관 그를 주시했고, 슐만은 무심코 그의 패를 두 번 쳐다보았다. 이것이 이야기가 되지 않도록 하기 위해 그는 다시 양손의 패를 의도적으로 두 번 쳐다보았다. 이러한 행동은 일종의 정치적인 술책으로 '역신호'라고 일컬어진다. 즉, 의도적으로 진짜 신호를 바꾸는 것이다. 결승전에서 플레이어들은 이보다 더 지능적인 방식을 사용한다.

한 젊고 공격적인 전문 포커 플레이어가 대회를 준비하면서 이런 '이야기'를 속이는 독창적인 방식을 고안했다. 플레이어들은 상대 플레이어가 노인인 경우, 배팅을 무모하게 하는 경향이 있는데 그는 이에 착안하여 70세 노인처럼 분장을 하고 옷을 차려입었다. 상대 플레이어들은 그의 플레이 스타일을 결코 예상하지 못했고, 그는 승리했다.

플레이어들의 수준이 높아질수록 '이야기'가 노출되는 일은 거의 없다. 때문에 슐만의 말처럼 "아주 미세한 한 조각의 정보가 게임의 승패를 가를 수 있다."

포커 게임과 마찬가지로 우리는 일상적으로 의문의 답을 찾고, 행동을 예측하기 위한 정보들을 모으기 위해 노력한다. 이렇게 답을 찾기 위해 정보를 추적하는 것은 크든 작든 행동에 영향을 미친다.

욕망 기제처럼 신비도 충족되지 못한 욕망에서 기인한다. 욕망이 사라지면, 이 기제의 힘도 사라진다. 그리고 결국 다른 기제가 그 자리를 대체할 것이다. 고객이든 아랫사람이든 동료든 사람들이 당신에 대해 더욱 알고 싶게 만들어라. 대화를 하면서 모든 것을 누설하지 마라. 호기심을 자극하고, 더욱 알고 싶다는 욕망이 완전히 충족될 만한 일은 하지마라. 결코 충족시켜서는 안 된다. 만약 당신이 신비를 사용하여 상대를 매혹하고 있다면 그들은 모든 것을 알게 된 순간 바로 당신 곁을 떠날 것이다. 추적이 끝났기 때문이다. 결말이 누설된 공포영화를 기꺼이 보러 갈 사람이 몇 사람이나 되겠는가?

F a s c i n a t e

Chapter 4

경고

부정적인 결과가 예상되면
대비책을 세우게 된다

사진 한 장이 있다. 사진 속에는 차 한 대가 가로등에 부딪혀 완전히
뒤집혀 있다. 유리창은 산산조각이 났고, 헤드라이트는 깨졌으며, 열
린 문으로 차 시트가 밖으로 튀어나와 땅 위를 나뒹굴고 있다. 사진 속
의 시간은 정지한 듯이 보인다.

왜 차 사고 같은 끔찍한 일에서 시선을 돌리지 못하는 것일까?" 섬
뜩한 사진들은 그 자체로 우리를 매혹시킨다. 비록 불쾌한 감정을 유
발하기는 하지만 말이다. 청소년음주운전반대 어머니회 같은 음주운
전 방지 단체 회원들은 이런 류의 경각심을 일깨우는 사진들을 이용해
자신들의 입장을 홍보해왔다. 그러나 이런 것이 모든 운전자들의 경각
심을 일깨우지는 못한다. 음주운전에 대해 성인들이 두려워하는 것은
차 사고로 인해 목숨을 잃는 것이다. 성인들은 가로등을 박아 우그러
진 차를 보며 죽음을 연상하며, 이러한 이미지는 경고 기제를 촉발한

다. 십대는 조금 다르다. 물론 같은 연상을 할 수는 있겠지만, 성인들이 느끼는 것과 완전히 같지는 않다. 청춘은 대체로 영원성이란 불멸의 가치로 인해 이를 현실적으로 받아들이지 않기 때문이다. 그렇다면 청소년음주운전반대 어머니회 회원들이 십대 자녀들이 댄스파티에 갔다가 술에 취해 운전을 하고 돌아오는 것을 어떻게 방지할 수 있을까? 타깃 계층에게 "음주운전을 하지 마라"는 메시지를 어떻게 납득시킬 수 있을까? 십대에게 있어 경고 기제 목록의 첫 번째 사항이 과연 '죽음에 대한 공포'일까?

광고 전문가 루크 설리번Luke Sullivan은 십대들이 가장 두려워하는 것이 무엇일지 생각해보았다. 그것은 바로 '면허 취소'였다. 그는 이 상황을 극단적이고 노골적으로 보여주어 타깃 계층을 위협했다. "면허를 취소당했다고 생각해보라. 그것으로 인생이 끝장날 것이다. 그래도 음주운전을 할 것인가?" 광고 사진에는 댄스파티에 가기 위해 잘 차려입은 젊은 남성과 여성이 뒷좌석에 나란히 앉아 있다. 앞좌석의 운전자는 청년의 엄마다. 끔찍하지 않은가?

먹을 것인가, 먹힐 것인가

피가 흐른다. 한밤중에 전화벨이 울린다. 심장에 날카로운 통증이 느껴진다. 인파 속에서 아이를 잃어버린다. 손에 칼을 든 남자가 당신을 향해 접근한다. 일상적이지 않은 일들은 우리 내면의 경고 기제를 발생시켜 생존 메커니즘에 경종을 울리고 자극해 행동 반응에 근본적으로 영향을 미친다. 아드레날린이 증가하고, 죽기살기로 싸울 전투 태세를 취하게 한다.

생리학적으로 사람들은 경고 대상에 주목하고 행동하게 프로그램 되어 있다. 경고의 영향력 아래에서 사람들은 대게 두 가지 반응을 보인다. 공포감을 느끼고 도망치든가, 위험 요소를 제거하려고 하는 것이다. 이성적으로 판단하기보다 본능적으로 반응한다는 데는 양쪽이 모두 같다. 실제 상황이든 지각일 뿐이든 경고는 우리의 경계 체계를 흔들고, 위험이나 공포를 감지하기 위해 경고 신호를 읽는 데 온 촉각을 곤두세우게 만든다.

우리의 신체는 경고에 대해 무의식적으로 특정한 방식으로 반응한다. 심박 수가 증가하거나 운동 능력이 저하되거나, 터널시 현상(시야협착증상, 시야가 좁아진다-옮긴이)이 발생하는 것처럼 생리적 반응이 나타날 수도 있다. 회의를 진행하거나 중요한 연설을 하기 전에 경험하는 생리 현상들도 마찬가지다. 다음에 발생할 일(상황)에 완전히 주목하게 하는 것이다.

경고는 가장 원초적인 생존 기제다. 인류가 진화의 여정을 시작한 이래로 경고는 우리를 적의 위협에서 살아남을 수 있게 해주었다.

길을 걷고 있는데 갑자기 호랑이 한 마리가 나타났다고 해보자. 최악의 상황이라는 생각이 들고 즉시 우리는 0.03초간 도망칠 것인지, 그곳에 꼼짝 않고 숨죽이고 있을 것인지를 생각하게 될 것이다. 죽기 아니면 살기, 호랑이의 저녁 식사가 되느냐 무사히 살아남느냐의 문제다.

이는 석기시대에만 일어나는 일은 아니다. 모습이 바뀌어도 오늘날에도 이런 유형의 무의식적인 반응을 경험할 수 있다. 경고 기제는 경종을 울리고, 생존과 관련된 호르몬을 증가시킨다.

다른 시나리오를 생각해보자. 친구들과 함께 일식 음식점에서 저녁을 먹고 있다고 해보자. 크게 아보카도 롤 한 쪽을 베어 먹었는데 이런, 엄청나게 매운 와사비를 베어 물어버렸다. 동공이 확장되고 0.3초간 꿀꺽 삼킬 것인지 뱉어낼 것인지 생각하게 될 것이다. 죽느냐 사느냐, 그것이 문제로다. 그러나 정확히 유쾌하지 않은 선택임에도 우리는 때로 위험을 스스로 추구하기도 한다. 왜일까?

안전한 롤러코스터

오늘날 현대 사회에서 우리의 생존 메커니즘은 다소 약화되었다. 생존의 위협을 가하는 대부분의 것들이 예방되고, 살균되고, 안전하게 포장되었기 때문이다. 그렇다 해도 죽음의 위험이 모두 사라진 것은 아니다. 때문에 경고는 여전히 내적인 위기 시스템을 활성화시키는 매혹 기제가 된다. 또한 현대인들은 실제 위협이 아니라 결과가 예측 가능한 '계산된 위협'을 통해 아드레날린을 방출시키고 흥분을 느끼는 물건들을 만들어 즐기기까지 한다. '안전한' 롤러코스터를 타러 가고, 스카이다이빙을 하러 가고, 투우 경기를 보러 가는 '모험'을 즐긴다. 과학자들은 이를 '아드레날린의 감소' 때문이라고 말한다. 우리는 오랫동안 생존의 위협을 매 순간 겪어오면서 경고 기제가 내면화되어 있는데, 현대 사회로 올수록 이에 따른 아드레날린 수치가 줄어들자 이를 보충하기 위해서라는 것이다. 신호등이 노란 불일 때 길을 건너는 것도 이런 이유 중 하나다. 이는 경고 기제와 악덕 기제가 결합된 예다. 특히 경고 기제와 일탈을 촉구하는 악덕 기제가 결합되는 경우, 우리의 오감은 더욱 민감해지고 매혹은 극대화된다.

사람들은 단순히 경고 기제를 좇기보다 대부분 긍정적으로 건설적인 목표에 이를 활용한다. 경고 기제를 촉발하는 목표들을 마음속에 새기는 것이다. 목표 결과나 데드라인을 설정하거나 추후의 위험을 예측한다. 위험에 집중하기보다 일반적인 두려움을 좇음으로써 긍정적인 행위를 이끌어내기 위해 고통을 이용하는 것이다.

A를 하지 않으면 B가 일어난다

경고의 유일한 장점은 사람들에게 불행한 결과를 피하기 위해 특정한 일에 완전히 몰입하게 한다는 것이다.

국세청은 이를 가장 잘 알고 있는 기관 중 하나다. 세금보고서는 완벽하게 '경고' 기제로 이루어져 있다. 요구사항을 모두 기재하지 않거나 기한을 지키지 않는다면 세금 신고 기간이 지난 후에 엄청난 비용이 발생하거나 세무서에 불려가게 될 수도 있다.

결과 예측은 대개 'A를 하지 않으면 B의 결과가 일어난다'는 공식을 따른다. 예를 들어 엄마들은 아이들에게 "야채를 먹지 않으면 오늘 저녁 디저트는 없다" "방을 청소하지 않으면 주말에 나가서 놀지 못할 줄 알아"라고 말하는 등 역학관계를 사용하여 아이들의 행동을 통제한다. 이것 역시 경고 기제를 사용하여 양배추를 먹거나 갈아입은 옷을 세탁기에 넣는 것으로 아이들의 관심을 돌리는 화법이다. 이는 어른들도 마찬가지다. 긴장을 늦추면 회사에 지각하게 될 것이다, 사회라는 마라톤에서 낙오되면 인생의 실패자가 될 것이다, 우리 집 담장에 칠을 새로 하면 이웃과의 불화가 촉발될 수도 있다, 칫솔질을 게을리하면 치과에 가게 될 것이다 등 무수히 많다.

결과에 대한 메시지가 명확할수록 목표 달성 능력도 높아진다. 긴급성이 높아질수록, 메시지 집중 능력이 높아지기 때문이다. 사람들은 화재 시 비상 탈출 훈련을 하는 동안에는 대개 집중하지 못하고 지루해하기 일쑤다. 실제로 죽음의 위협이 다가왔다고 생각지 못하기 때문이다. 그러나 영화관에서 "불이야!" 소리를 듣는다면 즉시 위협을 느끼고 극장을 빠져나가기 위해 혼신의 힘을 다할 것이다.

결과 예측을 함으로써 행동을 촉발하기 위해 가장 많이 쓰이는 것은 데드라인 설정이다. 결과가 참혹하든 별일이 아니든, 데드라인은 즉시성을 띠기 때문이다.

데드라인의 힘

경고 기제는 리더십, 정책, 재테크, 양육 등 다양한 분야에서 사람들을 이끄는 무의식적이고 보편적인 기제다. (물론 마케팅에도 마찬가지다). 앞서 보았듯이 세금 신고일은 효과적으로 사람들이 기껍지 않은 일을 하게 만들고, 엄마들의 위협은 아이들이 먹고 싶지 않은 음식을 먹게 만드는 등 데드라인 이후의 결과들은 다양한 행동에 대해 동기를 촉발시키는 주요 법칙으로 작용한다. 데드라인을 통해 조직 리더들은 긍정적으로 팀원들에게 동기 부여를 할 수 있는데 특히 이는 신뢰, 힘, 명성 기제와 결합되었을 때 뛰어난 효과를 발휘한다.

다이어트를 할 때 개인 트레이너들은 목표 몸무게나 치수를 설정해주고, 재고를 처리할 때 마케터들은 '언제까지 할인 판매'라는 문구를 명기한다. 어떤 일을 하든 목표 조항이 명확할수록 그 과정을 지속적으로 수행하는 것이 가능해진다.

홈쇼핑의 미학

잠 못 드는 늦은 밤 홈쇼핑 채널에서는 쇼호스트들이 몸매를 날씬하게 보이게 하는 최신 유행 디자인의 속옷이나 설치가 간편하고 예쁜 디자인 옷걸이들을 소리 높여 광고한다. 무료하게 이런 광고를 보고 있는 우리의 눈이 어느 순간 번뜩 뜨인다. 시리얼을 씹고 있던 입을 멈추고, 우리는 필요하지 않은 속옷이나 옷걸이를 구매한다. '판매 종료 10분 전' '지금이 아니면 이 가격에 이 모든 세트 구성을 살 수 없다'라는 말이 나온 순간이다. 그것이 영원하지 않을 것이라는 사실을 감지한 순간 우리는 '그래, 빨리 생각해보자'라고 중얼거리며 전화기를 든다. 경고는 우리에게 의사결정을 촉구하게 만든다.

잠재적인 선택권들이 없어지는 것이 아님에도, 데드라인이 표시된 순간 우리는 무의식적으로 의사결정을 촉구하게 된다. 머뭇거림도 결정이다. 옥션에서는 입찰 시간과 수량을 한정하여 마감 시간이 다가오는 것으로 입찰자들을 자극한다. 지금 입찰하지 않으면, 입찰금액을 올리지 않으면 '모든 사람들이 원하는' 헬로 키티 가방을 살 수 없는 것이다.

당신이 이런 홈쇼핑이나 인터넷 쇼핑의 술수에 단 한 번도 무릎꿇어본 적이 없다 해도 백화점 앞을 지나가면서 '오늘 하루만 할인 판매'라는 문구를 보고 주목하지 않을 수는 없을 것이다. 그것이 당신이 좋아하는 마크 제이콥스 브랜드 세일이든, 진수Jinsu 주방칼 브랜드 세일이든 말이다. 이런 광고들은 우리의 경고 시스템을 들끓게 하도록 만들어진다. 단순히 제품에 대해 소구하지 않고, 시간 제한, 한정 상품 등 결과에 대한 위급성을 소구하는 것이다.

마케팅 논리에 기반한 경고 기제는 '100개 한정(수량 제한)' '당장 구매하지 않으면(시간 제한) 다음에는 이런 기회가 없다(결과)'라는 식으로 이루어진다. 구매자들이 우물쭈물하는 동안 이런 메시지들은 데드라인과 이후의 결과들을 보여줌으로써 행위를 촉발한다.

만약 당신에게 관심을 보이지 않는 사람들에게 특정한 행위를 이끌어내고자 한다면 어떻게 할 수 있을까? 데드라인이 사람들의 주목을 끌어내줄 것이다. 우물쭈물 결정을 지연하고 있는 사람들의 행위를 이끌어내고자 한다면, 경고가 최고의 친구가 되어줄 것이다.

우물쭈물하고 있는 사람들에게 결단을 내리게 하는 법

일에 집중하지 못하고 있거나 자꾸 미루어지는 경우 데드라인이 위험한 해결책이 될 수 있다. 이는 마치 마술처럼 집중도를 높여주는 듯 보인다. 우물쭈물하고 있는 사람들에게 업무를 완수시킬 마법의 해결책은 바로 경고다. 경고는 아드레날린 수치를 높이는 등 순식간에 무의식적인 생리 반응들을 일으킨다. 데드라인이 멀수록 사람들은 집중할 필요를 그리 급박하게 느끼지 않는다. 데드라인을 완전하게 확정할 수 없다면 데드라인을 놓칠 경우 발생할 위험 부담을 높이고 강조해야 한다. 위기 상황을 정확히 지적할수록 사람들은 불행한 결과를 피하기 위해 일에 더욱 몰입하는 경향이 있다는 연구 결과도 있다.

하기 싫은 일일수록(세금 신고 같은), 결과가 초래할 상황이 더욱 위협적이면 된다. 구매자들이 우물쭈물할수록 경고와 결합된 메시지가 구매자를 당신 편으로 이끌어줄 것이다. 그러나 결과를 확정하고, 그에 대한 위험 수위를 올리는 데 있어 주의해야 할 것이 있다. 위험이 극단적인 경우 사람들은 의사결정 무능력 상태에 도달한다는 것이다.

헤드라이트 앞의 사슴

위험을 지각하는 강도가 증가할수록 매혹은 커진다. 그러나 여기에도 수확체감의 법칙이 작용한다. 만약 경고가 공황 상태를 유발할 만큼 커진다면, 경고에서 오는 이익은 줄어든다. 특정 순간, 신체가 경고의 위협에 흠뻑 젖으면, 뇌는 활동을 정지하고, 우리는 문제 해결 능력을 잃어버린다. 뇌의 공포를 관장하는 시스템은 자극을 받으면 놀람이나 두려움 같은 감정이 생기는 것은 물론 일시적으로 의사결정을 관장하는 부분이 정지된다. 창조적으로 생각할 수 없게 되고, 그저 순수하게 공포에 노출되는 것이다.

만약 당신이 리더라면 건설적으로 위협을 이용할 수 있다. 실제로 그렇든, 단순히 그렇게 받아들여지는 것이든 경고는 사람들에게 높은 수준의 긴급성을 깨닫게 하고, 위험을 감지하는 감각을 활성화시킨다. 그러나 지나치게 압력이 높아지거나 결과가 참혹한 경우 사람들은 행동을 멈출 수밖에 없게 된다. 단순히 행동을 멈추는 것이 아니라 한밤중에 갑자기 헤드라이트 빛에 노출된 사슴처럼 당황한 상태에서 얼어붙어버리는 것이다. 팀원들이 반응할 수 없을 정도가 되면 리더의 메시지는 더 이상 매혹적일 수 없게 된다.

걸어 다니는 경고 기제

많은 껌 브랜드들이 소비자의 주목을 끌기 위해 경고 기제를 이용하지 않는다. 민트 향이나 상쾌한 기분, 에티켓을 소구한다. 그러나 알토이드Atoid는 달랐다. 이 양철통에 담긴 민트 껌은 "말 입냄새를 풍기면서 파트너를 깨울 것인가"라는 식의 카피로 경고 기제를 촉발했다. 이 입냄새 제거용 껌이 상쾌한 아침을 맞게 해줄 것이라고 소구한 것이다.

결과가 잘 예측되고, 위험이 보다 즉각적일수록 행동 촉구 능력은 커진다. 간단한 원리다. 경고는 우리를 위협하고, 우리는 행동한다. 7가지 매혹 기제들 중 경고는 가장 본능적인 생존 메커니즘을 자극하기 때문이다.

웨스트포트에서 출발하는 암트랙 엑셀라 익스프레스 83번은 약 23분 간격으로 배차된다. 어두운 회색의 강철 차체에 푸른색 비닐좌석으로 상징되는 통근 지하철이다. 이 기차는 시속 78마일로 운행되며, 플랫폼에 다가올수록 속도는 점점 줄어든다. 2006년 10월 26일 밤, 제이 그노펠리우스Jay Gnospelius라는 남자가 열차 앞으로 뛰어들었다. 다른 어떤 수단보다 즉사 확률이 가장 높았고, 무엇보다도 사람이 많은 시간을 피하고 싶었기 때문이었다.

일주일 후 제이는 예일 뉴 헤븐 병원의 집중치료실에서 깨어났다. 변호사들은 이미 사고 조사에 착수했고, 암트랙을 상대로 주의 부족에 대한 소송을 준비하고 있었다. 제이가 아내에게 사고를 당한 것이 아니라고 말할 때까지 말이다. 한 달 후 제이는 자신이 사고를 당한 것이 아니라는 사실을 해명하기 위한 긴 중재 과정에 들어갔다.

사고 18개월 후 나는 제이가 보낸 이메일을 통해 그를 알게 되었다. 첫인상은 유머 감각이 넘치는 사람이었다. 그는 매우 유쾌했고, 호쾌하게 웃는 매력적인 사람이었다. 그는 상대방에게 대화의 주제를 이끌게 하고 맞장구를 쳐주는 능력이 탁월했다. 그리고 상대의 생각과 상대가 꺼려하는 것을 잘 파악했다.

그에게 원래부터 지금처럼 유쾌한 사람이었느냐고 묻자 그는 다소 냉담하게 대답했다. "기차 사고가 재미있는 사람으로 만들어주는 것이 아니라면, 굳이 치일 필요가 없었겠죠."

상대의 감정에 엄청나게 둔한 사람이라도 그 앞에서는 그다지 걱정할 필요는 없다. 그는 자신의 인생에 대해 어떤 것이든 거리낌 없이 대답했다. 그에게는 묻지 못할 질문도, 장애에 관한 편견도, 현실에 관한 비판도 피할 필요가 없었다. 그가 당한 사건은 매우 놀랍고 큰 충격을 준다는 가치를 가지고 있었다. 그는 자신의 웹사이트에 "인생의 당신의 림보(limbo, 팔다리)를 빼앗아간다면 림보limbonade를 하면 된다"고 썼다. 그는 자살을 하지 못했고, 대신 '기차에 치인 날'과 '사지 절단 수술을 한 날'에 대해 써놓았다.

제이의 성격은 꽤나 매력적이다. 그러나 그것만이 그가 가진 최고의 매력은 아니다. 당신이 제이를 알게 되었을 때 어떤 반응을 보이든지 간에 그의 존재 자체는 당신에게 특정한 주제에 대한 생각을 하게끔 만들 것이다. 그를 보는 순간 우리들은 즉시 스스로가 가진 죽음에 대한 수많은 의문들과 절단 수술을 받은 사람들에 대한 편견들을 떠올리지 않을 수 없다. 애써 생각하지 않고 남겨둔 의문들 말이다.

"어떤 일이 일어났을까?" "왜 그는 그런 일을 했을까?" 등 수많은 의문들이 떠오르겠지만 그중 우리를 가장 자극하는 의문은 바로 이것일 것이다. "내게도 그런 일이 일어난다면?"

몇 개월 동안 제이와 대화를 나누고 나서 나는 뉴욕에서 연사로 참석하기로 한 컨퍼런스에 그를 초대했다. 이메일과 채팅 등 그간의 교류를 통해 나와 그는 거의 가족이나 다름없을 만큼 친밀해졌고, 삶과 죽음에 대한 내면의 작용, 그리고 자살 시도 이후의 삶에 관한 주제들로 몇 시간씩 대화를 나누었다. 그리고 그 과정에서 우리들의 생각이 비슷하다는 것을 알 수 있었다. 나는 여러 인터뷰, 비디오, 연구를 통해 제이를 알고 있었지만, 실제로 만나본 적은 없었다.

타임스퀘어에 있는 크라운 프라자 호텔의 긴 에스컬레이터를 올라가면서, 잘 차려입은 수많은 전문직 사람들 덕분에 제이의 모습을 찾기란 쉽지 않았다. 에스컬레이터에서 내려 다음 층에 도착하자, 수많은 사람들 사이에서 나를 기다리고 서 있는 제이를 발견했다. 에스컬레이터를 타고 그에게 다가갈수록 그의 몸 전체가 점차적으로, 극적으로 내 눈에 들어왔다. 얼굴, 어깨, 그리고 몸의 나머지 부분이. 머릿속이 말로 표현할 수 없을 만큼 복잡하게 뒤엉켜버렸다. 이런 세상에, 팔은 어디로 간 거지?

물론 나는 제이의 오른팔이 없다는 것을 잘 알고 있었지만 몇 초간 우습게도 이런 생각을 해버린 것이다. 일찍이 제이가 절단 수술을 받은 사람을 보았을 때 보통 사람들의 반응에 대해 알려준 것과 똑같은 생각이었다. 우리의 머리는 사람을 볼 때 양팔과 양다리가 있는 모습을 기대하는데, 이 기대가 어긋나면 (사람에 따라 강도는 다르겠지만) 위협을 느낀다. 제이는 자신의 존재가 엄청난 호기심을 불러일으킴과 동시에 노골적인 두려움의 대상이라는 것을 스스로 언급할 정도로 이를 잘 알고 있었다. 어떤 부분이 다르다는 것은 보이지 않는 감정선을 자극한다. 사람들은 노골적으로 바라보는 것은 물론, 왜 그렇게 되었느냐고 묻기도 하고, 때로는 고개를 돌려버리기도 한다. 그에게 고정되는 시선은 고대 로마의 콜로세움 경기장에서 사람들이 사자 앞에 던져진 노예를 바라보는 것과 마찬가지로 자연스러운 일이다. 충격의 정도는 사람들마다 다르겠지만 그에게 시선을 주지 않기란 꽤나 어렵다. 그는 이런 사실을 잘 알고 있고, 이제는 이를 기꺼워하기까지 한다.

지난 2년간 제이는 '경고' 기제를 활용하는 기술을 아주 능숙하게 익혔다. 자유자재로 경고 버튼을 누르고 자신의 뜻대로 사람들의 주의를 끄는 데 이를 사용한다. 자신을 주목하지 않을 수 없게끔 계획을 세우는 것이다. 일단 당신이 제이에게 시선을 준 순간, 당신은 그의 존재를 없는 듯 취급할 수는 없다. 제이는 그 순간부터 지속적으로 당신의 집중 강도를 높이기 때문이다.

제이는 팔다리가 각각 하나씩 밖에 없는 자신에게서 시선을 떼지 못하게 함으로써 인식의 경계를 무너뜨린다. 그는 우리의 얼굴에 나타난 불안감을 읽고, 우리들에게 인간의 죽음에 대한 충격적인 현실을 직면하게 하면서, 자신의 말과 행동의 강도를 적절히 조절하여 우리에게 전달할 수 있다. 제이의 존재를 신경 쓰지 않기란 결코 쉽지 않다. 그리고 그 역시 사람들의 무관심을 원치 않으며, 그렇게 하도록 내버려두지도 않는다.

그는 분명 우리의 경보 체계를 자극하지만 그가 상당한 카리스마로 우리를 사로잡는 것도 부정할 수는 없다. 그는 매우 표현력이 뛰어나고 관계 능력이 탁월해서, 그가 어떤 위험 요소를 가지고 있든 사람들은 그와 관계를 맺지 않을 수 없게 된다. 그는 대화를 주도적으로 이끄는 유형으로 사람들은 그가 말하는 동안 불쑥 끼어들지 않는다. 4개의 팔다리를 가진 사람들의 세상에서 그의 이러한 면모들은 매우 충격적일 수밖에 없는데, 그것이 바로 우리의 문제다.

모든 메시지는 경고를 활성화시키는 잠재력을 가지고 있다. 때로 이런 경고는 내면 깊숙이 묻혀 있는데 이 경고는 제이를 보자마자 즉각적으로 표면화된다. 만약 우리가 경고에 대한 제이의 접근 방식에서 배울 것이 있다면 사람들의 공포를 자극하여 경계심을 유발하기보다 그것을 과장하여 보여주어야 한다는 것이다. 제이처럼 결함을 극복해야 하는 대상이라기보다 그것을 더 상위의 목적을 달성하는 데 이용할 수 있도록 해야 한다.

있음직한 위기상황이 아니라 보편적인 두려움을 자극하다

사람들이 언제 위기 버튼을 누르는지 명확히 규정한다면 경고 기제를 사람들의 행동을 변화시킬 만한 매혹을 만드는 데 이용할 수 있다. 공포나 위험은 받아들이는 데 거부감을 일으키는 경우가 대부분이며 또한 눈에 뜨이는 즉시 명확하게 드러나지 않는 것들도 많다. 십대들의 음주운전을 막기 위해 광고 전문가 루크 설리번은 자동차 사고를 이미지화해서 보여주기보다는 면허 취소라는 사회적인 제약을 활용했다. 긴박감을 느끼게 하는 데는 이성적인 위협보다 인간의 행동을 이해하는 것이 더욱 적절한 경우가 많다.

많은 사람들이 규칙적인 운동을 하고, 다이어트를 하는 데 실패한다. 장수나 심장병 예방 등 건강상의 이유보다 바로 이번 여름 수영복을 착용해야 하는 일이 사람들을 피트니스 센터로 가게끔 촉구하는 힘이 더 강하다. 지금 운동하지 않으면 여름휴가 때 수영복을 입을 수 없다는 것이 다이어트와 운동을 더 촉발하는 것이다. 실제로 몸이 조금 가뿐해졌으면 하는 욕구보다 매끈하지 못한 몸매를 노출시키는 것에 대한 두려움이 사람들의 동기가 될 수 있다.

이와 유사하게 햄버거는 광우병보다 심장질환을 유발할 확률이 더 크다. 조류독감은 미국 내에서 사상자를 단 한 사람도 내지 않았지만, 2005년 내내 미디어는 조류독감의 위협에 대해 떠들어댔다. 미국에서 의류에 의해 상해를 입은 사람은 연 11만 2,000명에 달하지만 톱에 의한 상해자는 고작 3만 6,000명 정도다. 즉, 사람들은 이성적인 사실들에 주목하기보다 감정적으로 더욱 위협적으로 느끼는 것에 반응한다는 것이다.

예를 들어 우유에는 뼈를 튼튼하게 하는 성분이 있다. 그러나 이런 건강상의 이유보다 사람들이 우유를 필요로 하는 시점은 브라우니나 쿠키, 샌드위치 등을 먹을 때다. 즉, 미래에 발생할지도 모를 골다공증의 위협은 사람들에게 우유를 규칙적으로 마시게 하지는 못한다. 그러나 초콜릿 케이크를 먹을 때 우유가 다 떨어졌다면 당장 우유를 사러 갈 것이다.

매혹은 대개 이처럼 논리적이지 않다. 경고 반응에 대해 항상 이성적으로 설명할 수 있는 것은 아니다.

해변가의 피

리버프론트 콜로세움 앞에는 수천 명의 팬들이 분노한 채 기다리고 있었다. 완전히 매진된 이 콘서트에는 신시내티 전역에서 온 팬들로 북적였다. 저녁 8시 공연을 위해 오후 1시부터 사람들이 모이기 시작했다. 군중들의 인내심은 점점 바닥나고 있었다. 곧 문이 열렸고, 군중들은 서로 좋은 자리를 차지하기 위해 순식간에 밀려 들어갔다.

그때 가수들이 음향 체크를 하기 시작했다. 팬들은 그 소리에 실제로 콘서트가 시작되었다고 생각하기 시작했다. 8,000여 명의 팬들이 앞으로 미친 듯이 나아가기 시작했다. 콘서트 시작을 놓쳤다는 비이성적인 경고 기제에 홀린 것이다.

사람들이 자리를 찾으며 들쑤시고 다니는 동안 어느 누구도 바닥에 피가 흥건히 고인 것을 눈치채지 못했다. 몰려든 군중들의 발밑에 깔려 11명의 사람들이 죽은 것이다. 1979년 12월 3일, WHO의 콘서트장에서 일어난 일이다. 다른 6가지 기제들처럼 경고 기제도 항상 이성적으로 이해할 수 있는 것은 아니다. 그러나 이는 무엇보다 사람들을 몰아세우고 행동을 촉구한다. 긍정적인 행동에 이를 이용하기 위해서는 인간의 욕구를 이해할 필요가 있다.

압박을 긍정적인 행위로 전환하다

사람들은 대개 경고가 근본적으로 부정적인 것이라고 생각한다. 그러나 이는 옳지 않다. 다른 매혹 기제들과 마찬가지로 경고 역시 본질적으로 좋고 나쁜 것이 결정되어 있지는 않다. 경고 역시 긍정적인 결과를 이끌어낼 수 있다. 적절하게 관리할 수 있다면, 경고는 위기감을 만들어내 즉각적인 동기 부여를 하고, 사람들의 결속력을 강화하며, 비용 효율적으로 행위할 수 있게 한다.

환경운동은 미래의 환경에 대한 주의를 촉구하려는 단체에서 시작되었다. 사람들이 위기의식을 느낄 때까지 그들은 병 속에 든 씨앗과 전단지를 나누어줄 것이다. 그러나 하지만 과연 이 운동이 적은 수나마 사람들이 SUV 차량 소유를 포기하게 만들었을까? 지속적인 노력에도 불구하고 이 운동은 일반 대중의 행동을 그리 바꾸어놓지 못했다. 그러나 2008년 유가가 갤런당 4달러까지 치솟자 수많은 SUV 차량 소유자들은 지나친 연료 소비량에 부담을 느껴 결국 차를 팔거나 다른 통근 수단을 이용하게 되었다.

심리적으로 사람들은 '집중'과 '행동'을 하게끔 프로그램되어 있다. 이를 올바르게 유도할 수 있다면, 위기감을 통해 긍정적인 결과를 이끌어낼 수 있다.

수돗물 한 병이 사람들을 매혹할 수 있을까?

수돗물은 무료로 제공되는 일용품이다. 이를 뉴요커들에게 한 병에 1달러씩 받고 판매할 수 있을까?

경고는 사람들에게 장래의 특정한 결과를 제시함으로써 즉각적인 행동을 촉구한다. 수돗물의 경우, 유니세프 기금이 모이지 않는다면 매일 6,000명의 아이들이 죽어갈 것이라는 결과를 제시했다. 사람들은 이에 강렬하게 반응했고 기부금은 늘어났다.

더러운 물을 마심으로써 매일 6,000명의 아이들이 죽어가고 있다. 유니세프의 '수돗물 프로젝트Tap Project'는 뉴요커들에게 레스토랑에서 마시는 수돗물에 1달러를 지불하게끔 했다. 이 돈은 유니세프를 통해 아이들에게 깨끗한 물을 제공하는 데 쓰였다. 2,500개의 레스토랑과 2,200명의 자원봉사자들이 참여한 이 캠페인은 미디어를 통해서도 알려졌고 8,000만 달러의 기금을 모았다. 56년 유니세프 역사상 가장 큰 프로젝트가 된 이 운동은 21세기에 벌어진 각종 자선활동 중 가장 강력하게 시민들의 행동을 촉구했다. 그리고 곧 세계 각지로 전파되었다.

수돗물 프로젝트는 기존의 메시지를 어떻게 새로운 결과를 도출해 낼 만한 메시지로 전환시킬 수 있는지를 보여준다. 만약 수십 년 후 지구의 환경 파괴를 예로 들었다면 이 프로젝트의 메시지는 사람들의 주목조차 받지 못했을 것이다. 메시지의 중요성은 주목도와는 관계가 없다. 또한 우리가 선호하고 좋아하는 메시지가 반드시 주목을 끄는 것도 아니다. 경고 기제는 대부분 불쾌함을 유발하지만, 어쨌든 사람들은 그 대상에 주목하지 않을 수 없다. 존중받고 선호되지 않는 메시지라도 사람들을 매혹할 수 있다.

명성

왜 우리는 존경의 상징에
병적으로 집착하는가

한때 튤립 구근 한 대가 소 4마리, 양 12마리, 버터 4톤, 치즈 1,000 파운드, 옷 한 벌, 은잔 1개 등의 가격을 호가하던 시절이 있었다. 서기 1000년 네덜란드의 한 식물학자가 오스만 제국으로부터 튤립을 들여왔다. 그로부터 636년이 지나 이 식물은 네덜란드의 첫 번째 거품경제를 유발하게 된 광기를 만들어냈다. 1636년 튤립 구근은 주식거래소에서 거래되기 시작했다. 희귀종일수록 가격은 더 높아졌고, '대장'이나 '제독' 등의 화려한 접미사들이 붙은 많은 변종들이 생겨났으며, 주식거래소의 저장고에서 활개를 쳤다.

튤립 광란

화려하고 선명한 색의 튤립일수록 진귀한 대접을 받았다. 가장 인기 있는 종은 하얀색 바탕에 보라색이나 라일락 색을 띤 바이올렛튼 Violetten이라는 종과 하얀색 바탕에 분홍색이나 붉은색이 감도는 로젠 Rosen이라는 종이었다. 개화할 때면 대표 색에 선이나 불꽃 무늬가 화려하게 드러나는 이 꽃들은 배양에 수많은 공이 들었으며, 그 희소성으로 인해 엄청나게 가격이 상승했다.

오늘날 씨앗이 개화한 튤립 구근이 되기까지는 7년에서 12년 정도 걸린다. 사람들이 가장 좋아하는 튤립 변종을 재배하는 데는 수년의 시간이 걸리며, 가치가 높을수록 성장 속도도 느리다. 수년간의 노동 시간이 들어가는 이 귀한 튤립들은 4월이나 5월에 단 한 주 정도만 개화한다. 실제로 네덜란드에서 튤립 거래는 연중 2, 3개월 정도만 이루어진다. 그러나 진정한 광란은 이 기간이 끝난 후에 시작된다. 치솟는 수요는 미래 시장을 만들어낸다.

튤립 광란은 2000년의 공업 전문대 거품이나 2006년의 부동산 거품과 달리 꽤 오랫동안 꾸준히 파급되었다. 이 같은 폭등한 이유에 이끌려 프랑스도 투기에 참여했다. 가격은 시장의 그 어느 것보다 월등한 수준으로 치솟으며 시장가격의 정점에 도달했다. 튤립 구매자 계층은 명성 기제에 폭풍처럼 휩쓸려 다음 투자자가 지불할 만한 가치 이상의 가격을 지불하고, 경쟁적으로 튤립을 입수하고, 가치를 매기는 데 열중하게 되었다. 튤립 구근 한 대에 일반 샐러리맨 연봉의 6배 이상의 가격이 기록된 것은 물론 때로는 집 한 채 이상의 가격을 호가하기도 했다고 한다.

꽃은 그 자체로 유용성이 없다. 먹을 수도, 의학적으로 사용할 수도 없다. 시장에 갈 때 타고 갈 수 없음은 물론 법정 상속동산으로 물려줄 수도 없다. 지갑 안에 넣고 다닐 수도 없다. 튤립은 '명성'을 보장해주는 약속으로 팔려나간 것이다. 당시부터 지금까지 자산의 가장 유용한 측면은 그것에 관한 개념이며 이 경우 튤립에 관한 개념은 미래의 시장을 만들어낼 가능성을 보임으로써 팔리게 된 것이다.

상승세를 타면 언젠가 하락세를 겪게 된다. 튤립 광란의 경우도 시장가격 폭락과 개인파산이 대규모로 급속히 이루어졌다. 네덜란드에서 시장법칙이 바뀌자마자 투자자들은 몇 푼 되지 않는 대가를 받고 튤립 계약을 철회하고자 아우성을 쳤고, 시장의 폭발적인 반응은 결국 판매 공황을 일으키고 말았다. 하나의 개념으로만 거래가치를 지니고 있던 튤립은 그 가치에 대한 개념이 붕괴하자 실물경제를 폐허로 만들어버렸다.

오늘날 역사가들은 이런 튤립 광란이 널리 퍼지게 된 정확한 원인을 규명하고 그것이 네덜란드 경제에 미친 영향을 파악하려고 한다. 그러나 이 이야기의 중요성은 수많은 사람들에게 미친 영향에 있는 것이 아니라 가치변동과 시장의 움직임을 둘러싼 법칙에 달려 있다. 1636년 당시의 이야기에서 오늘날 우리들은 사회적 지위와 명성에 관한 강박관념과 노력, 그리고 브랜드에 관한 개념들을 이끌어낼 수 있다. 예전에도, 그리고 앞으로도 사람들은 명성을 추구할 것이다. 우리가 주변 사람들과 스스로를 비교하는 본능을 버리지 않는 한 말이다.

당신이 차를 창고에 처박아두고 운전하지 않는다면 그 차는 가치를 잃게 된다. 집에 있는 평면 TV는 벽걸이 TV의 등장으로 인해 빛을 잃게 되고, 시즌 유행 제품은 해당 시즌이 지나면 재고가 된다. 그러나 명성 기제는 다음 제품으로 관심을 돌리는 소비자나 투자자들의 시선을 빼앗기지 않는다. 우리는 본능적으로 가치와 가격을 증명하고자 하기 때문이다. 그러나 명성이 무너지면 사람들은 곧바로 명성의 절정을 달리고 있는 (혹은 달리게 될) 다음 제품을 찾기 시작할 것이다. (튤립 다음에 데이지 광란이 일어나지 말라는 보장이 어디 있는가?)

명성, 구분 짓기와 서열화의 상징

멋진 로고는 단순히 명성을 보여주는 상징이 아니다. 이 기제는 더욱 복잡하다. 명성은 특정 집단의 가치를 나타내며 또한 집단 내의 사회적 서열을 드러낸다. 타인의 선망 어린 시선을 받고 경쟁자의 질투심을 유발한다. 상대적으로 대다수의 사람들과 구분되어 보이는 것, 그것이 명성이다. 칭송받는 사람들은 타인의 접근을 조심스럽게 차단하고, 사람들의 요구와 희소성의 가치를 확실히 인식하고 있다. 즉, 명성은 집단에서 타인들과 자신을 구분짓기 위해 쌓아올린 개념이라 할 수 있다.

명성은 사회적 지위라는 형태에 적용된다. 문화적, 직업적, 교육적, 계층적, 미학적, 그리고 그 외에 사회에서 상대적인 지위를 표현하는 수많은 것들에 적용할 수 있다. 이는 선택받은 사람, 혹은 선택의 권리를 지닌 집단으로 들어가는 수단이 된다.

조직적인 집단에서 명성의 매혹은 스탠포드 대학 학위를 받았다든지, TED 컨퍼런스에 연사로 초청되는 것과 같은 일들로 촉발될 수 있다. 대학 2학년 과정을 듣는 학생이 비디오 게임을 개발하여 벤처 기업가가 되는 것도 마찬가지다. 이러한 경우 명성은 '성취 업적' 정도를 나타내며, 집단에서 자신의 '가치'를 암시하는 수단으로 작용한다.

튤립 광란에서 보았듯이 명성이 추진력을 얻게 되면, 비이성적인 행위를 유발할 수 있다. 사람들은 자신이 매혹된 대상을 얻기 위해 엄청난 노력을 들인다. 그렇다면 사람들이 당신에게 매혹되게 하려면 어떻게 해야 할까? 개인적인 자질이나 당신 자체는 중요치 않다. 명성은 당신에 대한 '인식적 가치'를 높여줄 수 있다. 여기에는 4가지 방식이 있다. 엠블렘emblem을 개발하고, 새로운 기준을 확립하고, 제한성을 높이고, 명망을 얻는 것이다. 먼저 엠블렘의 효과에 대해 알아보자.

엠블렘, 차별화에 대한 욕망

크리스티앙 디오르나 구찌 같은 브랜드가 생기기 훨씬 전부터 인간 사회에서 명성은 매혹의 대상이었다. 고대에는 특정한 색깔의 휘장을 두르거나, 장신구, 화환, 신발, 혈통, 장례 절차, 특정한 자리, 의식을 집전하는 표식 같은 것들이 갈망의 대상이었다. 서구 사회에서는 풍만하고 하얀 피부가 부와 성공의 상징이었다. 늘씬하고 까맣게 탄 피부는 육체 노동자를 상징했기 때문이다. 그러나 오늘날 늘씬하고 까맣게 태운 피부는 들판에서 추수를 했기 때문이 아니라 피트니스 센터에서 열심히 운동을 한 결과로 여겨진다. 아프리카의 어떤 부족민에게는 상업적 자산보다 용기와 무용이 더 큰 가치를 지니고 있으며, 따라서 신체에 난 상처는 더 높은 지위를 상징한다.

오늘날 많은 사람들이 왜 브랜드 표식을 사는 데 불합리한 가격을 지불하는 것일까? 로고는 그만한 보상을 해주지 않는데 말이다. 물론 명성 때문이다.

이것은 보다 내밀하고 본능적인 욕구를 자극하는 가치와 관계가 있다. 에이브러햄 매슬로는 이를 '존경의 욕구esteem'이라고 일컫는데, 높은 위치의 사람으로 인식되고 싶고, 보다 더 중요한 사람으로 여겨지며, 타인의 존중을 받고 싶은 욕구다. 이러한 욕구는 명성의 표식을 달고 주변 세계에서 자신의 가치를 보다 더 잘 드러내는 것으로써 충족된다.

명성을 추구하고자 하는 욕망이 추진력을 얻으면, 집단의 다른 사람들보다 더 많이 획득해야 한다는 광적인 집착으로 비이성적인 행위를 하게 된다. 집단 내의 다른 사람들보다 앞서 나가야 한다는 강박에 빠지는 것이다. 일본의 거품 경기 시절, 기업가 료에이 사이토Ryoei Saito는 반 고흐와 르누아르의 그림에 기존의 가격보다 2배 이상의 가격을 지불하고 구매했고, 그 작품들을 다시는 세상에 내놓지 않겠다고 말함으로써 세계적으로 유명인사가 되기도 했다.

마이바흐의 가격표가 부여하는 특별함

엠블렘은 단순할 수도 있고, 세심하게 공들여 만든 것일 수도 있다. 값비싼 것일 수도 있고, 저렴한 것일 수도 있다. 그러나 이 모든 것들은 획득하기 어려운 것이라는 공통점이 있다. 상징은 누구보다 앞서 나가고자 하는 사람들의 욕망이 강화된 것이다.

가치 있는 엠블렘은 그 엠블렘을 소유한 사람들에게 집단적 결속감을 심어준다. 사람들은 엠블렘을 획득하고 그를 과시하고자 열을 올린다. 회사들이 가치 있는 엠블렘을 개발하는 데 혈안이 되는 것도 납득할 만하다.

명망 있는 집단은 희귀성과 가치를 유지하기 위해 수요를 제한하고 추적한다. 유명 브랜드는 사람들의 브랜드 접근성을 통제한다. 달리 말하면 지나치게 흔한 것은 가치를 파괴한다는 말이다. 중저가 브랜드들은 번화가 거리에 상점을 내고, 명품 브랜드들은 고급 쇼핑몰의 특정 위치에만 입점하는 것도 같은 이유다.

고가의 브랜드들은 차별성에 관한 노골적인 욕망을 충족시켜주는 가장 강력한 상징물이다. 이런 브랜드들은 매우 단순한 전제 위에 거래된다. 고가의 가격표는 구매장벽이 되지 않는다. 오히려 더 큰 자극이 된다. 〈뉴욕타임스〉의 한 기사는 "제조업자들은 상품이 유명 회사에서 출시되고, 명품 고가 매장에 진열되는 것에 따라 고가의 가격을 붙여도 되는지를 확신한다"라고 말하기도 한다. 메르세데스의 마이바흐Mercedes Maybach는 매우 고가의 제품이다. 그 가격표는 소유자에게 보이지 않는 특별함을 부여해준다. 유명 디자이너나 장인이 고안한 제품을 소유한 사람들도 마찬가지다. 브랜드로서 그 차는 단순한 차가 아니라 하나의 스타일이자, 미학적 감식안의 척도이며, 상류 계급 회원임을 말해주는 상징이다.

기준을 좇지 않고 새로운 기준이 된다

새로운 기준을 확립하기 위해서는 단순히 회사의 이미지를 바꾸는 것만으로는 족하지 않다. 일반적인 규칙을 따르기보다 시장이 모두 당신을 따르도록 만들어야 한다. 제품의 카테고리를 전환해야 한다는 말이다. 한 번 결정되고 나면 그 명성을 가진 브랜드를 대체할 제품은 무엇도 없다. 단지 그 브랜드의 후발주자가 될 뿐이다.

그레이 구스Grey Goose 보드카는 증류업자의 이름이나 제조법을 보여주기 전에 먼저 '가격'을 만들어 시장에 이해시켰다. 일반적인 보드카보다 2배의 가격으로 판매한 것이다. 이런 누구도 생각지 못한 가격 전략은 그레이 구스를 최고급 프리미엄 보드카로 여기게 만들었고, 프리미엄 보드카라는 새로운 시장을 만들어냈다. 뿐만 아니라 8년간 바카디BACARDI라는 단일 브랜드로 20억 달러의 수익을 냈다. 명성을 얻기 위해 물고 물리는 싸움을 하는 대신 하나의 시장을 새로 만든 것이다.

그렇다면 브랜드란 무엇인가? 만약 브랜드가 자신의 입지를 잃게 되면 어떤 일이 벌어질까? 잃어버린 지위는 재탈환할 수 있는 것일까? 유감스럽게도 대부분의 경우 한 번 잃은 명성을 회복하기란 거의 불가능하다.

세계에서 가장 빛나는 다이아몬드가 빛을 잃었을 때

어떤 귀족도, 어떤 왕족도, 어떤 제국도 윈스턴 하우스의 명성을 능가하지 못했다. 이 브랜드는 역사에 이름을 남긴 수많은 유명 다이아몬드와 그 소유자들로 영광의 제국을 구축했다. 귀부인이라 불리는 블루 호프 다이아몬드Hope Diamond, 루이 14세의 소유였다 마리 앙투와네트와 뒤바리 백작 부인의 보석함으로 들어간 45캐럿의 이 푸른 빛의 완벽한 다이아몬드는 해리 윈스턴Harry Winston의 손을 거쳐 현재 스미소니언 박물관에 보관되어 있다.

윈스턴의 다이아몬드들은 유럽 왕실부터 할리우드 유명 스타들의 로맨스를 장식해왔다. 리처드 버튼 경이 영화배우 엘리자베스 테일러에게 선물한 약혼 반지, 선박왕 오나시스가 재클린 케네디에게 선물한 40.42캐럿의 다이아몬드 반지 등이 윈스턴의 다이아몬드다. 마릴린 먼로는 1953년 영화 〈다이아몬드는 여자의 최고의 친구Diamonds are a Girl's Best Freind〉에서 "해리 윈스턴에 데려가줘요"라는 노래도 부른다. 이유가 없지는 않다. 윈스턴 하우스는 모든 제품을 한정 생산하기 때문이다. 세계에서 밀려오는 예약 중 0.1퍼센트만이 선택되는 것도 그 이름값에 기여한다. 그러나 윈스턴이라는 이름을 그토록 대단하게 만든 것은 보석 뒤에 숨겨진 이야기들이었다.

한번은 해리 윈스턴이 런던에서 726캐럿의 원석을 구매한 적이 있다. 그것을 미국까지 가장 안전하게 보내는 방법에 대해 열띤 논쟁이 벌어졌다. 경호원의 경호를 받으면서 이동시킬 것인가, 전세 선박을 통해 보낼 것인가? 거액의 보험을 들어야 하나? 해리 윈스턴은 자신이 채택한 방법에 대해 말하지 않았다. 2주 후, 가치를 매길 수 없을 만큼 비싼 보석 원석이 5번가에 있는 매장에 도착했다. 64달러짜리 일반

항공우편을 통해서였다.

윈스턴의 날카롭고 대담한 결정은 이것만이 아니다. 그는 직접 다이아몬드 커팅을 했는데 그의 망치질 한 번에 수천만 달러가 달려 있었다. 윈스턴은 완벽한 다이아몬드가 아니면 가치가 없다고 생각했다. '시에라 리온의 별Star of Sierra Leone'에 얽힌 이야기는 인상적이다. 143캐럿의 세계에서 세 번째로 큰 이 원석을 구매한 그는 커팅을 해보고 결함을 없애기 위해 원석을 작은 조각으로 나누었다. 이 상상을 초월하는 위험한 시도에 세계의 보석 전문가들은 모두 비명을 질러댔지만 그는 아랑곳 않고 결국 5개의 조각으로 원석을 나누어 완벽하게 흠 없는 보석을 만들어냈다. 결국 작은 보석 한 조각의 가치는 원석 전체의 가치를 능가했다.

또한 그는 극적이고 새로운 방식으로 다이아몬드를 연마해 더욱 매혹적으로 만들었다. 장신구의 금속 부분이 단순한 덩어리로 취급되어 다른 장식이나 세공이 들어가지 않던 시절, 그는 매우 섬세하고 정교하게 금속을 세공했다. 이런 세공된 금에 얹혀진 보석은 여성의 피부 위에서 더욱 빛을 발하는 듯 보였다. 또한 같은 다이아몬드도 착용하는 사람의 피부 톤이나 쇄골 곡선 등에 따라 달라진다는 것을 그는 일찍부터 알고 있었다.

해리 윈스턴이 보다 섬세한 제품을 만드는 데 주목했다는 것을 생각해보면 왜 HW가 새겨진 작은 검은색 상자가 명성을 상징하게 되었는지를 이해하기란 그리 어렵지 않다. 그러나 이 탄탄한 역사적 기반에도 불구하고 윈스턴 하우스가 해리 윈스턴 사후에 과연 살아남을 수 있을까라는 의문은 존재한다.

도전자들, 윈스턴의 명성을 떨어뜨리다

윈스턴의 유산은 1980년대부터 그 빛을 잃기 시작했다. 티파니, 카르티에, 반 클리프 앤 아펠 등과 비견되면서 윈스턴은 지나치게 화려하고, 옛 시대의 유물이자, 무엇보다도 지나치게 고가라는 이미지로 여겨지게 되었다.

모든 것은 5번가에 있는 윈스턴의 플래그십 스토어에서 시작되었다. 수십 년 전의 옛 뉴욕이란 휘장 아래에서 윈스턴의 상점은 귀족적인 쇼핑 경험을 제공해주며 전통이라는 낙인이 찍힌 실내장식과 장소의 특성을 지닌 것으로 평가되었다. 고귀하게 대접받는 윈스턴의 다이아몬드들은 고객의 요청이 있을 때까지 금고에서 귀중하게 보관되었으며, 전시된 상품에는 가격표가 붙어 있지 않았다. 예의바른 점원들은 정중하게 말을 건넸고, 고객은 상점 입구부터 2개의 보안 검색대와 무장한 경비원들을 지나쳐 최종적으로 안내 데스크의 점원에게 회원증을 제시해야 했다. 안에 들어가면 부의 척도인 은색 공단을 덧댄 벽들이 늘어서 있는 것을 볼 수 있다. [새 CMO (Chief Marketing Officer, 최고 마케팅 경영자—옮긴이) 수지 코브Suzy Korb의 말에 따르면 마치 관 속 같았다.] 위협적이기까지 한 이런 모습은 전체적으로 배타성과 부에 관한 재량권, 고대의 후원 귀족의 풍모를 보여주듯 호사스럽게 보일 수도 있지만, 현대의 쇼핑객들에게는 이 위풍당당함이 오히려 숨 막히는 듯한 느낌을 줄 수 있다.

최상급 다이아몬드 시장에 진입한 새로운 경쟁자 그라프 다이아몬드Graff는 윈스턴이 이제 노쇠했다고 공격했다. 그라프의 도발적이고 날카로운 인쇄 광고에는 다소 촌스러워 보이는 서체로 "옛 뉴욕 스타일"이라고 쓰여 있다. 그라프는 윈스턴이 놓치고 있는 점을 파악했다. 현대의 부유한 엘리트들도 부모 세대만큼이나 다이아몬드 소유와 착용을 즐기지만, 부모들과는 구분되는 신호를 가지고 싶어한다는 것이었다. 또한 인터넷 쇼핑의 보편화 등 쇼핑 환경이 변화함에 따라 현대의 쇼핑객들은 판매 직원들에게 신세지는 것을 그다지 좋아하지 않았다. 그들은 스스로 제품을 구경하길 원하며 판매 직원들의 개입을 불편해했다.

해리 윈스턴을 골방으로 밀어내어 수입한 시거나 피우고 턱을 괴게 만든 소매업체들의 움직임이 시작된 후 그라프의 매장 쇼윈도에는 수십 종의 다이아몬드들이 빛을 뿜어내고, 그 아래에는 각각 가격표가 붙여졌다. 중요한 것은 이것은 제일스Zales나 케이Kay 같은 준보석상에서 찾을 수 있는 보석들이 아니라는 것이다. 좁쌀만 한 크기의 이 보석들은 모두 10만 달러 이상의 가격을 자랑한다. 하지만 이 보석들 옆에 붙은 가격은 그 과정을 보다 투명하게 만들어주고, 윈스턴의 잘 교육받은 직원들의 경쟁성을 감소시킨다(비용은 물론이다). 상처에 소금을 뿌리는 격으로 그라프는 5번가의 터줏대감인 윈스턴의 마당에서 불과 몇 골목 떨어진 곳에 새로운 플래그십 스토어를 개장했다.

5캐럿짜리 다이아몬드 귀걸이는 순식간에 평범한 보석이 되어버렸다. 윈스턴 하우스는 한때 빛나는 영광의 진원지였고, 사람들의 삶을 보다 매혹적으로 만들어주는 대명사였다. 이 영광스런 브랜드가 한순간에 몰락하리라고는 누구도 예측하지 못했다. 마케팅 팀이 소집되었을 때 나는 한 가지 질문에서 시작했다. "현대의 부유한 고객들을 할머니가 쓰던 보석이라고 여겨지는 이 브랜드에 매료되게 하는 것이 과연 가능한가?"

희소성을 착용하고 있다는 자신감

1,000만 달러짜리 목걸이를 걸고 있다고 해보자. 당신의 목에 둘러진 보석들은 터무니없을 만큼 귀중한 물건으로 취급되거나 어쩌면 지구상에서 가장 완벽한 창조물로 여겨질 수도 있다. 거울에 비친 모습을 보고 당신은 지구상의 어떤 보석도 그 완벽함을 따르지 못할 것임을 확신할 것이다. 이런 감정적인 관점을 브랜드에 주입함으로써 윈스턴의 명성은 제2의 전성기를 맞이하게 되었다.

윈스턴의 제품 가격은 지나치게 고가여서 광고의 목표는 수백만 명의 마음을 움직이기보다 수천, 혹은 백여 명 정도의 다이아몬드를 구매할 수 있는 능력을 지닌 소수의 마음을 움직이는 것이 되었다. 광고의 목적은 단 한 명의 사람을 대상으로 보석을 구매하게끔 설득하는 것이었다.

먼저 우리는 사람들에게 가장 완벽하게 커팅된 다이아몬드들 중에서도 더욱 완벽하게 빛나는 다이아몬드에 관한 의문 그 이상을 확신하게끔 했다. 과거의 장인들 중 특히 윈스턴에서 일했던 장인들이 다이아몬드를 더욱 빛나고 완전한 것으로 만들었음에 대해 떠올리게 했다.

완벽히 결점 없는 다이아몬드를 만들기 위해서는 인내와 근면 이상이 필요하다. 우리는 윈스턴의 정교한 목걸이는 일생 동안 같은 것을 소유한 사람을 만날 확률이 열 명 이내일 것이며 그를 소유한 사람은 행운아라고 자신 있게 주장했다.

이를 전달하기 위해 우리는 새로운 마케팅 용어를 만들어냈다. 대중적인 제품을 만들어 파는 보석상들은 보석을 감정할 때 4C를 사용한다. 커팅cutting, 투명도clarity, 색상color, 그리고 중량 크기carat size다. 4C 수치가 완벽히 동일한 2개의 다이아몬드가 있다고 한다면, 그들의 가치는 동등하다. 그리고 세계의 다이아몬드 중 99퍼센트에는 이 기준을 적용할 수 있다. 완벽한 최상급 다이아몬드는 그 자체가 가진 고유한 특성을 지니며 누구보다 당신을 돋보이게 해줄 것이다.

우리는 윈스턴의 다이아몬드는 4C가 아닌 5C로 측정된다는 새로운 메시지를 개발했다. 마지막 C는 바로 '개성character'이다. 그리고 이 수준을 충족시키는 다이아몬드를 찾기란 윈스턴에서가 아니면 거의 불가능하다고 주장했다. 그리고 미국 최고의 사진작가 리처드 아베든Richard Avedon이 찍은 영화배우들의 사진에 다음과 같은 카피를 넣었다.

사람들의 시선이 모일 것이다. 그 순간을 가치 있게 만들어라.
보석이 떨어지는 소리에 귀를 기울여라. 그리고 마음을 사로잡아라.
평범한 것에 대한 후회, 빨리 행동하라.
모든 여자들이 바라보는 남자, 그가 바라보는 것은 당신이다.

새로운 광고 캠페인이 실행되고 몇 달 만에 윈스턴 하우스는 예전의 명성을 되찾았다.

사람들은 태생적으로 동료 집단과 경쟁하고 있다. 모든 브랜드는 명망 있는 엠블렘을 개발할 잠재력을 지니고 있다. 엠블렘의 가치는 유용성에 있는 것이 아니다. 제품 자체의 가치가 중요한 것도 아니다. 단지 다른 사람들에게 보내는 성취 신호일 뿐이다. 엠블렘의 상징성이 없다면 윈스턴의 목걸이 가격은 터무니없는 것일 뿐이다. 대부분의 엠블렘들의 가치는 제품이 지닌 시장가치와는 무관하다.

이는 비단 마케팅만이 아니다. 개인에게도 이는 주요하게 적용한다. 당신이 성공을 바라는 것만큼 노력하고 있는지 생각해보라. 오히려 그보다는 당신 옆에 앉아 있는 사람보다 조금이라도 더 나은 사람으로 보일 기회를 얻길 바라는 것은 아닌지 생각해보라. 연구자들은 "우리가 우선적으로 고려하는 것은 실제로 절대적이라기보다는 상대적인 가치다. 우리는 연봉 15만 달러의 세계에 진입해 10만 달러를 벌기보다는 4만 달러 연봉의 이웃사람과 비교해 5만 달러의 연봉을 추구하는 경향이 더 크다"고 말한다.

접근 제한성이 가격을 증가시킨다

앞서 본 튤립 광란 이야기는 현대인들의 눈에는 다소 부조리해 보인다. 그러나 원래 외부인의 눈에는 모든 것들이 그렇게 보이는 법이다. 보편적이고 고유한 가치란 존재하지 않기 때문이다.

한 비즈니스맨이 자동차 번호판에 143만 달러를 지불했다. 황금으로 만들어진 자동차 번호판이 아니다. 두바이의 석유 부호들 사이에서 자동차 번호판은 개인적인 자존심이 걸린 문제다. 5자리 숫자로 이루어진 번호판은 숫자가 낮을수록 번호의 가격도 높아진다. 이런 일은 페르시안 걸프만에서만 벌어지는 일이 아니다. 뉴욕시에서도 일어나고 있다. 여기에서 명성은 5자리 우편번호로 규정된다.

뉴욕시의 우편번호는 5자리로 구성된다. 유명한 우편번호는 90120이다. 11476, 22066, 60043 같은 번호는 그다지 각광받는 번호가 아니다. 이 우편번호는 일종의 브랜드로 5자리 숫자로 이루어진 명성이다. 〈뉴욕타임스〉나 CNN은 최근 이 우편번호들이 매혹 기제로 작용할 수 있음에 관한 기사를 보도한 바 있다. 부동산 중개인들은 집을 구하는 사람들이 집 자체보다는 특정 우편번호를 가진 구역에 위치해 있느냐를 더욱 중요하게 생각한다고 말한다. 2007년 5번가 삭스몰의 플래그십 스토어에 새로 생긴 한 구두 매장은 이를 극단적으로 보여준다. 10022라는 우편번호 구역에 거주하는 사람들만이 방문할 수 있는 회원제 카드를 발급한 것이다. 롱아일랜드의 우체국에는 더욱 매력적인 지역의 우편번호를 발급받고자 하는 사람들의 신청서가 홍수처럼 밀려들고, 어떤 구역에서는 자신들이 거주하고 있는 구역을 보다 사회적 지위가 높다고 여겨지는 우편번호의 구역으로 편입시키고자 하는 민원서들이 물밀 듯이 들어온다. 〈뉴욕타임스〉는 "이는 단순히 지위를 추구한다기보다는 긴급상황에서 소방수들이 좀 더 관심을 가지게 하기 위해, 그리고 아이들이 학급 친구들과 주소를 나눌 때 좀 더 당당하게 말할 수 있게 하기 위해서다. 그러나 진짜 이유는 계층상승에 대한 욕망이다"라며 이러한 매혹에 관해 새로운 "신분상승으로 가는 길"이라고 표현했다.

억만장자 뉴욕시장 마이클 블룸버그Michael Bloomberg가 뉴욕을 일컬어 '고급형 프리미엄 제품'이라고 표현한 것도 무리는 아니다. 〈월스트리트 저널〉은 이 표현을 '메트로폴리탄계의 구찌'라고 변형해 실었다. 다우존스와 친분 관계를 맺고 싶다면 역시 위로 올라가는 수밖에 없는 것이다.

사람들의 기다림을 유발할 수 있다면 명성은 증가할 수 있다. 그러나 접근 제한성은 사람들이 교환할 만한 가치를 지니고 있을 때만 작용한다. 그리고 이에 대해 모든 측면에서 고가의 가격을 정당화할 수 있어야만 한다.

접근 제한성을 달성하기 위해서는 특정한 제한 수준을 설정하고 그를 실행해야 한다. 양이 중시되는 문화, 대량생산된 기성상품 문화에서 명망 있는 사람들과 기업은 양적인 가치를 거부해야 한다는 것을 알고 있다. 양이 아니라 질이 중요한 것이다.

앞서 말한 우편번호의 예는 많은 사람들에게 '이사'라는 행위를 촉발시켰다. 명성은 구매보다는 행위에 대한 것이다. 다시 한 번 말하지만 대부분의 사람들이 열망하는 지위를 지닌 상징물을 획득하는 것, 그 행위 자체에 사람들은 매료된다.

경제상황이 변화하면 선호도도 바뀐다. 경기 침체기에 명성 신호는 극적으로 전환되었다. 이 시기에 FICO800지수(Fair Isaac Corporation, 페어 아이작에서 산출한 기업 신뢰 지수-옮긴이)는 4,000평방 피트 이상의 사무실을 가진 기업을 대상으로 했다. 여기에서는 채무 해소 유동성이 에르메스 가방 안에 다이아몬드 목걸이를 건 치와와를 데리고 다니는 주인들보다 더 중요하다. 정규직 근로에서 나온 이익이 반짝이는 차보다 중요시되며, 사회복지에 할애하는 시간이 보톡스 주사를 맞는 데 할애하는 시간보다 우선적으로 고려된다. 무엇보다 (언제나 그랬듯이) 선택의 자유에 대한 지수가 가장 중요한 지수이다.

경제적으로 압박받는 환경에서 사람들과 회사는 새로운 방식으로 매혹할 수 있는 명성 신호를 사용한다. 경기 침체기에 가계 긴축재정을 시행하는 동안, 경고 기제가 상승하고 명성 기제는 극적으로 변화를 맞이하게 되는 것이다. 이름으로 인식되는 다양한 명성 신호들은 사람들이 더 이상 외면적인 과시에 치중하지 않게 됨에 따라 쇠퇴하게 된다. 명성에는 매혹을 정당화할 수 있는 의미가 필요하다.

존경심 같은 진정한 명성을 획득하라

현대의 명성은 스위스 은행 계좌나 가문의 문장처럼 예부터 전해 내려오는 것이 아니다. 현대로 올수록 개인적 성취, 사회적 네트워크, 인지도가 명성을 만들고 있다. 이는 스스로 모두 통제 가능한 기제들이다. 일류 마라톤 선수든, 노벨상 수상자든, 혹은 도요타 프리우스 한 정품이든 당신은 자신이 매혹된 것에 걸맞는 가격을 지불할 것이다. 현재적 가치를 인정받은 것이든 미래적 가치(시간, 재능, 노력, 연관관계 등)든 말이다.

(어떤 형태든) 명성을 얻기 위해 사람들은 최소한 39.5년을 투자하고, 최소한 손가락이나 발가락이 부러지는 등의 희생을 치른다. 명성은 더 이상 인종, 연령, 경제적, 사회적 지위에 절대적으로 의존하지 않는다. 명망 있는 CEO도 대학에서는 흑인 강사에게 고개를 숙인다. 다음에 살펴볼 기제인 '힘'처럼 진정하고 영구적인 매혹을 얻어낼 필요가 있다.

F a s c i n a t e

힘

왜 그들이 원하는 대로
움직이는가

전前 미국 올림픽 체조 팀의 도미니크 모체아누Dominique Moceanu 선수는 단순한 체육선수가 아니었다. 그녀는 열네 살의 나이로 1996 년 애틀랜타 게임의 히로인이 되었고, 그녀는 '미국'에 금메달을 안겨 준 '위대한 7인'으로 전 국민적인 사랑을 받게 되었다. 모체아누는 모든 선수들이 열망하는 지점에 도달한 체조선수로서 최고의 전성기를 맞이했다. 이런 업적은 모두 벨라 카롤리와 마사 카롤리Bela and Martha Karolyi 코치와 함께 이루어졌다.

그러나 모체아누는 올림픽 금메달을 따기 위해 너무 큰 대가를 치렀다고 생각한 것 같다. 2008년 그녀는 카롤리 코치를 해고했다. 그녀는 카롤리가 선수에 대한 애정이 없고, 지나치게 엄격한 트레이닝을 시행하며, 과도한 식이제한 등 '정신적, 육체적 학대'를 했다고 주장했다. '힘'은 보통 사람들이 결코 생각할 수 없을 정도의 성과를 내게 할 수 있다. 대부분의 트레이닝 프로그램들은 부분적으로나마 학생들의 자주성을 지도자에게 이양하게 한다. 이때 학생들이 포기한 힘은 부분적으로 의식적, 자발적일 수도 있지만, 한편으로는 동의 없이 이루어진 것이기도 하다. '힘' 기제를 휘두르는 사람에게 굴복함으로써 사람들은 스스로 생각하는 한계에 도달하는 것이 가능해진다. 마라톤에서 자신의 신기록을 갱신한다든지, 연봉을 2배 이상 올리는 것 같이 말이다. 그러나 이러한 결과들은 스스로가 규정한 '안정 상태comfort zone' 밖에서만 가능하다. '힘'은 전환점에 도달할 때까지 사람을 밀어붙이기 때문이다. 그러나 이러한 성과에는 희생이 따르기 마련이다. 〈뉴욕타임스〉는 모체아누가 치른 대가에 대해 "그 대가가 과연 지나치다고 할 수 있을까?"라고 표현했다.

모체아누는 여러 다른 코치들에게 훈련을 받았고, 2006년 복귀를 시도했다. 그러나 미국체조선수협회는 그녀의 복귀를 거부했다. 그녀가 운동선수로서 아직 준비가 덜 되었다는 이유에서였다.

누가 힘을 지니고 있는가

사람들은 자신이 속한 사회적 계층, 연령, 성별, 집단, 국가 등에 관계없이 힘에 매혹된다. 힘을 가진 사람은 방에 들어서는 순간부터 권위를 자유자재로 운용하며, 심지어 그들과 전혀 관계없는 사람에게까지 영향을 미친다. 겉으로 드러내지 않지만 그들은 규칙을 새로 만들며, 같은 집단의 구성원으로서 그들의 존재는 따르지 않으면 안 될 것처럼 여겨진다. 그들은 언제나 리더의 위치에 있고, 다양한 방식으로 사람들의 행동을 통제한다.

데이비드 J. 로스코프David J. Ruthkopf는 《슈퍼클래스》에서 최고의 영향력을 지닌 엘리트들에 대해 묘사하면서 그들이 세계를 움직이는 힘이라고 말한다. "힘은 물론 측정하기 어렵다. 부는 종종 힘의 원천이 되며, 지위 역시 규칙적으로 힘으로 변형된다. 고대에 힘의 원천은 사상이나 정보에 관한 접근권 같은 '지식'에 근거한 것이었다. 힘을 측정하는 보편적이고 유일한 기준은 존재하지 않으며 이에 대해서는 주관적인 판단이 불가피하다. 누가 힘을 지니고 있는지 여부를 판단하는 것은 훨씬 어려운 문제다. 가장 큰 영향력을 행사하는 사람들은 그 힘을 교묘히 숨긴 채 결정적인 순간에 아무도 모르게 힘을 행사하기 때문이다."

권유에서 구속까지

7가지 매혹 기제는 각각의 매혹 수준을 지니고 있다. 힘의 경우 단순한 권유에서부터 강제적 구속까지 그 범위가 다양하게 나타난다. 주차 위반 단속을 하는 경찰관이 행사하는 경미한 힘에서부터 테러리스트가 납치한 비행기 승객들에게 행사하는 엄청난 압박에 이르기까지 말이다.

힘의 영향력이 과도한 경우 그 아래의 사람들에게 자주적 선택권은 거의 없다. 행위는 힘을 지닌 대상(규칙)에 의해 통제된다. 사람들은 살아남기 위해 복종한다. 공산권 국가들을 생각해보면 쉽게 이해할 수 있을 것이다.

힘은 강제적으로 사람들의 행위를 이끄는 것이지만 반드시 사람을 제압하는 형태로 나타나지는 않는다. 부드러운 카리스마, 애정 어린 태도로 사람을 이끌 수도 있는 것이다. 힘은 모든 형태의 사회 구조, 교육 프로그램, 다음 단계의 목표를 성취하게 하는 원동력에 필수적이다. 부모는 어린 시절에는 자녀들의 잠자리 습관과 식습관, 언어 교육에 부모의 힘을 이용하고, 고교생이 된 후에는 용돈 문제나 통금 시간 등으로 힘을 행사한다.

부모든 독재자든 지배 형태는 우리를 통제하는 데 힘을 사용한다. 이 기제는 그 자체로 일상생활에서 우리를 흔들어 놓고, 행동 방향을 결정짓는다. 금요일 오후 상사가 월요일 아침에 보고서를 보자고 말하고 퇴근한다면 그 주말의 개인적인 계획들은 어그러진다. 그러나 승진에 대한 기대감에 매혹되어 있다면, 주말 저녁 야외파티는 기꺼이 포기할 수 있는 것이 된다. (여기에는 힘 기제뿐만 아니라 실직이라는 경고 기제도 작용된다.)

힘 기제는 지능적으로, 선별적으로 이용한다면 명성을 강화하고, 존중을 이끌어낼 수 있다. 힘은 3가지 방향으로 나타난다. 지배, 관리와 환경, 그리고 보상과 처벌이다.

힘의 지배와 자발적인 복종

힘의 존재 앞에서 우리는 본능적으로 복종하게 된다. 데버러 그루엔펠트Deborah Gruenfeld는 "힘 있는 누군가의 존재를 느끼고 그에게 속하게 되면, 우리의 타고난 반응 메커니즘은 변화한다. 마치 자동차 헤드라이트에 노출된 사슴 같은 반응 메커니즘을 하게 된다. 즉, 신체가 상대의 행동과 평가에 보다 민감해진다는 말이다"라고 말한다. 과학자들은 "힘에 노출되면 물리적으로도 변화가 일어난다. 실제로 계급 격차에 반응을 보이는 세로토닌Serotonin 분비량에 현저하게 차이가 생기는데, 이는 지배적 위치인지 피지배적 위치인지에 따라 다르다"고 덧붙인다.

힘 있는 사람(조직)에 매료되면, 사람들은 경계심을 낮춘다. 어떤 제안에든 마음을 열고, 관대해진다. 대화법과 제스처는 공손해지고, 정신적으로도 자신과 이질적인 것이라 해도 거부감을 느끼지 않는다. 이런 증상은 때로 자발적으로 일어나기도 하며, 이때 힘은 생각과 행동에 더욱 효과적인 영향을 주는 기제로 작용한다.

힘의 기제가 작용하는 환경에서 대부분의 사람들은 기꺼이 스스로를 낮춘다. 그러나 소수의 사람들은 더 강하고 극단적인 힘을 취하고자 한다. 그들은 지배하는 데 대한 강한 열망을 지니고 있으며 때로는 상대를 굴복시키고자 한다.

독재자 셰프

사람들은 힘이 있는 리더라면 명령이든 일시적인 변덕이든 그의 지시를 따른다. 때로 사람들은 리더에게 기꺼이 복종하는 것은 물론 심지어 지배를 받고 싶어하기도 한다.

시트콤 〈사인펠드Seinfeld〉(미국 NBC에서 방영한 코미디 시트콤-옮긴이)에 등장하는 수프 나치Soup Nazi에 대해 생각해보라. 혹은 스시 딕타토르Sushi Dictator도 관계없다. 이 사람들은 미디어 속 가공인물들이 아니다. 이들의 고객들 또한 현실적인 존재들이다. 이들은 추종자들의 애를 태울 뿐만 아니라 고객들도 스스로 결정하기보다 셰프가 선택해주는 메뉴를 추천받고자 한다. '셰프를 신뢰한다'는 의미의 '오마카세Omakase'라고 불리는 전통이다.

불행히도 이런 종류의 셰프가 있는 음식점들은 음식업계에서 최고급 레스토랑 중 하나로 꼽힌다. 반대로 레스토랑 가이드북《자가트Zagat》는 '수프 나치를 예의바르게 만드는 것'으로 악명이 높다.

몇몇 셰프들은 자신들만의 전통을 고수하는데, 그들은 '힘'의 전략을 통해 사람들을 유혹한다. 로스엔젤레스에 살고 있을 무렵 즐겨 찾던 레스토랑 중 하나인 스시 사사부네Shsui Sasabune는 산뜻한 조명과 유명 스시 전문점보다는 다소 수수한 식기들, 벽에 손글씨로 쓰인 노란색 글씨들이 인상적인 가게다. 메뉴에는 "캘리포니아 롤 안 됨, 쌀밥 안 됨"(이러한 것은 예산을 고려한다는 측면에서 좋기도 하지만 무엇보다도 미국화된 일본 음식점에서 선호된다)이라고 쓰여 있고, 레스토랑의 점원들은 이름표에 본인의 이름을 적어넣는 대신 "믿고 맡기세요"라는 구호를 써넣었다. 이것은 요청이라기보다는 다소 명령형으로 보인다. 셰프들은 고객들의 선택이 형편없다며 나무라길 서슴지 않고, 매일 특정 수 이상의 손님을 받지 않는 것으로도 유명하다. 이러한 '힘싸움'이 가능한 이유는 그곳의 음식이 신선하고 맛있기 때문이다. 그렇지 않다면 결코 통하지 않을 방식이다.

사람들은 그곳에 가면 확실히 맛있는 음식을 먹을 수 있을 것이라고 생각하기 때문에 그곳에 간다. 그러나 심리학자 데이비드 스튜어트David Stewart는 "사람들은 다른 사람들이 쉽게 포기하지 않는 것에 높은 가치를 매기는 경향이 있다"고 말한다. 사람들은 '확실한 선택을 할 것 같고' '추천을 받았기 때문에 더욱 그곳을 방문하게 되며' '아마도 관습화된 형태의 음식들을 제공하기 때문이다'라고 스튜어트는 덧붙인다.

당신이 이런 명망 있는 셰프가 아니어도 과연 고객들이 당신의 변덕에 장단을 맞춰줄까? 당신이 힘을 잘 조절하여 사용하는 방법을 알고 있다면 그럴 것이다.

불안감을 자극하다

매혹적인 사람이 반드시 언제나 괜찮은 사람일까? 그렇지 않을 수도 있다. 스시 딕타토르는 불안감을 강조한다. 공격적인 거래방식은 약점을 감춘다. 당신에게 힘이 없거나 힘을 조절하여 사용할 자제력이 없다면 예의바르게 굴어라. 그러나 만약 힘을 조절할 준비가 되어 있다면, 상대의 얼굴에 장갑을 벗어던져도 된다.

마케터들은 항상 불안감을 이끌어내고자 엄청나게 노력한다. 불안감은 그들에게는 이득이 된다. 소비자들이 문제를 느끼지 못한다면,

문제를 해결하기 위해 제품을 소비하지도 않을 것이기 때문이다. 구취나 체취가 사회적으로 불쾌한 취급을 받지 않는다면, 광고인들은 데오드란트나 구취제거제를 팔 수 없다. 다이얼의 발한억제제 드라이 아이디어Dry Idea는 "결코 땀이 흐르지 않게 하겠다"고 말하며 "기꺼이 팔을 번쩍 들어도 된다"는 것을 보여준다. 누런 치아가 미적으로 단점으로 작용하기 때문에 화이트닝 치약이 판매되는 것이다.

경고 기제는 부정적인 결과들이 행위로 연결됨을 보여주었다. 이런 법칙은 여기에도 마찬가지로 적용할 수 있다. 소비자들은 문제를 해결하기 위해 제품을 구매한다. 부정적이고, 즉각적인 조치를 취해야 할수록 소비자들은 그 문제를 해결할 메시지에 끌린다. 약육강식, 성적인 매력, 지능, 재정 상태 등 모든 측면에서 불안감과 문제의식을 고조시킬수록 제품의 매혹 지수는 높아진다.

가장 중요한 위치를 점하기

서열을 매기는 것은 언제나 우리의 관심을 끈다. 우리는 집단 내의 유명인들이나 집단 내에서 우월한 위치를 점하고 있는 사람에게 끌리도록 되어 있다. 많은 집단들이 명확한 서열 시스템을 구축함으로써 힘을 만들어낸다. 이는 유치원의 또래집단에서도 마찬가지다. 노력하지 않아도, 말로 표현되지 않아도 아이들은 자연스럽게 파벌을 만들고, 우두머리를 정한다. 사회적 네트워크는 언제 어느 때든 이런 일들을 시행해왔고, 네트워크 안에서 사람들은 서열이 매겨지고 지도자와 따르는 자들이 만들어지는 사회적 함의와 규칙을 가지고 있다.

만약 지도자를 선정하는 데 있어 집단 내에서 갈등이 생긴다면 어떻게 해야 할까? 누가 가장 큰 힘을 지니고 있는가? 환경에 대한 통제력과 영향력을 가장 많이 지닌 이는 누구인가? 이는 매우 교묘하게 조정된다. 개 조련사인 세자르 밀란Cesar Millan은 개를 조련할 때 가장 먼저 하는 일은 누가 우위에 있는지를 보여주는 일이라고 말한다. 그의 전문가로서의 힘의 절반은 여기에 기반한다. 이는 경험으로만 획득한 것이 아니다. 지식과 그의 지배에 대한 강한 열망이 조화된 결과다.

원숭이들도 유명인을 선호한다

식료품점 계산대에서 줄을 서서 기다리는 동안 우리는 남성성을 과시하는 운동선수나 아름다운 영화배우, 자신만만하게 웃고 있는 백만장자의 사진이 표지에 사용된 잡지에 시선을 고정하고 있는 자신을 발견하게 될 것이다. 스스로의 경박함을 탓하지 않아도 된다. 이는 당신의 DNA가 요구하는 본능이다.

우리는 본능적으로 힘에 매료된다. 당신이 사회적 먹이사슬에서 어느 위치에 있는지는 중요치 않다. 리더들은 언제나 사람들을 매혹한다. 힘을 가진 사람에 관한 우리들의 강박은 《피플》의 역사보다 훨씬 오래되었다. 이는 유인원 시절부터 내려온 본능이다.

부족 시대부터 우리는 집단의 가장 힘센 구성원에게 주목하도록 길들여져 왔다. 이는 원시적이고, 본능적인 내면 깊은 곳에 자리한 기폭제다. '리더를 따르라'는 명제는 우리의 사회적 코드에 깊숙이 프로그램되어 있다. 즉, 역할모델을 찾고 그들에게 달라붙어 있으라는 것이다. 듀크 대학의 신경생물학자 마이클 프랫Michael Platt은 붉은털원숭이 실험으로 이를 증명했다. 그는 원숭이들에게 갈증을 느끼게 한 다음 좋아하는 음료를 먹을지, 무리의 지배자 원숭이 사진을 볼지를 선택하게 했다. 지배자 원숭이는 음식, 힘, 성적인 매력을 상징하는데 프랫은 이들을 '명사' 원숭이라고 지칭했다. 그리고 이를 일반 원숭이 무리들만이 아니라 '명사' 원숭이들(원숭이계의 비욘세나 퍼프 대디 같은 부류)에게도 같은 실험을 했다.

놀랍게도 원숭이들은 사진을 선택했다. 명사에 대한 강력한 매혹은 명사 원숭이들에게도 마찬가지였다. 그들 역시 자신의 동료라고 할 만한 명사의 사진을 선택한 것이다. (원숭이들도 중요한 인물을 선택한다는 명백한 증거다.)

세상에서 가장 매혹적인 조직

우리는 일상적으로 다른 사람들이 만들어놓은 규범대로 생활한다. 아이튠즈 사용법을 따르고, 공항 보안대에서 신발을 벗고, 페이스북의 규칙대로 검색을 하고, 마이스페이스가 제공하는 선택지 중 몇 가지를 선택한다. 아이튠즈, 교통 검색대, 페이스북, 마이스페이스는 우리의 환경을 관리하는 힘을 가지고 있으며 그들은 자신들의 환경에서 우리를 통제한다.

만약 조직 전체가 결과를 증진시킬 만한 힘을 증가시킨다면 어떤 일이 일어날까? 금메달리스트 도미니크 모체아누의 예에서 보았듯이 힘은 성취를 이끌어낸다. 〈뉴욕타임스〉가 "그것이 과연 지나치다고 할 수 있을까?"라고 표현했듯이 희생 없는 대가는 없다. 랜드마크 에듀케이션의 자기계발 프로그램에 대해 알아보자.

제1부에서 우리는 매혹적인 메시지의 6가지 황금률을 살펴보았다.

- 강하고 즉시적인 감정 반응을 촉발한다.
- 추종자들을 만든다.
- 특정한 행위(가치)를 기반으로 한 문화적 연대감을 만든다.
- 대화의 주제가 된다
- 경쟁자들이 뒤를 따르게 만든다.
- 사회적 혁명을 촉발한다.

이런 기준에서 랜드마크 에듀케이션은 세계에서 가장 매혹적인 조직이다. 랜드마크가 가르치는 것이 정확히 무엇인지는 외부에서 보면 매우 알기 어렵다. 그 조직은 강한 네트워크로 결속되어 있지만, 각각의 관계들은 철저히 익명성을 보장하고 있기 때문이다. 이 조직은 일반적인 홍보 방식을 통하지 않고 사람들 사이의 구두로 회원들을 모은다.

공식적으로 알려진 바에 따르면 랜드마크는 현재 20개국 115개 지역 이상의 곳에 분점을 운영하고 있으며, '자기주도혁명now defunct self help immesion' 프로그램으로 급성장한 조직이다. '포럼the Forum'이라고 불리는 첫 번째 학습 프로그램은 '새로운 가능성들을 찾게 하는 독창적인 프로그램'이라고 묘사되어 있다. 이 프로그램의 참가자들은 자신의 삶이 완전히 바뀐 경험들을 이야기하고 다니며 회원을 모집한다. 시장조사기관 얀케로비치Yankelovich의 연구에 따르면 랜드마크 프로그램의 체험자 중 90퍼센트 이상이 "사람들 간의 관계를 더욱 잘 알게 되었고, 그 안에 자신들이 하는 역할이 있었다"고 말했다. 기대 이상의 경험을 하게 되었다고 말하는 사람들도 90퍼센트 이상이었고, "보다 깊이 있고, 차별화된 삶을 살 수 있게 되었다"고 응답한 사람은 94퍼센트에 달했다. 이 프로그램의 참가자들은 대부분 평균적으로 고등교육을 받고 눈에 띄게 성공한 전문직 사람들이었다. 특히 56퍼센트 정도의 사람들이 석사 학위 이상을 보유하고 있거나 연구직에 종사했다.

논쟁의 근거는 어디에 있는가?

〈필라델피아 인콰이어the Philadelpia Inquirer〉의 기사에서 질 P. 카푸초Jill P. Capuzzo는 "포럼은 직접 접근 방식을 취한다. 다른 세미나들은 간접적인 방식으로 서로를 지지해주지만, 이 프로그램은 직접 눈을 맞대고 접근한다"고 썼다.

참가자들은 비공개적인 6페이지짜리 동의서에 서명을 하고, 공식적인 정보는 거의 공개되지 않는다. 심오하고, 차별화되는 삶을 경험하기 전에 모든 참가자들은 다음과 같은 다중적인 함의를 내포한 긴 선언문에 서명을 한다. "감정이 고조되면서 일시적으로 문제를 일으키는 사람들이 있지만 이는 극소수다. 발작, 수면부족 같은 경미한 이상

행위를 일으키기도 하고, 때로는 요양 치료가 필요한 수준으로 발전하기도 한다." 이 문서에는 자살의 가능성도 언급되어 있다. 오랫동안 광신 문화를 연구해온 학자 릭 로스Rick Ross는 "랜드마크는 오랫동안 참가자들의 상해와 관련된 소송에 시달려왔다. 프로그램에 대한 결속감이 깨지고 나면 사람들은 병원 치료를 받으러 갔다"고 말했다. 〈워싱턴포스트〉는 전前 랜드마크 참가자의 소송 건에 대해 다음과 같은 기사를 실었다. "그녀는 포럼에 참가한 후 3일간 신경쇠약에 시달리다 결국 스스로 몽고메리 카운티의 한 정신병원에 들어갔다. 2주간의 입원 기간 동안 그녀는 자해를 막기 위해 다량의 약물을 복용하기도 하고, 침대에 손발이 묶여 있기도 했다."

칼럼니스트는 이어 이렇게 썼다. "랜드마크 프로그램의 핵심은 마이크로폰을 통해 위대한 순간에 대한 경험을 고백하는 것이다. 대중에게 메시지를 업로드하는 것이다. 만약 누군가가 이 메시지에 의문을 제기한다면, 운영자들은 권력을 이용하여 그 사람에게 정신적 폭력을 휘두른다." 소송 참가자는 "인성이 파괴되고, 머릿속이 씻겨 나가는 듯하며, 따르지 않을 경우에 전체 참가자들 앞에서 굴욕을 맛보는 정신적 폭력을 경험하게 된다"고 고백했다. 이런 광신적인 종교나 프로그램을 감시하는 웹사이트 컬트앨버트Cult Albert에는 랜드마크에 대해 "정신적 노예화와 폭력을 통해 사람들의 자아를 없애고 자신들의 지배하에 두는 사이비 종교"라고 묘사되어 있다. 또 다른 웹사이트 사이비 종교에서 빠져나온 사람들의 회복을 돕는 모임the Recovering Former Cult Survivors Network은 특히 "랜드마크에서 빠져나온, 그곳에서 입은 고통을 치유하기 위한 모임"이라고 목적을 명시하고 있다. 포룸에 직접 참가했던 한 종교 전문가는 그들이 사용하는 기법들이 대부분 구소련에서 사용했던 방식과 유사하다고 말했다. "그들은 먼저 각종 미심쩍은 신앙 간증들을 통해 사람들의 머릿속을 비우게 한다." 프랑스에서 랜드마크는 불법 단체다. 그러나 여기에서 주목할 것이 있다. 같은 프로그램에 대해서도 두 가지 상반된 시각이 존재하는 것이다. 사이비 종교로 비방받고 있는 이 단체에 대해 일반 참가자들의 90퍼센트가 호의적인 응답을 하고 있다는 사실을 과연 어떻게 설명할 것인가?

힘의 이중성

랜드마크는 참가자들에게 일상, 직업, 관계에 있어서 전환점을 맞이할 수 있게 해주며, 때로 뛰어난 성과를 도출해낼 수 있게 한다. 나는 1989년과 1996년에 한 차례씩 포룸의 집회에 참석한 적이 있다. 포룸은 매우 비범한 프로그램으로, 어떤 사람들에게는 믿을 수 없는 성과를 안겨준다는 점은 인정해야 한다. 그렇다. 포룸은 확실히 '힘'을 촉발시켰다. 여기에는 의문의 여지가 없다. 그리고 이것은 눈에 띄게 특출난 어떤 기술을 사용하거나 많은 비용을 투입하는 등의 방식을 통해서가 아니라 평범하고 사소해 보이는 것들을 영리하게 조합함으로써 나온 결과였다.

포룸은 착석 위치부터 모든 것을 신중하게 조직한다. 컨퍼런스 룸의 내벽에는 집중을 흐트러뜨릴 만한 아무 장식이 없다. 참가자들은 서로 대화도 할 수 없고, 필기를 할 필요도 없다. 카메라도 사용할 수 없고, 음식물을 먹을 수도 없다. 밤낮없이 하루 15시간 과제를 진행하는데 이때 자유롭게 세수를 하러 갈 수도 없다.

참가자들의 자율통제권은 점차 단계적, 점증적으로 참가자들에게서 포럼 진행자들의 손으로 이양됐다. 이틀 정도가 지나고 나면 맨해튼 고층 빌딩의 고위 관리자들조차도 종속적으로 변하고, 자신을 무너뜨리고, 다른 참가자들 앞에서 눈물을 보이기까지 했다.

그들은 어떻게 이런 강력한 힘을 획득할 수 있었을까? 어떻게 사회적, 경제적 리더들을 자신들의 말 한마디로 움직일 수 있었던 것일까?

가능한 모든 요소를 통제하라

포럼은 우리들에게 '힘'을 교묘히 사용하는 기술을 가르쳐준다. 우선 포럼은 사람들이 하는 경험을 가능한 모두 통제해야 한다는 사실을 알려준다. 무대 장치, 식사 시간, 사람들 사이의 대화는 물론 실내 온도, 조명, 의자의 편안함 등 사람들이 느끼는 감각까지 가능한 모두 관리하고, 벽의 장식부터 나누어준 자료까지 주의가 흐트러질 만한 모든 상황을 제거해야 한다. 단순히 휴대전화의 전원을 끄는 것만으로는 안 된다. 프로그램 진행을 시작할 때 휴대전화는 모두 압수하고, 참석자들이 실제로 무언가를 경험하기 전까지는 어떤 일을 경험하게 될지 알려주지 않는다. 그리고 일이 진행되는 동안은 물론 그 전후에도 사람들 간의 상호작용을 제한한다. 이런 모든 것들은 서서히 강도를 올리되 단호하게 진행되어야 한다. 컨퍼런스 룸 안에서 보내는 시간은 오로지 그들의 연설에만 사용된다. 이를 통해 그들은 공간을 지배하는 것이다.

가능한 모든 요소를 통제하라. 단, 상황을 통제하는 데 있어서 거짓이나 독재성을 드러내서는 안 된다. 진정성을 유지하는 것이 핵심이다. 특히 당신의 목적이 경험을 창출하는 데 있음을 밝히고, 이것이 당신의 책임하에 이루어진다는 것을 주지시켜라.

포럼의 경우처럼 사람들은 일단 힘에 압도되면, 쉽게 그 힘의 영향권 아래 들어가는 경향이 있다. 이 기제를 효과적으로 다루기 위해서는 당신(당신의 브랜드 혹은 상품)이 '절대적인 선도자'라고 포지셔닝해야 한다.

어디에나 옳은 것은 없다

"첫인상에 대해 두 번의 기회는 없다."

호텔 웨이터도 알고 있는 이 말은 매혹을 위해 무엇을 어떻게 해야 할 지를 알려준다. 자신감 있는 제스처, 강렬한 눈맞춤, 힘 있는 악수가 강한 첫인상을 남긴다는 사실을 우리는 이미 알고 있다. 그러나 이 접근은 사적인 자리에서는 적합하지 않다. 같은 견지에서 이것이 어떤 메시지에나 적합한 것도 아니다. 경고 메시지와 일상적인 메시지는 필연적으로 전달 방식이 달라야 한다. 조심스럽게 메시지를 관리하고, 보여줘라. 힘의 기제를 선택했다면 실수를 최소화하는 것이 가장 기초적인 일이 될 수 있다. 사소한 데이터 오류, 일순간의 웹사이트 불안정성 같은 사소한 실수들이 당신의 위치를 위협할 수 있다. 누구도 제품이 만들어지는 과정을 보고 싶어하지 않는다.

내면적이든 외면적이든 이런 유형의 상호작용 방식은 지배를 강화한다. 이런 지배는 외적으로 다른 사람들에게 압력을 주며, 다른 사람들이 메시지를 거부할 확률을 낮춰준다.

보상과 처벌, 평범한 발톱을 강력하게 사용하는 법

극단적인 경우 힘은 그 어떤 기제보다 쉽게 학대 행위를 유발할 수 있다. 그루엔펠트는 사람들은 자신이 가진 힘을 느끼고자 하는 유혹을 겪는다고 말한다. "힘을 경험하게 되면 사람들은 스스로를 통제하려는 노력을 그만둔다. 자신이 사회적 존재임을 잊게 되는 것이다." 학자들은 이를 '탈억제disinhibition'라고 부른다. "힘을 얻게 되면 사람은 특정 부분의 현실감을 잊게 된다. 힘이 관계를 지배한다는 도취감을 불러일으키는 것이다."

지도자들이 사람들에 대한 이해 없이 '힘' 기제를 사용하면, 그들은 끝내 사람들을 파악하지 못하고 벼랑 끝까지 몰아붙이는 반응 메커니즘을 구사하게 된다.

카롤리와 함께 이룬 도미니크 모체아누의 성공, 모체아누에 대한 그들의 지속적인 통제는 보상과 처벌의 영향을 우리에게 보여준다. 사람은 제아무리 사소한 것이라도 보상을 바라는 기질이 있고, 보상에 대한 예측만으로도 매혹된다. 보상이 가치 있고 얻기 어려운 것일수록,

그것을 얻기 위해 더욱 큰 희생을 치른다. 이는 대개 비이성적인 경우가 많다. 손에 넣기 어렵다는 것은 아무 문제가 되지 않고, 그것을 획득하기 위해 안정 상태 밖으로 나가는 것도 서슴지 않는다. 그러나 주의할 것이 있다. 이런 부정적인 압박이 지나치게 엄격하거나 처벌이 잦은 경우 반발이 생길 수 있다.

머뭇거리거나 모호한 표현을 사용하지 마라. 말과 행동, 모든 것에서 절대적인 힘을 전달해야 한다. 마지막 단어 하나까지 당신의 존재가 느껴져야 하며, 규칙을 명확하게 확립해야 한다. 또한 보상이 잠재적인 처벌 가능성을 수용할 만큼 가치가 있어야 사람들이 당신을 따르게 될 것이다. 처벌이 지나치게 자주 발생하거나 혹은 폭력적이라면, 장기적으로 부정적인 반발을 초래하게 될 것이다.

힘의 기제는 날카롭고 강력한 발톱에 관한 것이 아니라, 평범한 발톱을 강력하게 사용하는 법에 관한 것이다. 학생이든, 부모든, 신생 기업의 창립 직원이든, 이러한 매혹 기제는 명성을 강화시키고 존중을 이끌어낼 수 있다. 힘 기제를 지능적이고, 선별적으로 지배하는 데 활용하라. 그러면 당신이, 당신의 브랜드가, 그리고 당신의 생각이 세상을 지배하게 될 것이다. 개인에게든, 집단에게든 힘을 사용하는 리더들은 자신들만의 강점을 소통함으로써 사람들을 고무시키는 신호를 내보낸다. 또한 이 기제는 1차 신봉자가 2, 3차 신봉자들에게도 반응하게 함으로써 영역을 확장한다.

악덕

왜 우리는 금단의 열매를
탐하는가

명민한 조직은 비즈니스적인 기회를 포착했을 때 그것이 기회라는 것을 즉시 알아챈다. 1920년 금주법이 시행되었을 때 마피아는 도박과 강도 외의 영역으로 사업을 확장했다. 한밤중에 술 제조업자, 판매자, 유통업자가 미국 내에서 불법적인 일들을 자행했다. 술 암시장은 급성장했고 마피아는 그 어느 때보다도 번영을 누렸다. 금주법이 널리 시행되면서 시카고 지역 마피아 보스 알 카포네Al Capone는 그해 1억 달러 이상을 벌어들였다. 1928년 미국 내의 마피아는 국제 집회를 열었고, 국제적인 범죄 신디케이트가 만들어졌다.

금주법은 음주를 줄이지 못했다. 오히려 금지에 대한 짜릿함을 경험하게 하면서 지하 세계에서 음주가 자행되게 하는 결과를 낳았을 뿐이다. 법안의 제안자 존 D. 록펠러Jhon D. Rockefeller는 이 법이 실패했음을 인정했다. 그는 이렇게 썼다. "결과적으로 음주는 증가했다. 음식점에서, 카페에서 사람들은 몰래 술을 마셨고 미국인들 대다수가 범법행위를 저질렀다. 법에 대한 존중은 완전히 없어졌다. 범죄는 그 어느 때보다 증가했다." 금주법이 악덕 기제를 유발시켜 결과적으로 술에 대한 미국인들의 갈증을 그 어느 때보다 부추긴 것이다.

알 카포네에게는 실망스럽게도 금주법은 1933년 폐지되었고, 지하세계의 불법적인 이득 경로는 막대한 타격을 받았다. 그러나 미국인들은 악덕의 새로운 형태를 발견했고 마피아는 새로운 비즈니스를 창출했다.

금기에의 욕망

이따금 머릿속에서 들려오는 악마의 속삭임에 귀 기울여본 일이 있을 것이다. 악마의 속삭임, 그것이 바로 악덕이다. 사회적인 합의로 이루어진 일이든 개인적인 신념 때문이든, 누구나 한 가지쯤 '해서는 안 되는 일'이라고 생각하는 것이 있다. 악덕은 그 '금지된 행위'를 욕망하게 한다.

악덕에 대한 이야기는 모든 문화권에 존재한다. 판도라의 상자나, 호기심 때문에 아내를 소금 기둥으로 변하게 해버린 롯Lot, 금지된 사랑의 갈망 때문에 죽음에 이른 로미오와 줄리엣의 이야기처럼 금지되었기 때문에 더욱 욕망의 대상이 된 일들은 먼 옛날 아담과 이브가 낙원에서 선악과를 베어 물고 추방당한 때까지 거슬러 올라갈 수 있다.

규칙은 대개 매혹적이지 않다. 오히려 규칙을 비틀고 그 사이를 빠져나가고자 하는 것들이 매혹적이다. 우리가 경계나 상식을 넘고자 하는 유혹에 빠지면, 그 순간 악덕이 우리의 뒷덜미를 잡는다. 악덕은 우리가 하고자 원하는 모든 것을 포함한다. 해서는 안 되는 일이라는 것을 알고 있지만 사람들은 그 일을 한다.

악덕은 우리가 생각하는 것만큼 항상 '나쁜 것'을 의미하지는 않는다. 흔히 우리는 '악덕'에 대해 범죄나 도박, 배신, 성적 문란, 약물중독 같은 것을 떠올리곤 하는데 이런 극단적인 예들은 실제로는 매우 특수한 경우다. 악덕은 일상적으로 벌어지는 행위로 무언가 떳떳치 못하지만 쾌감을 선사해주는 것들이다. 게으름, 위선, 과소비, TV 프로그램의 가벼운 성적 농담을 즐기는 것처럼 늘 우리 곁에 존재한다. 흰색 속옷보다 다소 과감한 디자인의 속옷을 선호하는 것도 이와 다르지 않다.

야한 속옷을 사는 것과 악덕

죄악이 모두 악덕을 상징하지는 않는다. 실수로 어머니의 꽃병을 깬 행위는 그리 중대한 것이 아니다. 당신이 어머니에게 무언가 앙갚음을 하기 위해서, 혹은 다른 욕심에서 한 일이 아니라면 말이다. 그러나 규칙을 의도적으로 깨고자 한 것이거나 일부러 일탈 행위를 한 것이라면 '악덕의 갈고리'에 걸린 것이다.

악덕은 다이어트 중인 여성이 밤늦게 피자 한 조각을 더 먹고자 하는 욕망, 저염식을 해야 함에도 고염분의 음식에 손이 가는 욕망이고, 일요일 아침 집 정원의 무성한 잔디를 깎아야 하는 일을 뒤로하고 침대에서 미적대고 싶은 욕망이다. 쓰레기 같은 로맨스 소설이라고 욕하면서 그것을 읽고, 하루 1킬로미터씩 운동을 하겠다는 계획을 포기하고 소파에 눕고, 업무를 보면서 쇼핑사이트를 들락거리는 것이다. 회사 내의 소문에 귀 기울이고, 사내 보고서에 낙서를 끼적이고, 크리스피 크림 신상품을 먹는 이 모든 행위에서 악덕을 발견할 수 있다. 전력 낭비를 방지하기 위해 "닫힘 버튼을 누르지 마시오"라고 쓰여 있는 엘리베이터에서 그 권유문을 지키는 사람이 과연 몇 명이나 되던가? (마약 상인이나 도박 중독자가 아니라도 '악덕'을 너그러이 눈감아주는 사람들이 있다는 것을 인정하라. 그리고 그것이 나 자신이라는 사실도.)

'악덕vice'이라는 단어는 '실패 혹은 결함'을 의미하는 라틴어 '비티움vitium'에서 유래되었다. 즉, 악덕은 약함을 드러내는 것이다. 이런 약함이 항상 우리들을 도덕적으로 옳지 않은 장소로 유도하는 것도, '잘못'을 저지르게 하는 것도, '해악'을 끼치는 것도 아니다. 오히려 악덕은 엄격한 규범을 깨뜨리고자 하는 욕망, 규칙을 잠시 잊고자 하는 욕망에 가깝다.

나쁜 남자의 유혹의 속삭임에 넘어갈 준비가 되었는가? 악덕의 꾐은 시시콜콜한 대화 속에, 알아차리지 못하는 브랜드 속에 슬금슬금 담겨 있다. 앞으로 우리는 악덕 기제를 끌어내는 4가지 기준을 살펴볼 것이다. 금기를 만들고, 다른 사람들의 일탈을 이끌고, '절대'라는 단어로 사람들의 욕망을 자극하고, 유혹의 신호를 보내는 것이다.

금단의 열매는 그것이 금지된 동안만 달콤하다. 이제 금기의 달콤한 세계를 탐험해보자.

유명인들의 일탈 행위만큼 우리의 시선을 끌기 쉬운 것도 없다. (존경심은 필요없다.) 제이미 린 스피어스Jamie Lynn Spears의 임신에 쏠린 사람들의 흥미는 결국 제이미의 아이 사진에 1억 달러를 지불하게끔 만들었고, 패리스 힐튼Paris Hilton과 킴 카다시안Kim Kardashian의 포르노 영상은 그들의 이름을 더욱 유명하게 하고 그들의 브랜드를 강화시켰다. 리얼리티 프로그램 출연진들은 '야비한' 역할을 하며 서로를 비방하는 데 열을 올린다. (〈어프랜티스 2〉의 아마로사나 〈도전 슈퍼모델〉의 커밀 등을 떠올려보라.) 이는 모두 다른 출연진들보다 시청자의 눈길을 끌기 위해서다. 모니카 르윈스키Monica Lewinsky는 핸드백 끈 하나로 대단찮은 이력을 포장했다. 악덕의 대표주자인 마돈나는 어떠한가. 웨딩드레스를 입고 무대 위에서 성행위를 연상시키는 포즈를 취하고, 십자가를 불태운 뒤 속옷 차림으로 춤을 추고, 《펜트하우스》에 수녀를 연상케 하는 모습으로 촬영한 누드 사진을 게재했다. 이 모든 것이 대중을 매혹하며 그녀의 입지를 상승시켜주었다.

그러나 이런 것들은 유명인들에 국한된 것이다. 그들은 이미 최고의 위치에 있었다. 대부분의 사람들은 악덕을 좋아하지 않는다. 이 기제에 전혀 반응하지 않는 사람도 있다. (혹은 최소한, 그것을 하지는 않는다고 고백하지 않는다.) 그러나 악덕은 많은 형태로 존재하며, 이에 면역력을 지닌 사람은 거의 없다. 모든 사람들이 매료되는 절대적인 악덕은 존재하지 않지만 사람들에게는 모두 각자가 저항할 수 없는 유혹, 빠져나오려고 몸부림치는 유혹을 한두 개쯤 가지고 있다.

논쟁거리가 된다는 것

금지된 대상들이 항상 내부가 보이지 않는 봉투에 싸여 있는 것은 아니다. 《호밀밭의 파수꾼》《월리를 찾아라》나 휘트먼의 시 〈풀잎 Leaves of Grass〉 등은 기존의 작법을 파괴한 작품이었고 《호밀밭의 파수꾼》은 한때 금서로까지 지정되기도 했다. 그러나 이 작품들은 엄청난 유명세를 타고 미국은 물론 세계 각지에서 베스트셀러가 되었고 작가들에게 영예를 안겨주었다.

여기에 악덕의 주요한 이점들이 있다. 악덕이 대화에 끼어들면 누구도 그 대화를 지루하게 여기지 않는다. 악덕이 사람들의 이야깃거리가 되지 않은 적은 없다. 영웅이 지옥으로 추락하는 것은 특히 우리를 매료시킨다.

금메달리스트의 몰락

베이징 올림픽이 끝나고 몇 달 후, 14개의 금메달을 획득한 마이클 펠프스Michle Phelps는 2009년 파파라치에게 마리화나를 피우는 모습이 포착돼 언론에 노출되었다. (마리화나쯤이야 별것 아니라고 생각할 수도 있겠지만) 전문가들은 그 사진으로 인해 펠프스가 수백만 달러의 위약금을 지불하게 될 것이라고 예측했다. 그러나 흥미롭게도 펠프스의 그 악명 높은 사진은 몇몇 광고 스폰서들의 시선을 사로잡았다.

이 유명한 사진은 곧 전 세계에 퍼졌고, 펠프스의 왼팔에는 오메가

Omega 시계가 채워졌다. 오메가의 홍보대변인은 "펠프스가 찬 시계는 이미 품절되어서 아마 구매할 수 없을 겁니다. 마리화나 관련 사고는 그에게 아무런 영향을 미치지 않았고, 오히려 전 세계적으로 엄청난 복제품을 양산하는 유명 브랜드의 모델이 되게 했습니다. 자신 있게 주장할 수 있는 것은 오메가의 포세이돈The Poseidon은 펠프스가 물에서 헤엄을 쳐도 안전합니다."라고 발표했다. 허핑턴 포스트(Huffington Post, 미국의 뉴스 사이트–옮긴이)는 "그 사건은 펠프스에 대한 부정적인 반응이나 반발감을 일으킨 것이 아니라 오히려 광고주들을 기쁘게 할 만한 고객들의 반응으로 나타났다. 펠프스의 광고주들은 이미 국민적인 사랑을 받고 있던 그 남자에게 나쁜 남자 이미지를 10퍼센트 정도 부가함으로써 더 큰 수익을 올렸다.

일탈, 악마의 호의적인 속삭임

세계에서 가장 질타받는 죄악의 도시 라스베이거스. 라스베이거스는 우리를 지옥으로 이끄는 것이 아니라 우리를 죄악의 소굴로 직접 인도한다.

라스베이거스는 우리의 귀에 호의적으로 속삭인다. "무슨 일이 일어날지는 여기에 있어봐야 안다"고. 이내 곧 마음속에 온갖 사악한 가능성들이 넘쳐나고, 욕망, 공포, 의례, 기대, 심지어는 종교적이고 도덕적인 규범들이 한데 복잡하게 뒤섞이다 우리는 결국 악덕의 유혹에 몸을 내맡기게 된다. 이런 유혹의 말들에 귀 기울이게 되면 라스베이거스에 머무는 이유를 생각해내는 일을 중단한다.

복잡하고 경쟁 상대가 많은 시장 환경에서 경쟁력을 갖기 위해서는 사람들을 일상에서 끌어내어 새로운 곳으로 이끌어야 한다. 레스토랑 웨이터들은 손님들에게 특별히 비싼 와인이나 디저트 코스가 평소와는 다른 경험을 제공해줄 것이라고 꾄다. 악덕의 모든 과정은 누군가가 가지고자 하는 것, 가지고자 욕망하는 것, 가지지 못한 것을 고려하는 데에서부터 시작된다.

죄악과 쾌락

때로 행동 변화는 경로 변화에서 시작된다. 드라마 〈가십 걸〉은 타락의 쾌감을 간접 경험시킴으로써 인기를 얻었다. 그러나 이러한 방식이 항상 유효한 것은 아니다. 이 시리즈는 초기 대단치 않은 시청률로 시작했고, 방송국은 이 방송을 띄우기 위해 과감한 조치를 단행했다. 즉시 〈가십 걸〉은 청소년들의 악행에 관한 묘사로 여기저기에서 지탄받게 되었지만, 제작진은 이에 아랑곳 않고 오히려 주요 뉴스를 통해 보도된 부정적인 기사들을 이용하여 마케팅을 했다. 물론 사과방송 따위는 하지 않았다. 이러한 일들을 통해 이 시리즈의 명성을 구축한 것이다. 사람들에게 부정적으로 보일 만한 광고들이 주요 도시의 광고판을 도배했다. "시청하지 못하게 해야 하는 것" "부모님의 악몽에 등장할 만한 것" "제어하기 힘든 일들" 등의 비판적 표현을 그대로 사용한 것이다. 아마 가장 온건한 표현이 "마음을 뒤흔들어놓는 악동들" 정도였을 것이다.

이것이 효과적이었을까? 그렇다. 시청률은 급상승했다. 더욱 많은 사람들이 고위층의 악행을 보고 싶어했다는 의미다. 악덕이 작용한 것이다. 《엔터테인먼트 위클리The Entertainment Weekly》는 "〈가십 걸〉의 시청률은 이번 시즌에만 국한될 것 같지 않다. 제보에 따르면 제작사는 이미 시즌 2, 3의 제작을 결정했고, 시즌 2까지 총 24화의 에피소드가 방영될 예정이다. 〈가십 걸〉의 입지는 상대적으로 시청률이 미비한 듯이 보이게 하지만 이 차이는 점차 줄어들고 있다. 지난 시즌 동안 이 드라마의 시청률은 2배로 뛰었다."

"절대 안 돼"라는 주문

연구에 따르면 60퍼센트 이상의 미국인들이 더 짜릿한 삶을 살 수 있다면 기꺼이 자신들이 가진 도덕규범, 원칙, 충실함의 기준을 바꿀 수 있다고 한다. 한 가지 실험을 해보자.

실험실에 당신과 나 둘만이 있다. 어떤 종류의 장식물이나 꾸밈이 없는 완전히 하얀색의 방이다. 당신 앞에 놓인 테이블 위에 내가 간소한 검은색 상자를 1개 가져다 놓는다. 상자는 뚜껑이 닫혀 있지만, 열쇠가 달려 있지는 않다. "이 상자를 봐도 되고, 만져도 되지만, 열지는 말라"고 말하고 나는 방을 떠난다. 방을 나서기 전에 "무엇을 해도 좋지만, 상자를 열지만은 말라"고 다시 한 번 주의를 준다.

처음에는 당신은 상자를 열 생각이 없다. 그러나 시간이 지나 한참 동안 방에 홀로 있게 되면 그 잠기지 않은 상자를 응시하던 당신은 하나의 의문을 품게 될 것이다. "왜?"라는 의문 말이다. 곧이어 "안에 무엇이 있길래 상자를 열지 못하게 하는 것일까? 무언가 문제를 일으킬 만한 것이 들어 있는 걸까?"라는 의문이 들 것이다. 시간이 조금 더 지나고 나면 당신은 내 경고에 대해서도 의문을 품게 될 것이다. 결국 당신이 내 말을 들어야 할 이유가 없음을, 그것에 대한 어떤 암시도 없었다는 데 생각이 미치게 될 것이다. 실제로 나와 당신은 아는 사이도 아니고, 당신이 나를 믿어야 할 어떤 이유도 없다. 그런데 왜 당신은 나의 말을 따르고 있는가에 생각이 미칠 것이다. (무엇보다도, 당신은 자주적인 사고를 할 수 있지 않은가!)

자, 이제 당신이 하얀 실험실의 창문을 통해 다른 방의 모습을 볼 수 있다고 하자. 각각의 방에는 당신과 같은 사람들이 있다. 그들 앞에는 모두 검은색 상자가 놓여 있지만 그들의 행동은 모두 다를 것이다. 이 사람들은 상자를 여는 것을 선택했을 것이다. 안에 무언가 좋은 것이 있지 않을까 하는 기대감을 가지고. 상자 안에 무엇이 들어 있든지 간에 그 안에 든 것을 확인함으로써 사람들은 기분 좋은 흥분감을 맛본 듯이 보일 것이다.

당신은 다른 방의 사람들 역시 당신을 주목하고 있다는 데 당황하기도 하고 놀라기도 할 것이다. 그들도 당신이 상자를 가지고 있고 자신들의 것처럼 당신의 상자도 닫혀 있음에 주목할 것이다. 그들은 당신에게 상자를 열라고 응원할 것이다. 내 당부에도 불구하고 말이다. 당신은 그것을 연다. 명령을 따르고자 한다 해도 반항심과 유혹이 당신을 휘저어놓을 것이다.

"잠깐 엿보는 것인데 뭐 어때?"라고 자문해보지 않았는가? 그렇다. 잠깐 엿본 것일 뿐이다. 하지만 이것이 악덕으로 들어가는 입구다.

'절대'라는 말이 더욱 욕망을 부추긴다

학생들의 마약 남용을 줄이기 위해, 전前 LA경시청장 대릴 게이츠 Daryl Gates는 D.A.R.E(Drag Abuse Resistance Education, 약물 오남용 예방 교육 프로그램) 프로그램을 고안했다. 아마 미국인이라면 자신들이 사는 지역에서 이와 관계된 캠페인 상품을 하나 정도는 본 적이 있을 것이다. "D.A.R.E가 당신의 자녀를 마약에서 지켜줍니다"라고 쓰인 빨간색과 검은색의 자동차 범퍼 스티커다. 수십억 달러가 투입된 이 프로그램은 미국 내 54개 주의 80퍼센트 이상의 학교에 배포되었고 약 3,600만 명의 학생들이 교육을 받았다.

이 프로그램은 경찰당국이 학생들에게 마약의 위험성을 알리고, 마약을 사용할 환경에 노출되었을 때 이를 거절하는 8가지 방법을 교육하는 프로그램이다. 이 교육적인 프로그램의 핵심은 마약 밀매자들과 사용자들에게 약간의 관용도 허용하지 않고 엄벌에 처한다는 경찰의 정책이 포함되어 있다. 이는 매우 이상적이다. 아이들은 경찰들과 대화를 나누고, 경찰은 학교에 뿌리 박힌 마약의 실태를 파악할 수 있으며, 아이들은 마약을 거부하는 방법을 배우게 된다.

하지만 단 한 가지 문제점은 이 프로그램이 전혀 효과가 없었다는 것이다. D.A.R.E는 아이들이 마약을 멀리하게 하지 못했을 뿐 아니라 오히려 마약 이용을 증가시켰다.

미국에서는 매년 3,600만 명의 청소년들이 교육받는 약물 오남용 예방 교육 프로그램에 연평균 1,130억 원의 비용을 투입하지만 이런 프로그램들이 아이들의 행동을 바꾸어놓지는 못한다. 최악의 경우 마약에 대한 친화력을 부추기기까지 한다.

한 군사행정부 소속의 군의관이 효율적이지 못한 프로그램을 모두 추려내어 그 이유를 밝히는 연구를 했다. 이어 수많은 연구들을 통해 그 프로그램들이 전혀 효과가 없었는지에 대한 이유와 증거들이 속속들이 나타났다.

전 솔트레이크시 시장 록키 앤더슨Rocky Anderson은 D.A.R.E 프로그램 사용을 금지했다. 《롤링스톤Rolling Stone》과의 인터뷰에서 그는 자신이 D.A.R.E를 중단하게 한 이유를 밝혔다.

앤더슨은 13년간 수많은 단체에서 교육되어온 D.A.R.E를 중단하기 전에 교장들과 D.A.R.E 교육 강사들, 경찰들을 불러 모아놓고 그 프로그램이 왜 실패했는지에 대한 설명을 요구했다. 받아들이기 어려운 설명들을 듣고 나서 앤더슨은 "내 생각에 당신들은 이 지역의 주민들을 완벽히 속여온 것 같소. 당신들은 마약 중독 문제를 고려하기보다 그 약물 오남용 예방 교육 프로그램에 투자되는 돈을 유용하는 데만 관심이 있는 것 같구려"라고 말했다. 관계자들을 모두 내보낸 후에 그는 "이 사람들은 그 같은 이야기를 듣지 못한 것 같소"라고 덧붙였다.

그는 이에 대해 강경한 입장을 고수했다. "윤리적, 정책적 시각에서 봐도 이는 매우 부정직해 보인다. 이 프로그램에는 마약을 누가 사용하는가에 관한 고려가 전혀 없다. 비용 낭비보다 이것이 기회를 낭비하고 있다는 것이 더 비극적이다."

D.A.R.E의 가장 큰 문제점은 무엇이었을까? D.A.R.E는 아이들에게 친구와 가족을 고발하게 하고, 금욕적인 생활을 강요하는 방식으로 만들어져 있었다. 그리고 마약과 관련된 정보는 공포심을 유발하는 것만으로 구성되었다. 뉴멕시코든 코네티컷이든 각 지역의 특색을 고려하기보다는 일률적으로 만들어져 미 전역에 똑같은 규범을 제시했고, '남용'에 대해서도 모든 약품을 똑같이 취급했다. 맥주와 각성제의 차이점을 알려주기보다는 모든 종류의 약 '남용'의 결과를 강조한 것이다. D.A.R.E 모델은 전혀 효과적일 수 없는 접근 방식들로만 이루어져 있었다. 경찰들은 아이들의 생활에는 전혀 관심이 없었고, 공포에 기반한 정보를 제공하는 것이 불신을 강화시킨다는 것을 알지 못했다. 또래집단 안에서 아이들이 긍정적인 보상이나 교육을 제공하기에 충분치 않았던 것이다.

"D.A.R.E는 위험합니다. 마약에 관해서는 그에 대해 신뢰를 줄 수 있는 사람이 말하는 것이 좋습니다. 일이주일에 한 번씩 경찰이 와서 강연을 하는 것은 그리 효과가 없을 겁니다. 아이들은 권위에 복종하지 않고자 하는 본능이 있기 때문입니다. 무엇을 말하든지 절제만 강조한다면 효과가 없습니다. 유타 지역에서는 성교육을 금지하는 데 이는 금욕을 위해서입니다. 이 지역에는 성병 비율이 마약 남용 비율만큼 높습니다. 이 지역의 마약 남용과 각성제 처방 비율은 어느 지역보다 높지요. 만약 금욕을 가르치려 든다면, 실패할 것입니다. 오히려 사람들은 더욱 그것에 끌리게 될 겁니다"라고 앤더슨은 설명했다.

D.A.R.E는 오히려 마약 사용을 증가시켰다. 의도하지 않았지만 이 프로그램을 통해 아이들은 마약이라는 악덕 기제에 매혹된 것이다. 악덕은 그것을 의도하지 않았을 때, 오히려 발생하는 경향이 있다.

실제로 악덕은 의도한 것과 정반대의 결과를 만들어냈다. 특히 십대들에게 말이다. D.A.R.E는 어른들에게는 마약 남용을 부추기거나 마약에 대한 매혹을 느끼게 하지 못한다. 왜 이 프로그램이 의도하지 않은 결과를 만들어냈는지 이해하기 위해서는 우선 십대와 성인의 뇌가 다르다는 사실을 알아야 한다. 십대에게 공포는 항상 멀리해야 할 이유로 작용하지 않는다. 금지된 것에의 끌림은 청소년기 뇌 발달 단계에서 본능적인 부분이다. UC 버클리 대학의 한 연구에 따르면 "특히 뇌 뒤쪽에 위치한 전두엽 피질은 복잡한 의사결정 과정과 관계 있는 부분으로 성인들은 이 부분을 통해 이성적인 판단을 내리게 하는 추론을 한다. 그러나 십대 때는 이 부분이 활성화되지 않는다"고 한다. 최근 17세 무렵이 어떤 연령 계층보다 더 많은 범죄를 저지른다는 연구도 있다.

공포는 남녀노소 관계없이 모든 이들에게 자극원이 되지만 특히 젊은 계층에게 더욱 유혹의 대상이다. 십대들의 뇌는 아직 행위 다음의 결과를, 행위가 미치는 가능한 영향력을 예측하기에는 인생 경험이 부족하기 때문이다. 성인이 되면서 겪게 될 경험의 부재는 인과성에 따른 무서운 결과를 깨닫지 못하게 한다. 십대들은 경계선 밖에 무엇이 있는지 알지 못하기 때문에 쉽게 경계를 넘어버린다.

이러한 약점은 십대들에게 보다 쉽게 위험을 감수하게 한다. 한 연구에서 18세에서 24세까지의 연령대가 25세 이상의 연령대보다 여러 가지 활동에서 보다 위험한 행동을 하기 쉽다는 것을 알아냈다. 헬멧을 착용하지 않고 오토바이를 몰거나, 음주운전을 한다거나, 물리적인 싸움, 흡연, 폭음, 고칼로리 음식 섭취, 마리화나 같은 불법적인 약물들을 시험 삼아 사용해보는 것 등에 더욱 관대하다는 것이다.

D.A.R.E는 이러한 사실들에 무지했고, 그 결과 십대들의 반동적인 행동을 이끌어낸 것이었다. 아이들은 성인보다 자신들이 주시하는 대상에 대해서 잘 알고 있다. 과장된 접근들(마리화나의 위험에 대해 경고하거나 별것 아니어 보이는 마약으로 시작해서 마약중독자가 될 수 있다는 협박, 한 잔의 술이 알코올중독자를 만들 수 있다는 등)은 인식 불일치를 유발시킨다. 아이들은 부모를 통해 음주에 대해 잘 알고 있고, 그것이 알코올중독을 유발하지 않는다는 것도 알고 있다. 알고 있는 것과 주입된 것 사이의 차이가 커져 논리성을 잃게 되면, 모든 경고가 잘못된 것이라는 가정을 하게 된다.

수년간의 연구를 통해 D.A.R.E 프로그램은 결국 수정되었다. 그러나 보다 진보된 신 D.A.R.E도 전혀 효과를 발휘하지 못했다. 2001년부터 2005년까지 진행된 관련 연구는 한 가지 의문을 다루는 데 할애되었다. "아이들이 11학년이 될 때까지 이 프로그램으로 알코올중독, 마약 남용, 흡연을 중단시키거나 감소시킬 수 있을까?"라는 것이었다. 2008년 11월, 2년간의 연구 끝에 연구자들은 신 D.A.R.E가 물질 남용을 감소시키는 데 기여하는 어떤 증거도 찾지 못했다고 결론지었다. 오히려 그 사이 아이들은 지속적으로 마약에 매혹되었다.

악덕의 예방

D.A.R.E의 효율성에 대한 연구 결과는 악덕을 예방하는 것 자체가 불가능하다는 것을 보여주는 것은 아니다. 단지 D.A.R.E가 예방에 효과가 없었을 뿐이다. 마약이나 알코올 남용을 방지하거나 줄이는 데 기여하는 효과적인 약물 오남용 예방 교육 프로그램들도 많다. 이 프로그램들과 D.A.R.E와의 차이점은 무엇일까?

실제로 효과가 있었던 프로그램들은 많다. 이들 중 몇몇은 국제 약물 오남용 예방 협회International Institute of Drug Abuse의 승인을 받기도 했다. 아틀라스ATLAS, 아테나ATHENA, 라이프 스킬 트레이닝Life skill training, 경고 프로젝트Project Alert, 노스랜드 프로젝트Project Northland 같은 것들이 그것이다. 이 프로그램들은 연령대와 타깃에 따라 차별화된 교육 과정을 제공하는데, 약물 오남용 예방 교육에 긍정적이고 효과적이었다. 이 프로그램들은 어떻게 악덕에 끌리는 것을 막을 수 있었을까?

- 동료의 가르침이나 지도: 또래 집단이나 동료 집단과 함께하는 것이 정보의 신뢰성을 증진시킨다.
- 상호작용: 아이들은 함께 일하며, 오피니언 리더로서 자신의 역할에 대한 긍정적인 자각과 연대감을 지녔다. (반대로 D.A.R.E의 접근법은 친구를 고발한다는 부정적인 연대감에 기반한다. 이는 의심, 공포, 불신을 유발했다.) 아이들에게 단순히 마약을 거부하는 방법을 알려주는 것이 아니라 현실 세계, 현실적인 상황에서 동료

의 압박에 당당하게 대처하는 법을 가르쳐준다. 또한 게임, 퀴즈, 이야기, 퍼즐 맞추기, 협력 프레젠테이션 등 다양한 학습 방식으로 교육 효과가 높다.

- 현실적인 결과와 예측: 약물 복용을 해서는 안 되는 근본적인 이유를 가르친다. 위험과 잠재적 이득, 잘못된 인식들을 모두 공정하게 논의하며 이런 접근 방식을 통해 아이들의 신뢰를 얻을 수 있다. 또한 약물의 종류에 따라 차별화된 내용을 전달함으로써 아이들이 그 차이점을 인식하게 한다.
- '절대적'인 표현을 사용하지 마라: '절대' '위험한 것' '처벌' 같은 메시지는 잠재적으로 의도하지 않은 흥미를 유발할 수 있다. 의사 결정의 토대를 구축할 사실적인 정보만을 제공하고, 그 효과에 대해 비현실적이고 어두운 측면만을 보이지 않도록 해라. 아이들은 평소 술을 마시는 사람을 보면서 술주정뱅이가 정신병자는 아니라는 사실을 충분히 알고 있다. 이러한 가정은 어른들이 만들어낸 것이다.
- 내부의 리더: 아이들과 직접적인 관계를 맺고 있는 사람들(선생이나 부활동 코치 등)을 촉매로 이용하되, 드러내놓고 행동하지 않게 하라. 임시적인 외부 교육자들은 신뢰를 구축하는 데 그리 도움이 되지 않는다.

D.A.R.E에 결여되어 있던 것, 그리고 성공한 프로그램들이 가지고 있던 특성들을 살펴본 결과 두 가지 대답을 얻을 수 있었다.

첫째, 신비 기제를 억제하는 것이다. 커뮤니케이션 과정을 공개하고 결과에 대해 정직한 평가를 내리는 것이다. 이럼으로써 둘째, 가장 중요한 신뢰를 구축할 수 있게 된다. 아이들이 전달되는 정보를 신뢰할수록 그것을 전달하는 사람을 신뢰하고, 그 정보와 사람을 따르게 된다. 즉, 악덕을 극복하기 위해서는 신비 기제를 최소화하고, 신뢰 기제를 극대화해야 하는 것이다.

이제 D.A.R.E가 어떻게 의도치 않게 악덕을 유도했는지 알겠는가? 잠시 생각해보자. 당신의 인생에서 악덕 신호가 발화되는 곳은 어디인가? 순수하게 좋은 의도에서 사람들의 행동을 유도하기 위해 세운 규칙들이 실제로는 정반대의 결과를 발생시킨 적은 없는가?

유혹의 신호

각각의 매혹 기제들은 각자의 방식으로 행동을 변화시킨다. 욕망이 담긴 메시지는 사람들의 감각 경험에 남으며 사람들을 끌어들인다. 명성이 담긴 메시지는 그 자체로 나머지 메시지들을 제치고 올라간다. 경고가 담긴 메시지는 사람들의 행동 반응을 촉구한다. 이런 기제들을 마케팅에 활용하는 방법은 분명하게 드러나 있다. 그런데 악덕은 언제 어떻게 써야 하는 것일까?

벤처 기업이나 혁신 기업들은 종종 악덕 기제를 이용한 새로운 시도를 함으로써 이득을 얻곤 한다. 중소 규모의 떠오르는 브랜드들은 수십 년간 쌓아온 명성이 주는 이득을 가질 수 없다. 그들의 생존 여부는 사람들의 예측을 깨뜨리고 사람들이 브랜드를 다시 평가할 만한 능력을 지니고 있느냐에 달려 있다. 예산이 적을수록 노이즈와 입소문, 기존 가치에 대한 반대적인 입장에서 이득을 얻어낼 수 있어야 한다.

포춘100대 그룹처럼 시장 선도자들이나 유망한 정치가들은 다른 매혹 기제들을 강화하는 대신 사람들과 오랫동안 관계를 유지하고, 명성, 힘, 신뢰 기제를 유지하기 위해 노력한다. 그러나 악덕을 무시하는 것은 현명한 선택이 아닐 수 있다.

악덕은 현명하게 사용한다면 직접적이고 진솔한 메시지보다 사람들의 예상을 깨뜨리는 신선함을 제공할 수 있다. 신비 기제와 같이 악덕은 우리의 호기심을 부추긴다. 경고 기제와 마찬가지로 악덕은 우리를 놀라게 함으로써 행동 방향을 잠재적으로 바꾸고, 순간적으로 시선을 사로잡을 수 있다.

그렇다면 전통적인 브랜드들도 이 기제를 활용할 수 있을까? 동일 제품군에서 대체성이 뛰어나고, 유용성이 한정되어 있는 일용품에도 매혹 법칙이 적용될 수 있을까? 예를 들어 침대 회사라면, '일요일 아침의 숙면'이라는 이름을 지을 수 있다. 사무용품을 팔고 있다면, 클립이 잠긴 서랍장을 여는 데 유용하다는 점을 소구할 수도 있다. 자동차 딜러라면, 자동차 구매 후에 고객이 원하는 만큼의 최고 속력으로 마음껏 운전할 수 있는 US 오토반US Autobahn 같은 개인 자동차 트랙 이용권을 제공할 수 있다. 헤드폰을 팔고 있다면, '귀머거리가 될 정도의' 음향을 소구할 수도 있다.

악덕과 힘은 인과관계를 지닌다. 지금까지 살펴보았듯 힘이 효과적

인 경우도 있다. 그러나 힘은 신뢰와 균형을 맞추고 배후에 악덕이라
는 기제가 존재해야 가장 효과적일 수 있다.

구축된 규칙을 깨라

전쟁기념비가 모두 석고상 같이 하얀색만은 아니다. 최소한 1982
년 이후에 만들어진 것은 말이다. 무명의 학생 마야 린Maya Lin이 디자
인한 전쟁기념비는 베트남 참전용사 기념비 디자인 대회에서 1,400여
명의 경쟁자를 물리치고 선정되었다. 그녀가 디자인한 반짝이는 검은
색 화강암 기념비는 수많은 지탄을 받았다. 기념비의 색이 하얀색이
아닌 것부터 오벨리스크 탑 모양이라는 것까지 말이다. 그러나 그 벽
은 곧 세계에서 가장 영향력 있고 찬탄받는 기념비가 되었고, 방문객
들에게 5만 8,000명의 참전 용사들의 이름이 새겨진 검은색 화강암에
비친 자신의 모습을 보여줌으로써 깊은 숙고의 시간과 연대감을 안겨
주었다. 린은 단순히 기념을 위한 기념비가 아니라 악덕(규칙 파괴)으
로 사람들을 매료시킴으로써 디자인 대회에서 우승했다.

당신이 하는 일을 상상하게 만들라

세상에서 가장 맵다고 하는 하바네라 칠리 고추 조각은 흥미를 자
극하지만 그것만으로는 부족하다. 그 대상에 아예 흥미를 보이지 않거
나 거부할 수 있기 때문이다. 악덕은 전체 전략으로 사용하기보다 전
략의 일부로 사용하는 편이 낫다.

악덕에 있어서는 균형을 맞추는 것이 중요하다. 과도한 설명, 정당

성 부여, 반복은 악덕을 죽인다. 환한 형광등 조명보다는 레스토랑의 은은한 조명이 칵테일을 더 멋지게 보이게 하지 않는가.

악덕이 다른 기제와 결합될 때

악덕과 경고

박스오피스는 악덕과 사촌격인 경고 같은 기제에 고무적인 반응을 보인다. 할리우드 영화 장르가 전통적으로 유명 스타 배우에 의존했던 것과 달리 공포영화는 스타를 기용하지 않고도 저예산으로 수익을 올린다. 악행, 악의, 흥건한 피는 끊임없이 우리는 물론 영화계에도 매력으로 작용하며, 저예산으로 고수익을 창출하는 한 가지 영화 제작 방식으로 시장에서 끊임없이 재생산된다. 〈13일의 금요일〉은 11종류의 영화와 TV 시리즈로 나왔고, 〈쏘우〉〈차일드 플레이Child Play〉〈헬레이저〉〈텍사스 전기톱 살인사건〉 등은 5, 6종류 이상의 시리즈가 제작되었다.

악덕과 힘

금연 레스토랑에서 마피아 두목이 시거에 불을 붙이고 있다고 생각해보자. 어떤 생각이 들겠는가? 아마 그에게만큼은 일반적인 규칙이 통용되지 않는 것으로 보일 것이다. 회사에도 마찬가지다. 비리를 저지르고도 교묘히 법망을 빠져나갔던 엔론Enron 같은 거대 기업이나 탈세를 밥 먹듯 하는 미국의 부동산 여왕 레오나 헴슬리Leona Helmsely

의 악명을 생각해보라. 힘이 악덕과 결합되면 규칙을 깨는 쾌감을 선사한다. 힘이 사람들에게 가해지는 행동의 제약을 자유롭게 해줄 수 있다면, 그것은 규칙을 빠져나가는 것으로 우리를 유혹하는 악덕의 최고의 파트너가 된다.

그루엔펠트는 힘이 힘 있는 사람들에게 미치는 영향에 대해 연구한 바 있다. 마거릿 리고글리오소Marguerite Rigoglioso는 《스탠포드 비즈니스》에 사람들이 힘을 경험하면 그루엔펠트가 말했듯이 탈억제화된다는 연구를 발표했다. 스스로의 행동과 생각을 통제하고자 하지 않게 되고, 다른 사람들이 자신을 어떻게 볼지 생각하지 않게 되고, 문화적 압박과 결과를 깔보게 된다는 것이다. "사람들은 힘을 경험하면 스스로를 통제하는 것을 멈추고, 사회적 결과들을 간과하게 된다."

악덕과 욕망

악덕이 욕망과 만나면 재미있는 일이 벌어진다. W호텔 체인은 광범위하게 흩뿌려져 있던 메시지를 최소화하고 "날 유혹해줘요"라는 메세지로 콘셉트를 통일했다. 카피는 "우리들만의 은밀한 약속을 지키려면 내 방에 몰래 들어오라"는 메시지를 전달한다. 그리고 이미지를 통해 샴페인 병과 늦은 시간의 체크아웃을 은밀히 암시한다. 이 광고는 우리들에게 일탈의 짜릿함을 선사해줄 즐거운 불장난을 제공함을 암시한다. 할리우드의 신사 휴 그랜트Hugh Grant는 매춘부 디바인 브라운과 차에서 성행위를 하다가 경찰에 적발됨으로써 악명을 떨쳤다. 그러나 그가 적발된 310번지 거리와 상대 여성인 디바인 브라운은 한

동안 화제의 중심이 되었다. 휴 그랜트의 오랜 파트너 엘리자베스 헐리에 대해서는 거의 잊었다. 펠프스는 마리화나 사건으로 인해 이미지에 타격을 입을 것이라고 생각되었지만 나쁜 남자 이미지는 그에게 결과적으로 이득이 되었다. 비정상적인 행위, 악덕은 사람들이 한번쯤 시도해보고 싶지만 그렇게 하지 못하는 데 대한 짜릿함을 대신 선사해주기 때문에 사람들의 시선을 끈다.

악덕에 대한 메시지의 목적은 사람들을 죄악으로 끌어들이는 것이라기보다는 표준이 된 선택지에서 벗어나는 한때의 '일탈'을 선사해준다는 데 있다. 악덕의 메시지는 사람들이 자신들의 평소 습관이나 행동 방식을 벗어나게 하고, 다른 선택을 하도록 이끄는 것이다. 가장 유용한 전략은 평소의 신념이나 행위를 변화시키고자 하는 사람들에게 그런 모습을 보여주는 것이다. 그러나 만약 당신이 장기적인 관계를 구축하는 데 목적을 두고 있다면 악덕을 사용해서는 안 된다. 신뢰 기제를 사용해야 한다. 신비로 마음을 희롱하고 엿보고, 내부의 경계 경보를 발령시키고, 악덕으로 사람들을 부추겼다면 이제 오랫동안 충성도 있는 관계를 구축하는 방법을 알아보도록 하자.

F a s c i n a t e

Chapter

8

신뢰

우리는 믿을 만한 대상에
충성을 다한다

휴가 때마다 우리와 함께 하는 영화 〈인생은 아름다워It's a Wonder-ful Life〉에 대해 생각해보자. 1946년 개봉된 이 영화는 당시 실패작으로 분류되었다. 스튜디오는 파산했고, 수익은 제작 비용도 충당할 수 없을 지경이었다. 심지어 감독 프랭크 카프라Frank Capra조차 이 작품을 비판했다. 이 영화는 역사의 뒤안길로 사라지는 듯했다.

그러나 1974년 저작권이 소멸되고 공공 소유가 됨에 따라 TV 방송국들이 이 영화를 무료로 이용할 수 있게 됨으로써 신뢰 기제가 작동되었다. 방송국들은 매년 크리스마스마다 이 영화를 방영하고 또 방영했다. 가족들은 한자리에 모여 영화를 시청했고, 아이들은 매년 같은 영화에 노출되었다. 천사를 믿는 지미 스튜어트의 이야기는 미국식 낙천주의의 표상으로 집단정신에 자리 잡았다. (*주: 가장 인상적인 것은 이 영화가 바이러스 마케팅의 원조라는 것이다. 원작은 필립 반 도렌 스턴Philp Van Doren Stern의 짧은 단편인데, 도렌은 이 이야기가 모든 출판사에서 거절당하자 자비로 200개의 크리스마스 카드에 이를 인쇄하여 돌렸다. 누군가의 눈에 띄길 바라며 말이다. 친구의 집에서 이것을 읽은 감독 프랭크 카프라는 이야기에 내포된 개연성이 자신의 인생을 그리고 있는 듯 느껴졌다고 한다. 만약 모든 매체가 당신의 이야기를 거부한다면, 스스로 새 매체를 만들라.)

대부분의 관습들과 마찬가지로 신뢰의 속성 중 한 가지는 이 기제가 질적인 우위를 자랑하기 때문이 아니라 '더욱 익숙하기' 때문에 선택된다는 것이다. 익숙함과 반복적인 노출로 인해 1946년의 관객과 달리 현재의 우리들은 매년 크리스마스에 보는 〈인생은 아름다워〉를 좋아하는 것이다.

주목 전쟁의 가장 강력한 무기, 신뢰

앞서 살펴본 6가지 기제들은 단시간에 우리를 매료시키는 것들이었다. 그중에는 즉각적인 반응을 끌어내는 것도, 그렇지 못한 것도 있다. 구급차의 소리는 경고 기제를 발동시킨다. 아이폰을 한 번 보게 되면 욕망이 호출된다. 힘은 〈아프렌티스〉에서 도널드 트럼프의 단 두 마디로 대변할 수 있다. "당신은 해고요." 그러나 신뢰는 이들과는 다른 종류의 매혹이다. 신뢰는 다른 6가지 기제보다 훨씬 복잡하다. 더욱 섬세하고, 더욱 깨지기 쉽고, 획득하기 어려우며, 무엇보다 잃기 쉽다.

우리는 악덕 기제를 전략적으로 다룰 수도 있고, 신비 기제를 실험해볼 수도 있지만 신뢰는 그렇게 할 수 없다. 신뢰는 일관성과 확실성이라는 토대 위에 구축되기 때문이다. 일관성이 유지될수록 신뢰는 더욱 커진다. 물은 축축하고, 불은 뜨거우며, 상대성이론은 E =MC²다. 우리는 반복된 경험에서 생겨난 사실인 개연성이 있는 것을 받아들인다.

다른 기제들은 각자의 방식으로 우리를 촉구함으로써 의사결정을 유도한다. 경고는 긴급성이나 변화로 우리를 위협하고, 신비는 호기심으로 우리를 자극한다. 그러나 신뢰는 다른 방식으로 일상적인 의사결정을 이끈다. '익숙함'과 '편안함'이 그것이다. 예를 들어 신뢰는 일상적인 의사결정의 지침이 된다. 우리는 수년간 몸에 익은 감촉을 알고 있기 때문에 같은 스웨터를 계속 입고, 친구나 지인의 선택을 낯선 사람의 선택보다 신뢰한다. 우리는 지속적으로 적응된 관습을 반복해 따른다.

특히 복잡한 현대 사회에서 사람들이 더욱 안정을 갈구하게 됨에 따라 신뢰는 더욱 중요해졌다. 집중력 부족 문제를 겪고 있지 않더라도 우리는 파편적인 스케줄에 따라 움직이고, 수많은 선택지들 가운데 있으며, 각기 다른 방향을 추구하는 다양한 대상들 사이에서 주의를 분산시키며 살아간다. 인간관계마저 시시각각 바뀌고 있으며, 일상적으로 주의력이 분산되는 기분을 느끼며 살아간다. 자극이 넘쳐나는 시대에 가장 믿을 만한 선택은 우리를 편안하고, 안정되게 해주는 것이다. 일관성은 우리들에게 안도감을 안겨준다.

신뢰를 구축하고 강화하기 위해서는 어떻게 해야 할까? 반복성과 확실성은 단기간에 신뢰를 가속화시켜준다. 매혹적이지 않고, 건전하지 않은 메시지라 해도 그렇다. 메시지는 사용 목적과 상황에 따라 각기 다른 매혹 기제를 사용해야 하지만 관계에 있어서 가장 강력하고,

주목 전쟁에서 승리를 얻어내게 하는 기제는 '신뢰'다.

뇌는 익숙함을 사랑한다

'익숙하다familiar'라는 단어는 가족을 의미하는 '파밀리아familia'에서 유래됐다. 가족은 단순히 감정적인 유대 그 이상을 의미하는 것으로 '익숙함'의 표상이다. 뇌과학적으로도 우리는 특정 대상에 익숙해지면 마음속에서 그 대상에 대한 유형짓기를 시작한다. 우리가 대상을 인식하면 우리는 그것에 의존할 뿐만 아니라 유형화된 인식에 기반해 선호하게 된다. 뇌는 이런 유형들을 우리가 보고 듣고 경험하는 모든 것의 지도를 그리는 데 사용한다. 그리고 이를 이용하여 앞으로의 일을 예측한다.

노출 효과

인간의 신뢰 현상에 대해서도 뇌화학적으로도 많은 연구가 이뤄졌다. 뇌는 '반복'에 기반해 선호도를 결정한다. 구스타프 페히너Gustav Fechner는 1876년 이를 '노출 효과exposure effect'라는 이론으로 증명했다. 어떤 대상에 대한 노출이 반복될수록 신뢰도가 높아지고 결국 그 대상에 대한 호감도가 높아진다는 것이다. 연구자들은 왜 우리가 몇 번 들은 음악을 좋아하게 되는지, 한 테이블에 낯선 사람들보다 친구들과 함께 있을 때 더 편안함을 느끼는지, 왜 오프라 윈프리Oprah Winfrey가 우리들의 공감을 일으키는지에 대해 이 노출 효과로 설명해왔다. 즉, 오프라의 이미지에 대한 우리 뇌의 선호는 뇌화학적으로 설명이 가능하다는 것이다. 오프라는 지속적으로 우리에게 노출되었고 우리는 그녀를 좋아하고, 신뢰한다. 이는 명백한 사실이다. 분명치 않은 것은 신뢰에 관한 근거다.

지속적으로 특정 이미지에 반복적으로 노출이 되면, 그 대상을 볼 때 신뢰와 편안함이 촉발된다. 몇몇 연구에 따르면 특정 사람, 브랜드, 메시지가 일단 내면에 깊이 뿌리내리면, 내면 깊은 곳의 무의식적인 신뢰 메커니즘이 작동하기 시작한다. 이는 브랜드 선호도를 결정하는 데 근본적인 힘으로 작용할 수 있다. 그러나 선택에 영향을 미치는 신뢰성은 수십 년의 세월을 요구하지는 않는다. 유아들도 브랜드 선호도를 가지고 있다.

유아들도 브랜드를 선호한다

3세의 아이들도 맥도널드의 황금 아치가 그려진 포장에 의해 음식 맛의 호불호를 평가한다. 자신들에게 친숙한 맥도널드의 로고가 그려져 있는 경우 우유마저도 해당 제품이 맛있다고 느끼는 것이다.

스탠포드 의과대학과 루실 패커드 소아 병원Lucile Packard Children's Hospital은 공동으로 어린아이들에게도 마케팅이 영향력을 미치는지 알아보는 실험을 했다. 3세에서 5세까지의 아동들에게 완전히 똑같은 치킨 너겟을 맥도널드의 로고가 그려진 상자와 아무것도 그려져 있지 않은 일반 상자에 담아 주었다. 놀랍게도 아이들은 일반 상자에 담긴 너겟보다 맥도널드 상자에 담긴 너겟이 더 맛있다고 말했다. 아이들은 그 너겟이 맥도널드 너겟이냐고 묻지 않았다. 실제로 그들은 자신들이 먹은 너겟이 맥도널드의 제품이기 때문에 일반 너겟보다 더 맛있다고 믿었던 것이다.

루실 패커드의 건강관리센터장 토머스 로빈슨Thomas Robinson은 "집에서 맥도널드 TV 광고를 많이 시청했거나 부모들과 맥도널드에 가본 적이 있는 아이들은 맥도널드 포장 상자에 든 너겟을 더 선호했다"고 말했다.

더욱 의미심장한 것은 아이들이 맥도널드 상자에 담겨 있다면 너겟이나 프렌치프라이뿐만이 아니라 당근이나 우유, 사과 주스까지도 더 맛있다고 느꼈다는 것이다. 12억 1,000만 달러의 연간 광고비는 아무 소용이 없는 것이 아니었다!

맥도널드는 마케팅 그 이상으로 연속성과 반복성이란 기제로 아이들 저녁 식탁의 신뢰를 차지했다. 맥도널드에 갈 때는 당신이 무엇을 하러 그곳에 가는지 정확히 알고 있어야 한다. 이 체인점은 욕망 기제도 이용한다. 빅맥의 이미지, 냄새, 맛을 연상하게 함으로써 군침을 흘리게 하는 것이다. 정크푸드의 유해성에 관한 수많은 경고들은 오히려 악덕을 부가함으로써 더욱 사람들의 욕망을 부채질하게 되었다. 소아비만 문제가 심각해진 것은 그리 놀라운 일이 아니다.

사람들의 기대에 부합해야 한다

신뢰를 구축하기 위해서는 시간과 노력이 필요하다. 예측 가능성은 확실성을 보장하기 때문이다. 신뢰받는 브랜드들은 조심스럽게 세부적인 부분까지 주의를 기울이고, 자신들이 조율해놓은 예측 가능성과 실행된 결과들 사이에서 일관성을 유지하는 데 엄청난 노력을 기울인다. 그러나 이에 따른 보상은 매우 크다. 바로 소비자의 충성도를 얻게 된다는 것이다.

충성은 행동과 의사결정의 강력한 발판이 된다. 우리는 특정 환경에서 무엇을 기대해도 될지 정확히 알고 싶어하기 때문이다. 자동차 보증서, 카드 지불 조건, 외과 수술 등에서는 누구도 갑작스런 돌발 상황을 겪고 싶어하지 않는다. 이런 관계에서 우리는 가장 안전한 선택을 하고자 한다. 안전은 최상의 가치이고, 놀라움은 최악의 가치다. 우리는 영속성과 안정성을 보장받고자 한다. 이것이 매년 같은 회계사 사무소를 통해 세금 신고를 하는 이유다. 회계사를 찾는 데 멋진 외모나 유머 감각은 고려 대상이 아니다. 중요한 것은 세무 신고를 무사히 잘 통과할 수 있느냐, 더는 그것에 대해 신경 쓰지 않아도 되느냐는 것이다. 매번 같은 레스토랑에서 같은 음식을 주문하는 것도 이와 무관하지 않다. 이는 놀랍기는커녕 당연한 일이다. 즉, 신뢰란 우리가 알고 있고 선호하는 것과 관계된 것이다. 우리는 자신이 기대한 대로 정확히 행동하는 사람(기업)을 신뢰한다.

예측 가능할수록 의존도는 커진다

일단 한 브랜드에 대해 특정한 기대가 확립되면 그것은 우리들의 의사결정에 일생 동안 영향을 미치게 된다. 맥도널드 같은 탄탄한 회사들은 이런 과정을 자신들의 메시지에 끼워넣는다.

신뢰받는 기업은 우리들의 일상에 특별하고 확실하게 자리매김하고 있다. 아침에 일어나서 브룩스 브라더스의 재킷을 입고, 볼보 자가용을 타고 출근하며, 회사 앞에서 스타벅스 커피 한 잔을 마신다. 스타일리시한 헤르만 밀러 책상과 인체공학적인 에이론 의자에 앉아 샤피펜으로 결제 서류에 사인을 하고, 퇴근길에 월마트에서 저녁 장을 보고, 집에 돌아와서는 마일스 데이비스 음악을 듣는다. 일이 끝난 후에 프랜시스 코폴라의 영화를 보고, 안호이저 부시 맥주를 마신다. 우리는 일상적으로 내용이 예상 가능한 확실한 것들을 선택하곤 한다.

안호이저 부시는 완벽히 예측 가능하다. 안호이저 부시의 제품 관리 시스템은 "예측 가능한 통제Predictability control"라고 불린다. 매일매일 유능한 맛 평가단이 양조장을 돌아다니며 맥주 맛의 일관성에 대해 품평하고 확인한다. 품질의 동일성을 확실하게 하기 위해 15개의 양조장에서 샘플을 추출해 생 루이 본사에서 맛을 확인하는 과정을 거친다. 이런 과정으로 인해 소비자들은 안호이저 부시의 모든 양조장과 맥주의 품질과 맛이 동일하다고 신뢰한다.

수년간 전통적인 마케팅 방식은 소비자들에게 이런 회사들이 친숙해지게끔 하는 것을 기반으로 구축되어왔다. 볼보를 몰지 않고 브룩스 브라더스를 입지 않더라도 우리들은 브랜드 이름에 기반하여 그 브랜드의 제품을 예측한다.

메시지가 예측 가능할수록 그에 대한 우리들의 의존도는 커진다. 이런 브랜드들에 대해서는 우리들이 새롭게 받아들여야 할 것은 거의 없다. 이들은 예측 범위 내에서 움직이며, 이는 편안함과 확신을 안겨준다.

또한 신뢰받는 메시지는 일관성을 지니고 있으며, 새로 투입된 추가 메시지는 기존의 메시지와 거의 상충되지 않아야 한다. 일관성을 잃는 것은 신뢰를 깨뜨리는 것이기 때문이다. 일관성을 구축하고 싶다면 메시지를 반복적으로 노출시키고, 당신의 이야기 속에서 반복적으로 언급해야 한다.

반복, 반복, 또 반복

많은 조직들이 사람들의 행동에 영향을 미치기 위해 '일관성'을 유지하고자 한다. 이 중 놀라운 영향력을 발휘하는 조직이 있다. 제품을 판매하기 위해 이 조직은 이데올로기를 판다. 조직에 대한 신뢰를 강화하기 위해 그들은 삶과 죽음에 대한 믿음을 강화한다. 그 메시지가 참혹한 것이라 해도 사람들은 그를 따른다. 이 조직은 어떻게 신뢰를 이용했을까?

왜 수백만 명이 사람들이 히틀러를 신뢰하게 된 것일까?

왜 우리는 때때로 상식적으로 납득되지 않는 메시지를 신뢰하는가? 왜 사람들은 거짓말을 하고 있음을 알면서도 그 정치가를 지지할까? 왜 어떤 사람은 쉽게 용서를 해주고 어떤 사람에게는 그렇지 못한 것일까? 왜 우리는 선전 문구에 현혹되고, 독재자를 지지하는 것일까?

이는 매우 어려운 질문이다. 그렇지만 한 가지 대답할 수 있는 것은 독재정권에서 '신뢰의 역할'을 이해해야만 알 수 있다는 것이다.

신뢰를 유지하는 것, 이것이 독재정권이 가지고 있는 1차적 믿음이다. 이 때문에 독재정권은 사람들에게 전달되는 모든 가능한 정보를 통제하고, 근본적으로 정부가 통제하는 정보만을 받아들이게 하는 것이다. 그리고 자신들의 의견을 반박하는 모든 외부의 영향력을 차단하는 데 온 힘을 기울이는 이유기도 하다.

홍보의 경우 대화의 기술이나 논리성은 그리 중요치 않다. 지지자들에게 메시지를 신뢰하라고 압력을 가하는 것이 중요하다. 그것이 홍보 전문가들이 아는 전부다.

나치의 선전전략가 요셉 괴벨스Joseph Goebbels는 신뢰 기제를 능숙하게 다루는 데 따를 자가 없다고 평가받는다. 그는 일관된 메시지를 반복적으로 노출하는 것이 신뢰를 구축한다고 생각했다.

"제아무리 멋진 홍보 전략 기술도 근본적으로 사람들이 계속 마음에 새기지 않는다면 성공할 수 없다. 메시지를 소수로 제한하고, 지속적으로 들려주라. 엄청난 거짓말을 하고 있다고 해도, 충분히 반복적으로 들려주면 사람들은 그것을 믿을 것이다. 얼마간 거짓말이 지속된다면, 미국은 그 거짓의 정치적, 경제적, 군사적 결과들로부터 사람들을 보호해야 할 것이다. 그렇게 되면 미국은 이의를 저지하는 데 온 힘을 사용하게 것이다. 진실은 거짓의 최대의 적이고, 이것이 오래 지속되면 진실은 미국의 아주 위험한 적이 될 것이다."

아돌프 히틀러Adolf Hitler 역시 거짓을 팔았다. 그는 자서전《나의 투쟁Mein Kampf》에서 "거짓이 클수록, 믿게 만들 기회도 늘어난다"고 말했다.

모든 선전은 마케팅이다

히틀러는 이것을 마케팅에 적용했다. 만약 그가 현대에서 마케팅 강의를 한다면 그는 이렇게 말할 것이다. "선전의 기술은 대다수 대중이 심리적으로 옳다고 생각하는 형태를 통해 그들의 감정과 발견에 적합한 것을 개발하는 데 있다. 이것이 대중의 주목을 이끌고 강화하는 방법이다." 마케팅이 반드시 선전이 될 필요는 없지만 모든 선전 전략은 마케팅의 일환이다.

여기에는 도덕적 절대성이 요구되지 않는다. 단 하나 절대적인 일관성만 필요하다. 반복적인 메시지와 잦은 언급은 맹목적인 신뢰를 반복 훈련시킬 수 있다. 그러나 진정한 관계는 진실과 진정성 위에 확립된다는 것을 잊지 마라.

기대에의 충족

전국 곳곳의 부모들은 유아교육 비디오 〈베이비 아인슈타인Baby Einsteins〉에 열광한다. 아이를(유아든 유치원생이든) TV 앞에 잠시 앉혀두고 설거지를 하거나 광열비를 지불하거나 혹은 잠시 쉴 때, 이 비디오는 아이들을 보다 영리하게 키워주고 언어 발달을 돕는다.

그렇지만 이는 진실이 아니다.《소아과학회the Journal of Pediatrics》의 한 연구에 따르면 "8개월에서 16개월까지의 유아들이 매일 같이 유아용 DVD나 비디오를 시청한다면 그렇지 않은 아이들보다 평균 6~7개 정도의 단어를 익히지 못하게 된다."

다스베이더와 포레스트 검프

우리들은 대상에 대한 예측이 맞아떨어지는지 여부를 통해 신뢰를 측정한다. 예측과 실제 대상의 속성이 일치할수록 신뢰는 더욱 커진다. 그리고 명성이 이것을 확고히 한다.

우리들은 동화 속 왕자들을 좋은 남자라고 생각하고 그들의 행동은 선할 것이라고 생각한다. 다스베이더나 칼리굴라, 백설공주의 계모는 악할 것이라고 생각하고, 〈다크 나이트〉 히스 레저의 조커는 타락의 표상, 포레스트 검프는 선량함의 표상으로 여긴다. 만약 이런 고정된 캐릭터들이 우리의 예상을 벗어난다면 우리는 혼란스러워하고 때로 실망할 수도 있다. HBO의 〈안투라지Entourage〉의 아리 골드Ari Gold는 예측 불가능함으로 우리의 흥미를 끌어낸다. 그러나 직장에서는 일관성이 명성을 구축하는 요소가 되며 이는 신뢰를 구축하는 기반이 된다. 예측적인 행동은 명성을 구축하지만 종잡을 수 없는 행위는 일관성을 흐트러뜨린다. 명성은 의사결정에 영향을 미친다. 사람들은 과거의 행위를 기반으로 하여 동료를 판단한다. 만약 당신의 성공이 찰나적이거나 평소와는 다른 행동을 기반으로 구축되어 있다면, 당신의 남은 시간을 신뢰를 구축하는 데 사용해야 할 것이다. 그러나 당신의 성공이 신뢰를 기반으로 한 것이라면, 당신은 의문의 여지가 있는 행동을 해서는 안 되고 사람들이 기대하는 바를 행해야 한다. 당신의 약속이 구체적일수록 일관성 있는 행동에 대한 필요는 더욱 커진다. 페덱스가 늦게 배송해준다면, 타이맥스 시계가 겉모양만 번지르르하고 제 시간을 가리키지 않는다면, 그들은 '나쁜 소문'이라는 부정적인 매혹을 만들어내며 존재 가치를 상실하게 된다. 우리가 지속적으로 신뢰를 주는 브랜드들은 우리의 기대를 만족시켜주는 것들이다.

유행 vs 신뢰

유행은 본질적으로 매우 멋지고 흥미롭게 느껴질 수 있다. 유행은 삽시간에 매혹을 끌어올리며 폭풍우처럼 지나간다. 욕망, 명성, 경고 같은 매혹 기제들은 유행에서 이득을 얻곤 한다. 그러나 유행은 변덕스러운 여인과 같다. 그것들은 전략적으로 전환되거나 계속 유지하기 어렵다.

아이콘화된 사람이나 회사에 있어 유행은 신뢰를 침식할 수 있다. 최악의 경우 신뢰를 파괴할 수도 있다. 신뢰받는 메시지들은 변덕스럽지 않다. 형광 노란색 레깅스나 가짜 모하크 머리 같은 것들은 많은 일들을 할 수 있지만 신뢰를 구축하는 데는 무용하다. 일관적인 메시지를 지속적으로 추구하는 것은 일견 쉬워 보이지만 유행의 변화, 경제 상황의 변화, 회사의 변화 등 현실 세계에서는 쉬운 일은 아니다.

패션 테러리스트 vs 패셔니스타

유행은 그 자체로는 매우 매력적이다. 그러나 이것은 신뢰의 적이다. 유행은 트렌디한 브랜드에는 장점으로 작용할 수 있지만, 아이콘화된 브랜드에는 매우 위험할 수 있다.

티파니Tiffany&Co.는 하나의 아이콘이 된 브랜드다. 한때 티파니에서 출시한 저가의 팔찌가 십대들 사이에서 선풍적인 인기를 끈 적이 있다. 이 제품의 판매량은 엄청나게 늘어났고, 티파니의 실무진들은 이것이 브랜드에 중대한 문제를 일으킬 것이라는 것을 알아챘다. '110달러짜리 호사'라고 지칭된 이 팔찌가 지나치게 대중적으로 보급된 것, 즉 '누구나 가질 수 있는 유행상품'이 브랜드가 지녀온 '차별성'을 무너뜨린다는 것이었다. 결국 티파니는 과감한 조치를 단행했다. 모든 제품의 가격을 올린 것이다. 그러나 이로써 '고급' 제품에 관한 명성과 고객들의 신뢰를 회복할 수 있었다.

기존의 메시지와 상충되는 메시지는 신뢰를 죽인다

신뢰가 깨지면 어떤 일이 생길까? 우리는 자신의 안전은 물론 신뢰 대상의 안전에 집착한다. 그리고 이러한 결속력이 깨지면 위협을 느낀다. 깨진 신뢰는 좋지 않은 영향을 미치며 다시 구축하기 위해서는 엄청난 노력과 시간, 전략이 요구된다.

만약 당신이 클라이언트에게 보고서를 월요일 오전까지 보내겠다고 했는데 정작 화요일에 보고서를 보냈다고 하자. 그렇다면 당신은 메시지(월요일 오전)와 행동(화요일 오전) 간의 불일치를 일으킨 것이다. 이것 하나만으로 신뢰를 잃게 된다고는 할 수 없지만, 당신이 말과 행동이 일치하지 않는 사람일 수도 있음을 암시한 것은 확실하다. 몇 번 더 이런 일이 발생한다면 더욱 많은 암시를 주게 되는 것이다. 결국 클라이언트의 뇌는 그동안 당신이 구축해온 일관적인 행동 방식과 그에 따른 안정감을 상실하게 되고, 당신은 이제 마감일 무렵이 되면 클라이언트의 경고 기제를 작동시키며 심기를 불편하게 하는 사람이 될 것이다. 당신에 대한 클라이언트의 매혹은 사라질 것이고 결국 최악의 경우 당신보다 더욱 신뢰할 만한 경쟁사를 찾아 떠나게 될 것이다.

이는 당연하다. 사람들은 감정적으로 안정감을 위협받는 경우 신뢰를 잃는다. 안정감이 신뢰의 주요 동력원이기 때문이다. 반대로 신뢰할수록 안정감도 커진다. 안정감이 줄어들수록 안정성을 추구하고자 하는 욕구는 더욱 커지고, 더욱 안전한 것에 매혹을 느끼게 된다. 메시지가 일관될수록, 안정성을 느끼게 된다. 메시지의 정보가 상충되면, 신뢰는 무너진다.

신뢰가 깨지면 빨리 받아들여라

실수를 했을 때, 책임을 받아들이고 이전의 기대보다 더 큰 기대를 충족시킴으로써 당신에 대한 신뢰를 증명하라. 실수에 대한 당신의 방식의 불편부당하게 합리화하지 마라. 오히려 당신의 메시지에 대한 반박들만 증가시킬 뿐이다. 잠시 동안 신뢰가 모래처럼 손가락 사이를 빠져나간다 해도, 실수를 인정하고 문제를 시정하기 위해 노력한다면 곧 신뢰를 다시 구축할 수 있게 된다.

천연 주스 오드월라Odwalla는 건강한 재료로 영양이 풍부한 제품을 만드는 것으로 포지셔닝되어 있다. 신뢰는 주스 맛이라는 욕망과 함께 이 브랜드의 주요한 기제다. 이 회사는 결코 농장에서 재배된 것이 아니라 나무에서 자연적으로 채취한 사과만을 쓴다는 '완벽한 신선함'으로 자신들의 이미지를 구축했다. 그러나 1996년 비극적인 사건이 오드월라의 신뢰를 깨뜨렸다. 안나라는 한 소녀가 오드월라 사과 주스를 마시고 대장균 감염으로 사망한 것이다. 오드월라는 즉시 자신들의 책임을 인정하고, 자발적으로 사과 주스만이 아닌 당근 주스와 야채 주스 등 시중에 유통된 모든 상품을 수거함으로써 살아남았다. 리콜 조치가 있고 5주가 지나 그들은 박테리아를 죽이기 위한 혁명적인 방식인 '신선도 유지 방식flash pasturization'을 개발했다. 유통 담당자들은 소매점을 방문하여 납품 관리자와 일대일로 대화를 나누어 제품에 대해 확신을 심어줬다. 오드월라의 CEO 윌리엄슨Williamson은 이 시기에 대해 "당시 우리에게는 적절한 위기 대처 관리 방식이 없었다. 그래서 나는 초기의 비전인 정직, 성실, 환경 보전에 대한 핵심 가치를 따르기로 했다. 우리의 첫 번째 관심사는 사람들이 마시기에 안전하고 몸에 좋은 주스라는 것이었다"라고 말한다.

타이레놀 역시 안전, 확실, 신뢰에 기반한 브랜드이다. 그러나 누군가가 악의적으로 엑스 두통약 캡슐 안에 청산가리를 집어넣음으로써 이 제품은 순식간에 죽음의 독약이 되었다. 아담 야누스Adam Janus라는 남성이 호텔 바에서 죽고, 조의를 표하기 위해 달려왔던 남동생 스탠리와 아내 테레사마저 같은 포장에 있던 약을 먹고 사망했다. 타이레놀 사는 즉시 시중에 유통된 100만 달러가량의 약품을 회수했다. 다음으로 그들은(지금으로부터 20여 년 전, 즉 인터넷이 도입되기 전임에도) 약 800가지 정도의 최신 정보를 유통시킴으로써 소비자와 회사

간에 새로운 대화의 창을 열었다. 그리고 그로부터 6개월 후 그들은 병 입구에 호일을 씌우고, 아교로 포장 상자를 단단히 포장하고, 플라스틱 실을 병 목에 감아 철저히 밀봉함으로써 신뢰를 회복했다. 그리고 유통망을 세심하게 관리했다.

중국과의 무역 조약에 대해서도 이 기제가 작용할 수 있다. 중국의 통제되지 않고, 규격화되지 않은 거래 관행들은 타이레놀의 경우와는 완전히 대조적이다. 중국은 급속도로 생명을 위협하는 제품을 만들어 내는 상황을 지속적으로 구축했고, 중국 당국은 이 문제들을 어떻게 처리해야 할지 알지 못했다. 때문에 극단적인 일이 발생했다. 예를 들면 관련자 처형이다. 《이코노미스트Economist》는 "작년 7월 세계적으로 국가와 가정에서 오점으로 얼룩진 중국산 음식과 약품에 대한 광범위한 질타가 이어지자, 행정당국은 전 식품안전국 장관을 뇌물수수 혐의로 처형했다"는 기사를 게재하기도 했다.

여기서 말하고자 하는 것은 실수를 모두 인정하고 최소화하라는 것이다. 사람들은 과거의 경험에 기초하여 신뢰도를 판단하기 때문이다. 신뢰할 수 없다고 여겨진다면, 즉시 그것에 의해 다른 매혹 기제들도 힘을 잃을 것이다.

신뢰를 촉진시키기

히틀러가 했듯이 메시지가 사람들의 마음속에 빠르게 자리 잡기 위해서는 상충되는 다른 메시지의 존재가 없어야 한다. 그러나 일반적인 경우 신뢰가 자라는 데는 수년의 시간이 필요하다. 그 메시지가 크건 작건 사소하건 중대하건 어떤 종류의 것이건 관계없다. 〈인생은 아름다워〉는 지속적으로 오랜 시간 동안 사람들에게 노출됨으로써 성공을 거두었다. 명성은 결코 혼자서 매혹적인 메시지를 만들어낼 수 없다. 신뢰를 얻기 위해서는 메시지 자체가 시간에 따라 확장되는 것이 가장 좋다. 그러나 신뢰를 촉진시키기 위해서는 오랫동안 확장된 가치를 두드려볼 필요도 있다.

신뢰 신호가 존재한다면 그것으로 돌아가라

고루하게 느껴지는 어제의 사실들이 매혹 기제로서 신뢰의 기반이 될 수 있다. 사람들은 허구보다 사실에 더욱 매혹된다. 매혹을 위해 인위적으로 무엇인가를 만들어낼 필요는 없다. 당신은 이미 매혹 대상을 가지고 있다. 단지 찾는 문제만 남았을 뿐이다. 당신의 브랜드를 샅샅이 살펴보라. 어떤 전통이나 사실이 새롭게 재창조될 수 있을까?

도시 서민층에게 인기 있는 맥아주 콜트45Colt 45는 저렴한 가격의 술이라는 브랜드 이미지를 차별화 전략으로 활용했다. 대개 큰 술병을 작은 갈색 종이봉투에 담아 가는 사실을 숨기기보다 이것을 자신들의 징표로 삼은 것이다. 작은 갈색 종이봉투를 직접 보여주는 핸드 드로잉 그림이 인쇄된 광고는 쿨한 느낌을 준다. 이 광고 캠페인은 겉으로 보기에 불가능해 보이는 것을 시도한다는 자신들의 유산을 활용한 것이다. 콜트45는 '유행에 민감한 사람들이 마시는 술'로 재포지셔닝되었다.

옛 신호에 기반하여 새로운 신뢰 신호를 만든 예는 뉴먼Newman의 오운 오가닉Own Organic 포장에서도 찾아볼 수 있다. 오운 오가닉은 이 분야에서 상대적으로 신생 브랜드지만, 신뢰라는 매혹 기제에 기반하고 있다. 남녀노소 전 연령층과 관계를 맺는 것처럼 보임으로써 말이다. 다른 경쟁자들이 전자렌지용 팝콘 포장 한 면에 대개 소비자가 왜 그 제품을 소비해야 하는지에 대한 수많은 이유들을 화려하게 장식한 것과 달리 오운 오가닉은 다른 방식을 취했다.

안전장치

이 안전장치는 갑작스레 날아오는 포탄에서 직접적인 타격을 줄여줍니다. 빨간색으로 칠해진 손 그림은 '계속하라'는 신호입니다. 표시가 나타날 때까지 전자레인지에 손을 대지 마십시오. 그렇지 않으면 팝콘이 전자레인지의 문 안쪽에서 봉투를 찢고 튀어 오르고, 강아지는 간식도 못 먹고 잠을 자야 할 겁니다. 부모님 중 한 분이 팝콘을 훔쳐갈까봐 걱정이 되시죠? 나도 그랬답니다. 이에 대해서는 로빈 후드처럼 접근하세요. 누군가가 내 팝콘을 살그머니 빼내가려고 한다면, 함께 나눠드세요. 몇 봉지를 더 만들면 되지 않겠어요? 포장에 쓰인 신호가 꺼내달라고 할 때까지는 무슨 일이 일어나든지, 그를 믿으세요. 맛있게 드세요. 그리고 이 비밀은 우리들만 알고 있도록 해요!

Nell 넬 뉴먼

위의 글은 오운 오가닉의 팝콘 포장에 쓰인 글이다. 글을 읽으면, 무엇을 말하고자 하는지 알 수 있을 것이다.

얼마나 재미있는 이야기인가! 소소하고 친숙한 이런 이야기는 우리들에게 넬의 이미지가 이렇다고 느끼게 한다. 노란색 종이, 활자체, 마지막에 직접 한 서명, 이 모든 것이 친근한 친구처럼 느껴진다. 그녀는 우리들의 신뢰를 얻었다.

게다가 글의 후반부에는 "누군가 훔쳐갈 걱정을 나도 했다"거나 "우리들만의 비밀"이라는 표현으로 우리들을 공모자로 끌어들인다. 팝콘에 대한 아주 사소한 악덕을 이렇듯 빛나게 표현한 기지에 박수를!

이런 사소한 것으로도 사람들의 마음을 사로잡을 수 있다. 간단하고 비용이 거의 들지 않지만, 사랑스럽도록 영리한 사례. 핵심 메시지를 (팝콘 포장지처럼) 이미 존재하는 대상을 이용하여 반복적으로 보여주는 것이다. 그럼으로써 신뢰를 통한 매혹 기제를 상승시킬 수 있다.

익숙한 신호를 사용하여 시작하기

노출 효과에 대해 기억하는가? 우리들은 익숙한 대상이나 상황에 끌린다. 그런 대상은 우리들이 이미 알고 있는 패턴에 잘 들어맞는다. 이런 논리는 우리가 이미 알고 있는 것과 유사한 대상을 신뢰하고 신뢰를 확장하는 이유를 설명해준다.

이미 신뢰하고 있는 대상에 대해 새로운 메시지를 연결함으로써 신뢰를 구축하는 데 드는 시간을 단축할 수 있다. 부동산 중개인은 계약 예정자에게 집을 보여줄 때 빵이나 쿠키가 굽는 냄새가 나도록 주방을 꾸며 보여주는 데 이는 구경하는 사람의 무의식적인 냄새 기억(향수)을 자극하는 것이다. 냄새는 친숙하지 않은 환경을 친숙한 신호로 바꾸어주고 즉시 자신의 집에 있는 것과 같은 감정을 불러일으켜준다.

불건전한 메시지에 끌리지 않으려면

특정 집단의 사람들이 논리적으로 평가할 수 없을 만큼 매혹적인 메시지를 개발할 수 있을까? 오컬트 문화, 정치적 과격주의자들을 생각해보면 된다. 그들은 다른 선택지들을 생각할 수 없을 만큼 자신들이 몰입해 있는 메시지를 완전히 신봉한다. 이런 메시지들에 신뢰에 끼워 넣는다면 그 메시지를 무력화하기란 거의 불가능하다.

신뢰의 어두운 측면

하나의 메시지를 다른 메시지로 대체함으로써 이롭지 못한 의사결정 습관을 바꿀 수 있다. 유해한 메시지에 매혹되어서는 안 되며, 새롭고 건전한 메시지에 반응해야 한다.

악덕 기제에서 살펴보았듯이 D.A.R.E 프로그램이 어떻게 의도한 바와 달리 아이들의 마약 남용을 부추겼는지 알아보았다. 신뢰는 악덕의 유혹보다 강하다. 신뢰받는 동료 집단의 약물 오남용 관련 경고가 낯선 교사의 권고보다 훨씬 더 설득력이 있다. 신뢰는 다른 기제들에 의해 발생하는 부정적인 행동을 감소시키거나 완전히 물리칠 수 있다.

유해한 신뢰

신뢰가 낯선 대상보다 익숙한 대상에 끌리게끔 한다면 우리들은 익숙한 메시지에 더욱 반응할 것이다. 그 메시지가 유해한 것인지 여부는 관계없이 말이다. 패스트푸드는 우리에게 매우 친숙하게 새겨진 메시지로, 결과적으로 비만이라는 부정적인 결과를 이끌어낸다. 패스트푸드를 정기적으로 먹고 자란 아이들에게는 저녁 메뉴의 선택도 패스트푸드가 당연하고, 익숙하게 오르게 된다.

앞서 아이들이 맥도널드의 포장지로 포장한 치킨 너겟을 일반 치킨 너겟보다 선호한다는 실험을 살펴보았다. 패스트푸드를 먹고 자란 아이들에게 있어 이것은 당연한 위험이 될 수 있다. 맥도널드가 본질적으로 '좋거나 나쁜' 평가의 대상이 될 수는 없다. 그러나 소아비만에 관한 문제에서만큼은 이를 배제하기 힘들다. 소아비만은 매혹의 매우 부정적인 결과이기 때문이다. 이 경우 매혹은 물론 패스트푸드다.

이미 우리들은 신문이나 여러 연구들을 통해 소아비만에 대한 내용을 접해왔다. 이 문제는 점점 더 심각해지고 있으며, 언론 매체에서 더욱 자주 다루어지고 있다. 질병관리예방센터Centers for Disease Control and Prevention에 따르면 2세에서 19세까지의 아이들 중 17퍼센트가 과체중이나 비만이라고 한다. 1980년에 비해 3배 이상 증가된 수치다. 실제로 4세에서 10세까지의 미국 아동의 거의 3분의 1이 매일 패스트푸드를 먹고 있으며, 이에 따라 매년 이 연령층의 평균 몸무게는 6파운드 이상 증가하고 있다. 결과적으로 2형 당뇨병(인슐린 저항성과 상대적 인슐린 결핍증이 합쳐진 것으로 이 환자들은 대부분 비만을 겪고 있다—옮긴이)이 증가했고, 비만을 겪고 있는 5~10세의 아동의 60퍼센트 가량이 심장 질환 위험도도 증가했다. 우리의 식습관은 그 어느 때보다 고염분, 고당분, 고지방으로 건강하지 못하다. 뿐만 아니라 게임이나 케이블 방송, 인터넷, 독서 등의 생활이 늘어나면서 운동을 하지 않고 앉아서 생활하며, 패스트푸드에 의존할 수밖에 없는 생활습관에 따라 건강을 해치는 요인들도 더욱 많아졌다. 단기적인 건강 위협에 놀라는 것 이상으로 이들이 건강에 장기적으로 미치는 영향은 매우 심각해지고 있다.

이런 문제는 단기간에 해결되지 않는다. 청소년기에 과체중이었던 사람들의 약 70퍼센트가 성인이 되어서 비만이나 과체중에 시달릴 수 있으며, 저체중을 유지하기는 거의 불가능하다. 경제 비용도 점점 심각해지고 있다. 매년 미국에서 과체중이나 비만을 겪는 성인들과 관련된 건강관리 비용 지출은 1,290억 달러에 달한다. 비만은 이제 우리 모두의 문제가 되었다.

청소년비만 문제는 민족적, 지역적, 사회적, 경제적 계층에 관계없이 광범위한 문제다. 이 문제는 특히 저소득 계층에서 급속도로 증가하고 있다. 스탠포드 대학에서 실시한 맥너겟 조사에 따르면 저소득층은 중산층보다 패스트푸드점이나 편의점을 7배 이상 자주 이용한다. 명백히 정크푸드의 확산은 건강한 생활습관을 저해하는 데 일조하고 있다. 특히 중고등학생들 사이에 퍼진 정크푸드는 주요한 방해 요인이다.

한눈에 보기에도 이러한 햄버거, 프렌치프라이, 캔디바 등이 맛있게 느껴지는 것은 무언가 잘못되어 보인다. 무엇보다도 선택권이 주어진다면 이것들을 근대나 양상추 같은 채소와 맞바꾸겠는가? '맛있다'라는 것이 맥도널드냐 맥도널드가 아닌 브랜드냐 사이에서 결정을 유도하는 요소가 아니다. 패스트푸드에 작용하는 것은 바로 신뢰다.

정기적으로 패스트푸드를 먹고 자란다면 당신의 세계는 패스트푸드가 편안하고 익숙하며 안정적인 것으로 인식하게 될 것이다. 당신은 그 맛을 신뢰하게 되는 것이다.

당신이 만약 부모의 입장이라면 (수백만 명의 부모들이 그러하듯이) 자문해보라. 건강한 음식을 패스트푸드 문화와 경쟁하게 놓아두고 싶은가? 맥도널드의 신호를 자녀의 눈앞에서 치워버리고 싶다면, 해피밀 광고를 보지 못하도록 TV 시청을 막아야 한다. 더 나아가 건강한 것과 건강하지 못한 선택지를 동등하게 이용할 수 있다고 한다면, 당신의 아이가 캔디바 대신 야채를 선택하게 할 수 있게 해야 한다.

우리 사회가 소아비만을 척결하고 싶다면 수십억 달러의 마케팅 예산을 물리치고 염분과 당도, 지방에 관한 신체의 본능적인 욕구를 억제해야만 한다. 그리고 무엇보다도 깊이 뿌리내린 신뢰 기제의 힘을 물리쳐야만 가능한 일이다. 이것은 가능하다.

패스트푸드에 길들여져 미각이 그 맛을 신뢰한다면, 그 신뢰 대상을 수정하면 된다. 어느 작은 학교 주차장에서 패스트푸드에 끌린 아이들의 미각을 되찾기 위한 시도가 시작되었다.

퇴비를 줌으로써 소아비만을 방지하다

음식 구매와 소비에 있어서 미국에서는 제2차 세계대전 이후 근본적인 변화가 일어났다. 음식을 농장에서 재배한 사람들에게서 직접 구매하기보다 패스트푸드 레스토랑 같은 판매자에게 구매하는 공정화된 과정을 거치게 된 것이다. 아이들은 대부분 음식이 어디에서 오는지에 대해 알 만한 경험이 전무한 상태에서 맥도널드에서 음식을 구매하는 경험만을 지니게 된다. 결과적으로 음식의 입수 과정에 대한 무지가 클수록 맥도널드 같은 제조업자들에 관한 아이들의 신뢰는 커지게 된다.

한 학교가 이 규칙을 바꾸려는 시도로 한 가지 프로젝트를 진행했다. 아이들에게 다른 종류의 '해피밀'을 신뢰하게끔 가르친 것이다. 이 '해피밀'은 수수께끼 같은 로고가 새겨진 포장 상자에 담겨 있는 것이 아니라 아이들 스스로가 정원에서 재배한 것이었다.

에디블 학교 운동장에서 시작된 학교 정원 프로그램은 1994년 유기농 음식 운동의 선구자인 앨리스 월터스Alice Walters에 의해 고안되었다. 아이들은 초록색 아름다운 정원에서 키워나 바질 같은 식물들을 키우고, 식물들마다 자신들이 직접 그린 글과 그림으로 푯말을 세워놓았다. 프로그램을 시작 초기에는 6학년에서 8학년까지의 아이들이 학교 주차장을 정원으로 만드는 데 참여했다. 선생님들과 학생들은 함께 땅을 일구어 아이들에게 식물이 자라는 전체 과정을 경험하게 했다. 이후 학교 정원 프로그램은 만들어진 음식물을 섭취하는 것이 아니라 직접 재배한 채소로 음식을 만들어 먹으며 진짜 음식을 즐기는 방법을 가르쳐주는 프로그램까지 실시하게 되었다.

전제는 간단하다. 아이들에게 과일과 야채가 어디서 오는지, 어떻게 성장하는지 가르쳐준다는 것이다. 양질의 토양이 어떤 모습인지, 식물을 잘 키우는 데 필요한 것들을 모으고, 탐구하며, 수분이 어떤 작용을 하는지 등 건강한 음식을 키우는 데 필요한 모든 과정을 체험하게 하는 것이다.

아이들은 가사 시간에 직접 키운 음식물을 다듬고 조리함으로써 음식이 만들어지는 전 과정에 대해 진심으로 감사를 느낄 수 있게 된다. 학교 정원 프로그램은 아이들에게 이전에는 접하지 못했던 신선한 과일과 채소들을 접하고 경험하게 한다. 결과적으로 아이들은 음식을 좋아하게 되었다. 그리고 그보다 더욱 중요한 것은 아이들이 자발적으로 정크푸드 대신 건강한 음식을 선택하기 시작한 것이다.

"학교 정원 프로그램은 아이들에게 새로운 식단을 먹이고 싶다면, 완전히 균등하게 두 식단을 선택할 권리를 주는 것만큼 좋은 것은 없다는 사실을 알려준다. 새로운 식단을 도입하고 싶다면 아이들에게 스스로 그 식단을 준비할 수 있게 해주는 것으로 원하는 것을 이룰 수 있을 것이다." 아이들이 이러한 행동 변화 프로그램에 노출될 경우, 아이들은 정보와 경험에 있어서 새로운 행동 방식을 습득하게 될 것이다. 그리하여 그들은 건강한 음식이라는 새로운 신뢰 기제를 구축하게 될 것이다.

〈뉴욕타임스〉는 이에 대해 〈치킨 너겟을 먹지 않게 된 아이들〉이라는 기사를 실었다. 앨리스는 명백히 신뢰 전략을 기반으로 행동했다. "내 방식은 패스트푸드의 제국에서 하는 식습관대로 아이들이 음식을 먹지 못하게 하는 것이 아니라, 아이들에게 다른 음식도 먹어보게 하는 하나의 마법을 발견한 것이다. 아이들은 음식과 자연적, 문화적 유대감을 느낌으로써 완전하게 음식을 느낄 수 있게 되었다."

이 방식은 유효했다. 에디블 학교 정원은 새로운 습관과 취향을 몸에 익히게 하는 교육의 중심지가 되었다. 아이들은 정원을 가꾸고, 재배일지를 기록하면서 새로운 언어를 배웠다. 경험에서 우러난 내용을 작품에 반영하기도 했다. 스페인어 시간에 아이들은 영어식 채소 이름들을 스페인어로 배웠고, 수학 시간에는 그램과 온스의 차이점에 대해 배웠다. 역사 시간에는 음식의 기원과 관련된 다른 나라의 토착 문화에 대해 배웠다. 에디블 학교 정원은 경험주의적 마케팅 기법이 최적화된 곳이었다.

학교 정원 프로그램은 단순하다. 유해한 습관들을 금지하거나 부정적인 믿음을 강조하여 금지된 열매로 아이들을 유혹하는 악덕 기제를 발생시키지 않고 기존의 부정적인 습관을 긍정적인 습관으로 대체할 수 있도록 새로운 신뢰 경험을 만든 것이다.

뿌리 깊게 내린 의견이나 믿음을 바꾸기란 매우 어렵다. 새롭고 긍정적인 메시지를 특정짓고, 그 메시지를 체험할 만한 새로운 방식들을 다양하게 개발한다면 오랜 습관을 바꿀 수 있을 것이다. 사람들은 체험함으로써 배운다. 새로운 믿음이나 습관은 다양한 방식에 의해 새로운 신뢰로 쌓이기 때문이다.

학교 정원 프로그램의 경우 아이들에게 음식은 체험학습 재료였다. 채소는 아이들의 학습 도구였고, 곧 친숙해졌다. 이론적인 데이터를 넘어서 창조성과 감정을 일깨워주었다. 그리고 축적된 경험은 새로운 신뢰를 구축할 수 있게 해주었다.

신뢰 기제가 고루해 보이는가

신뢰는 매혹 기제들 중 가장 가치 있는 기제지만 빠르고 쉽게 획득할 수 있는 것은 아니다. 티파니는 시간이 지남에 따라 브랜드의 가치가 희석되면 막대한 시간과 노력을 투입해야 한다는 것을 보여주었다. 만약 새로운 신뢰 기제를 만들어냈다면, 먼저 당신이 그것의 투자 가치를 신뢰해야 한다. 이는 신뢰받는 사람(기업)이 되기 위해 반드시 알아두어야 하는 사항이다.

개인적인 측면에서 적용하려면 메시지는 친숙한 것이어야 한다. 소통하고자 하는 대상을 타깃으로 하여 정밀하게 메시지를 만드는 것은 상대가 그와 유사한 가치와 믿음을 가지고 있는 사람들과 빠르게 유대를 맺을 수 있도록 해준다.

다른 이들을 어떤 유형으로 매혹할지 먼저 규정하라. 그 후 매혹 기제를 발동시키고 사람들을 매료할 수 있도록 지속적으로 소구하라. 신뢰는 시간이 지남에 따라 지속적이고 자연스럽게 구축될 것이다. 신뢰가 구축되는 동안 명성과 힘이라는 신뢰의 부수적인 매혹 기제들도 활성화될 것이다.

우리는 지금까지 매혹 기제들을 추상적인 개념으로 다루어왔다. 이제 우리 자신의 메시지를 현실 세계에 전파할 수 있는 실질적인 방법에 대해 알아볼 것이다. 매혹을 개발하고, 실행하고, 평가하는 방법 말이다. 당신의 브랜드에 숨겨진 보석과 잠재력을 이끌어내보자. 알고 있는 모든 데이터들(종형곡선이라든지 상징 등)을 매혹이라는 창조적인 과정 속에 집어넣어 당신의 메시지를 최상의 것으로 만들어라.

자, 이제 매혹을 시작해보자.

제3부

매혹으로 상대를 쓰러뜨려라
실전 매혹 마케팅

Fascinate

매혹의 열쇠

제1부에서 우리들은 왜 사람들이 특정 대상에 매혹
되는지를 알아보았고, 제2부에서는 매혹 기제들에 대해
상세히 살펴보았다. 자, 이제 우리의 메시지를 더욱 매혹
적으로 만들 수 있는 방법을 살펴보자.

매혹적인 아이디어는 그 자체로 소중하다. 이들은 회사의 수익을 바
꾸고 역사를 바꿀 힘이 있다. 때로 우리들은 보고서 위에 쓰인 아이디
어의 가치를 알아보지 못하고 하찮게 취급하기도 한다. 처음 마케팅
분야에서 일을 시작했을 때 나는 매혹적인 아이디어의 가치를 체험할
수 있었다.

1991년 TBWA의 본사는 메디슨가 292번지였다. 이 주소는 여전히
TBWA의 공식 문서에 쓰여 있는 주소로 여겨진다. TBWA는 국제 광
고계에서 감히 범접할 수 없는 멋진 회사 중 하나였다. 고고하고, 진지

하고, 다소 고색창연하고, 두려운 존재였다. 1991년 여름, TBWA는 앱솔루트 보드카 캠페인을 시작하면서부터 '완전한 완벽함'이라는 명성을 쌓기 시작했다. 지극히 자존감을 높여주는 완벽하게 하얀 로비, 부적절한 장식은 허용하지 않는 깔끔한 인테리어 등 어울리지 않는 요소는 모두 다 제거되어 있었다.

나는 당시 무급 인턴십 기간이었는데, 로비를 걸어 들어갈 때면 나는 세상에 나를 위협하는 것은 없다는 생각을 했다. 내가 멋지고 능력 있는 사람이라는 자신감이 있어서가 아니라 오히려 그 반대였기 때문이다. 나는 이제 갓 대학을 졸업했고, 부스스한 머리에 30달러짜리 톰 맥안Thom MaAn 로퍼를 신고 걸어 다니는 햇병아리 인턴에 불과했기 때문이다.

인턴십의 첫 주에 나는 크리에이티브 팀의 직원들은 모두 퇴근을 할 때 자신들의 파일을 책상 서랍에 넣고 꼭 잠그고 다닌다는 소문을 들었다. 왜? 누구도 그들의 아이디어를 훔칠 수 없는데 말이다. 나는 순진했지만 멍청이는 아니었다. 이는 나를 당혹하게 했다. 그들의 파일에는 대체 어떤 종류의 마법의 미약이 들어 있는 것이었을까? 만약 그 서랍 안에 다른 부서 사람들처럼 시계나 디지털카메라 등 일반적인 물건들이 들어 있다면 그리 열심히 단속을 하지는 않을 것이었다. 그 서랍 속에 든 것이 어떤 보석이든지 간에 나는 그것을 보고 싶은 욕구로 끓어올랐다.

여름 인턴십 동안 나는 카피라이터와 아트 디렉터들이 왜 아이디어에 자물쇠를 채우고 다니는지를 알게 되었다. 그 휘갈겨 쓴 글씨들은 클라이언트들이 자신들만의 특별한 마케팅 캠페인을 요구했을 때 캠페인의 씨앗이 되었다. 캠페인이 런칭되었을 때, 그것들은 시장을 재편하고, 대중문화적 이슈가 되며, 클라이언트들에게 수백만 달러의 이윤을 안겨주었다. 세계적으로 유명한 앱솔루트 캠페인도 한 장의 메모에서 탄생되었다.

그러나 당신과 내가 이 크리에이티브 디렉터들의 꽉 잠긴 서랍을 열어서 이것을 보았다면 실망을 금치 않을 수 없을 것이다. 이 아이디어들은 이제 가치가 없다. 하나의 아이디어는 단지 하나의 문제를 푸는 데 가치가 있을 뿐이다. TBWA의 이런 아이디어들은 1991년에는 대단히 가치 있었지만, 그들이 만들어낸 환경 외에서는 전혀 쓸모가 없다. 스토리보드와 미디어 계획에서는 암시장이란 존재할 수 없다.

그렇다. 아이디어는 중요하지만 그것 하나만으로, 그 자체만으로는 효용성이 없다. 아이디어가 존재하는 환경은 진공 상태가 아니다. 하나의 아이디어가 현 상황의 문제를 풀 수 있다면 소중해지겠지만, 그렇지 않다면 그냥 휘갈겨 쓴 단어 하나에 불과하다.

TBWA의 위대한 아이디어로 당신의 문제를 해결할 수는 없다. 그리고 이 책의 아이디어들 역시 당신이 처한 상황, 장애물, 목표들을 고려하지 않는다면 실제로 전혀 쓸모없는 아이디어들이 될 뿐이다. 단하나의, 어디에나 적용되는 완벽한 매혹 법칙이란 없다. 그러나 가장 매혹적인 브랜드들을 살펴봄으로써 최상의 매혹 법칙을 알아낼 수는 있다. 자, 이제 세상을 매혹할 준비를 하자.

먼저 무엇부터 시작해야 할까? 당신(혹은 당신의 팀)이 스스로 '매혹'을 창출하고 관리하기 위해서는 어떻게 해야 할까?

매혹 공격을 위한 3단계

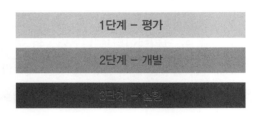

1단계는 평가 단계다. 하룻 동안 기본 컨셉과 비전을 잃지 않을 수준에서 모든 자료들을 모으라. 과거의 입지, 현재의 위치와 상황, 앞으로 추구해야 할 개념들 가능한 모두 말이다. 2단계는 개발 단계다. 이 단계는 필요에 따라 몇 시간이 될 수도 있고 며칠이 될 수도 있다. 그러나 특정한 메시지에 대해 최소한 하루 정도는 사용하는 것이 좋다. 3단계는 실행으로 일이 진행되는 과정이다. 이 단계에서는 현재의 기회와 장애에 대해 논의하는 데 하루 정도를 쓰는 것이 좋으며 팀 전체가 지속적으로 시행해야 하는 것이기도 하다.

서랍 속에 꽉 찬 소중한 아이디어들을 뒤지기 전에 재빨리 평소에 주변에 널려 있는 아이디어들을 살펴보라. 먼저 전체의 콘셉트(기준)를 움직이게 되리라고 생각지 못했던 것들에 대해 2~3일간 집중적으로 회의를 하라. 다음으로 그동안 만든 모든 문서들을 살펴보라. 비현실적인 것처럼 보인 아이디어들이 훗날 아주 실용적인 것이 될 수도 있다. 마지막으로 가볍게 커피라도 한잔하면서 쉬어라.

　당신의 현재 매혹 수준을 평가하고, 어떻게 새로운 형태의 매혹을 만들어낼 수 있는지, 그리고 앞의 두 단계에서 파악한 내용들을 잠자고 있는 아이디어들에 성공적으로 적용시킬 수 있는지 알아보자.

　먼저 당신이 만든 매혹이 청자들에게 효과적으로 작용하고 있는지에 대해 평가해보자.

F a s c i n a t e

1단계 평가

당신의 메시지는
얼마나 매혹적인가

앞서 우리는 어떻게 매혹이 사람들에게 이해할 수 없는 행동을 하게 하고, 이해할 수 없는 메시지를 믿게 하고, 좋아하지 않는 물건을 사게 하는지 보았다. 매혹 수준을 평가하는 과정은 다소 생소해 보일 것이다.

전통적인 마케팅 평과 과정과 우리들의 '공격 계획' 사이에는 차이가 있다. 일단 우리는 '메시지 자체'를 평가하지 않는다. 먼저 우리의 말과 행동하는 것을 평가하고 싶겠지만 이는 여기에서는 적합지 않다. 매혹은 우리가 세계에 대해 커뮤니케이션하고 있는 것 그 자체에 있는 것이 아니라, 세계가 우리에 대해 어떻게 커뮤니케이션하고 있느냐에 달려 있기 때문이다. 지금까지는 마케터들이 메시지를 관리해왔지만 오늘날은 시장이 그 메시지를 관리한다.

메시지들은 제1부에서 살펴본 6가지 황금률에 의해 더욱 매혹적이 될 수 있다. 그 6가지를 이용하여 우리들은 지금까지 시행해온 메시지를 좀 더 수월하게 평가할 수 있다.

자, 당신의 회사는 이런 기준을 얼마나 잘 수행하고 있는지 살펴보자.

- 강력하고 즉시적인 감정 반응을 유발하는가?
- 추종자들을 만들어낼 수 있는가?
- 문화적 유대를 만들어낼 수 있는 특정한 행위나 가치를 지속적으로 전하는가?
- 사람들의 입에 계속 오르내리는가?
- 시장을 변혁하여 경쟁자들이 당신을 따르게 하는가?
- 사회적 혁명을 일으킬 만한 실마리를 제공하는가?

각각의 경우에 적용해보자.

강력하고 즉시적인 감정 반응을 유발하는가?

불행한 사실들 중 하나는 대다수의 마케팅 메시지들은 극소수의 사람들을 자극할 뿐이라는 것이다. 그들은 사람들의 반응을 놓치지 않기 위해 움직인다. 포커 월드 챔피언십이나 랜드마크의 포럼, 제이 그노 펠리우스의 경우에서 보았듯이 강력하고 즉시적인 감정 반응은 매혹적인 브랜드의 주요한 특성이다. 그 반응이 긍정적이든 부정적이든 관계없다. 매혹적인 메시지는 그것과는 관계없다.

만약 누군가에게 부정적인 반응조차 이끌어내지 못했다면, 누구도 매혹할 수 없다. 당신의 메시지가 사람들에게 끌어내는 반응을 확인하라. 긍정적이든 부정적이든 관계없다.

추종자들을 만들어내는가?

추종자들은 전체 소비자 기반에서 작은 일부에 지나지 않으나 그들은 가장 매혹적이고 분명하게 소리를 내는 기반이며 마케팅 작업에 실질적으로 참여한다. 가위, 칼 등의 스테인리스 브랜드 피스카스Fiskars는 350년 역사를 자랑하는 핀란드의 대표 브랜드다. 이 회사는 '피스카스 패밀리Fisk-A-Teers'라고 불리는 '고객 가족' 프로그램을 만들었다. 이들은 고객들이 제품을 통해 유대관계를 맺고, 서로 제품에 관한 정보를 공유할 수 있게끔 한다. 이는 고객들에게 가치 있는 것이 무엇인지에 대한 시각을 취한 덕분이다. 사용자들이 제품을 '어떻게' 사용하는지, 새로운 제품에 대해 어떻게 생각하는지를 고려한다. 엄마, 일하는 여성, 가족들의 시각에서 생각하는 것이다. 또한 이 집단은 피스카스 제품이나 회사에 대한 커뮤니티일 뿐만 아니라 나아가 고객들 간의 대화를 용이하게 해준다. 즉, 피스카스의 충성 고객과 그들의 친구들을 모으고 회사의 마케팅 연구조사에 활용하는 것이 가능해진 것이다. 이 커뮤니티를 통해 피스카스는 출시될 제품에 대한 반응, 고객들의 시각을 측정하고 새로운 제품 아이디어 등을 모았다. 피스카스는 고객들에게 직접 말하지 않았다. 단지 고객들이 브랜드와 연관관계를 맺을 만한 방법들을 제시해주었을 뿐이다.

버번 위스키 메이커스 마크Maker's Mark는 막강한 추종자들의 힘을 보유하고 있으며, 이들은 그 브랜드 성장에 필수적 역할을 하고 있다. 추종자들의 임무는 그 위스키를 마시는 것만이 아닌 아직 마셔보지 못한 사람들에게 위스키를 마시도록 소개하고, 브랜드의 자산을 점점 더 크게 구축하도록 고무하는 것이다. 메이커스 마크는 심지어 충성 고객들에게 '앰버서더ambassador'라는 직함과 명함을 주고, 그들의 성과에 대해 보상을 해준다. 단순한 고객이 아니라 회사에 소속된 활동가들인 것이다. 당신은 이런 '전달자'들을 만들어낼 수 있는가? 그들에게 어떻게 보상을 해주고, 그들의 행동을 촉진시키고, 당신과 그리고 다른 사람들과 보다 원활하게 커뮤니케이션할 수 있는 기반을 마련할 수 있는가?

만약 현재 당신의 메시지에 이런 팬덤 기반이 없다면, 다음의 질문을 생각해보라. 무엇을 통해 누군가가 당신 회사의 티셔츠를 입지 않고는 못 배기도록 만들 수 있을까? 무엇으로 당신 제품을 구매하기 위해 몇 시간씩 줄을 서서 기다리게 할 수 있을까? 무엇으로 사람들이 당신 제품에 동일 제품에 비해 2배의 가격을 치르게 하겠는가? 할인 행사를 하지 않고도 소비자들의 사랑을 받을 방법이 있겠는가?

핵심적인 가치를 구체화했는가?
모든 사람들에게 모든 것을 해주겠다는 시도는 결국 누구에게 어떤 말도 건네지 못한다는 것을 의미한다. 매혹적인 회사들은 특정한 메시지에 집중함으로써 주목을 이끌어낸다. 홈 데포Home Depot는 '스스로 만드는 가치do-it-yourself', 파타고니아Patagonia는 '영속성', 타깃Target은 '저가의 실용의류', 노드스톰Nordstorm은 '고객 서비스', 드비어스는 '로맨틱한 경험' 등 한 가지 이미지를 소구한다. 티파니는 신뢰와 명성 기제를 유지하기 위해 당시 유행하고 있던 저가의 은 제품을 축소시키는 어려운 결단을 내렸다.

지극이 사소해 보이는 사실이 매우 큰 핵심 가치를 나타낼 수 있다. 뉴욕과 런던의 미식가들이 즐겨 찾는 테이크아웃 음식 브랜드 프레타매니저Pret à Manager는 귀리로 만든 시리얼이다. 이 제품의 경쟁력은 대부분의 제품들이 기계 믹서로 혼합되는 데 반해 4피트 길이의 나무막대를 이용해 손으로 직접 혼합된다는 데 있다. 맛과 식감이 여기서 결정된다는 것이 프레타매니저의 신념이다. 흔하디흔한 음식물이 이 작은 차이로 인해 '홈 메이드 제품' '더욱 맛있는 제품'이라는 강한 인상을 소비자들에게 심어주고 슬로푸드의 대명사로 자리 잡았다.

특정 가치를 대표하는 상징을 만들어 이런 차별화된 시각을 제공할 수 있는가? 당신의 브랜드가 가진 근본적인 자질은 무엇인가? 그것을 잃게 된다 해도 브랜드가 살아남을 수 있는가?

다음의 질문을 생각해보라. 당신의 브랜드가 지닌 핵심 가치는 무엇인가? 그것을 잃게 되면 브랜드가 몰락할 위험이 있는 것 말이다. (만약 이 질문에 대답하기가 곤란하다면 경고 기제가 즉시 발동되어야 한다.)

특정 행동이나 가치에 대한 문화적 유대를 만드는가?

초기 폭스바겐 버그Volkswagen Bug와 포르쉐 소유자들은 길거리에서 마주치면 서로 손을 흔들어주곤 했다. 이는 타인의 선택에 관한 암묵적인 인정이자 같은 선택에 대한 연대감을 유발하는 것이었다. 에어스트림 모터 홈즈Airstream Motor Homes 캠핑카는 회원 카드를 발급해주는데 이것으로 에어스트림 소유자들은 누가 회원인지를 알 수 있다. 사람들은 매혹적인 브랜드와 자신을 동일시한다. 또한 브랜드나 제품 자체는 물론 커뮤니티와 회원 간의 의견에도 동일시를 일으킨다. (광고에서는 흔히 "당신은 매킨토시를 가지고 있는가? PC를 가지고 있는가?"라는 식으로 자신들을 차별화하곤 한다.) 어떻게 하면 소비자들이 당신의 제품이나 메시지에 대해 자기 자신의 의견인 것 마냥 이야기하게 할 수 있을까?

사람들의 입에 지속적으로 오르내리는가?

사람들은 브랜드와 관계를 맺고 싶은 것이 아니라 인간관계를 맺고 싶어한다. 매혹적인 브랜드들은 사람들에게 관계를 맺을 수 있는 기회를 더욱 많이 만들어준다. 미군은 한 제품을 통해 그 제품 사용자들이 연관관계를 맺을 수 있는 방법을 고안했다. 신병의 수가 줄어들자 미군은 비디오 게임을 만들어 자신들을 긍정적으로 노출시킴으로써 잠재적인 신병 지원자들의 수를 늘렸다. 비디오 게임 〈미래의 군사 사령관F2C2, Future Force Company Commander〉은 군대를 누구도 반박할 수 없는 최첨단 조직으로 표현함으로써 고객들에게(십대 소년) 조심스럽게 전투에 관한 암시를 준다. 아이들에게 게임을 매개로 하여 군대와 연관관계를 맺게 하고 신병 모집을 증진시킬 수 있는 암시를 한 것이다.

사람들이 당신과 당신의 메시지에 더욱 많이 매혹될수록 그들은 당신과 상호작용을 할 수 있게 되길 바란다. 함께 활동하고, 당신에 대해 이야기하고, 당신에 대해 배우고, 무엇보다도 당신과 관계를 맺고, 그 안에 속한 다른 사람들과 관계를 맺고 싶어하게 된다. 당신의 브랜드를 사용하는 사람들이 서로 관계를 맺을 수 있도록 하기 위해 어떤 기회를 제공할 수 있을까?

경쟁자들이 당신의 뒤를 좇고 있는가?

종합 의류 쇼핑몰 자포스Zappos는 시장 카테고리를 재편하고 경쟁자들이 그것을 따르게 했다. 많은 소비자들이 교환의 불편함과 배송비, 두 가지 이유에서 온라인 쇼핑을 꺼리는 데 착안한 것이다. 자포스는 이런 경고의 장벽을 낮추기 위해 모든 배송 비용을 무료로 했고 이 방식은 두 가지 위험을 모두 없앴다. 자포스닷컴은 또한 고객들에게 더 많은 권리를 부여해주고(힘의 기제 촉발), 고도로 편리한 방식으로 시각화된 웹사이트와 다양한 상품 사진들(욕망의 충족)을 사용한다. 이 사이트는 비비안 웨스트우드, 모스키톤, 그 외 자포스가 선호하는 디자이너들로 구성된 '자포스 구튀르'도 운영한다. 이들로 인해 자포스는 명성을 추가한다. 결국 소비자들은 악덕의 혼합물인 여성과 신발에 대해 떠들게 되었다. 자포스닷컴의 마케팅 모델은 믿지 못할 만큼 단순하지만 다양한 기제들을 통해 혁신을 이루어내고 시장을 재편했다. 2009년 아마존은 9억 2,800만 달러에 이 회사를 사들였다.

당신의 혁신이 소비자들의 기대를 충족시켜주고 있는가? 그것으로 시장의 경쟁구도를 바꾸어 놓을 수 있는가?

사회적 혁명을 유발할 수 있는가?

사람들은 자신이 매혹된 것과 같은 메시지에 끌리는 사람들과 함께 더 큰 집단을 형성하고자 하는 욕구를 지니고 있다. 이런 집단들은 다른 사람들에게 이 메시지를 전파함으로써 문화적인 변화를 이끌어낼 수 있다. 할리 데이비슨은 모터사이클 시장에 '할리'라는 새로운 카테고리를 만들고, 혁명에 불을 지폈다.

카마이클 린치Carmichael Lynch 에이전시의 크리에이티브 디렉터 짐 넬슨Jim Nelson은 1960년대에 모터사이클에 대한 대중의 부정적인 인식에 대해 말한다. 당시 《사이클 월드》는 1퍼센트의 무법자들이 99퍼센트의 선량한 라이더들에게 나쁜 꼬리표를 달아준다는 기사를 게재했다. 즉, 실제로 99퍼센트의 사람들은 법을 준수하는 책임감 있는 시민이라는 것이다. 할리의 소유자들은 자기 스스로를 '1퍼센트'라고 지칭하면서 1퍼센트의 사람들만이 가지는 '영예'의 표식을 만들었다. 이에 대한 반응으로 혼다는 "혼다를 타는 좋은 사람들"이라는 캠페인을 시작했지만 할리족들은 '좋은 남자'로 보이고 싶어하지 않는다. 그들은 그저 할리를 타는 것을 원할 뿐이었다. (*주: 바를 운영하고 할리를 모는 한 남자가 있다. 그는 등과 어깨에 할리를 상징하는 몇 개의 문신들을 새기고 바를 온통 할리의 상징으로 채웠다. 그가 죽자 아들은 문신을 지우고, 바를 새로 개조했다. 당신의 브랜드가 소비자들에게 자기 몸에 문신을 새기게 할 만큼 매혹적인지 질문해보라. 로고는 상징보다 강력하다. 사람들은 할리 문신을 새기는 데 이는 할리가 소비자들에게 인생이 바뀌는 경험을 제공하기 때문이다. 이것이 할리족들의 정체성을 결정짓는 큰 부분이다. 그들을 규정하는 근거들 중 많은 영향을 미치는 부분인 것이다.)

자신만의 매혹 기제

우리들은 의도했건 의도하지 않았건 이미 매혹 기제를 사용하고 있다. 이들 중 특히 자신에게 적합한 주요 매혹 기제를 사용하여 다른 이들이 당신에게 끌리도록 해왔을 것이다. 주요 매혹 기제 외에 차선의 매혹 기제 역시 가지고 있을 것이다. 당신의 매혹 기제와 그 사용 방법을 명확히 규정함으로써 지금까지 살펴본 7가지 매혹 기제를 더 효율적으로 사용할 수 있게 될 것이다.

- 욕망은 감각적 기쁨을 충족시킴으로써 뇌리에 남는다.
- 신비는 답을 얻지 못한 의문에서 촉발된다.
- 경고는 부정적인 결과에 대한 위협에서 나타난다.
- 명성은 성과에 대한 상징을 통해 사람들의 존중을 얻는 것이다.
- 힘은 타인을 통제하는 능력이다.
- 악덕은 '금단의 열매'에 끌리는 것, 안정 상태를 깨뜨림으로써 나타난다.

• 신뢰는 안정감과 확실성으로 편안함을 안겨준다.

제1부와 제2부에서 매혹이 이미 우리의 행동과 의견을 어떻게 규정하는지에 대해 알아보았다. 효과적인 매혹 계획은 이 힘을 이용할 수 있게 해줄 것이다. 소비자의 행동을 움직이는 기제들을 이해하고 나면 자신만의 매혹 기제를 활용할 계획을 고안하고 그것을 늘 생각하며 매혹의 도구로 사용해야 한다. 자, 당신은 지금까지 자신에게 적합한 매혹 기제를 선택해 올바른 방식으로 사용해왔는가? 당신이 원하는 결과를 얻었는가?

올바른 화학작용이 필요하다

지금 눈앞에 화학 실험도구들이 놓여 있다고 생각해보자. 7개의 비커에는 각기 다른 재료들이 들어 있다. 욕망, 신비, 경고, 명성, 힘, 악덕, 신뢰다. 어떤 비커는 거의 바닥이 드러나 있고, 어떤 비커는 반쯤 차 있다. 한두 개 정도의 비커는 가득 차 있다. 이러한 요소들은 당신의 개인적 특성이나 브랜드 같은 요소, 화학적 공식에 따라 적절히 조합된다. 당신이 가진 이런 요소들이 완벽하게 조정되면 하나의 연금술이 발생한다. 황금보다 귀중한 '매혹적인 브랜드'라는 연금술이다.

잠재적인 매혹 기제들은 단 7가지뿐이지만 그 조합은 무한대로 확장 가능하다. 목적에 따라 섞어 사용할 수도 있고, 한 가지만 사용할 수도 있다. 어떤 요소들을 포함하고 제외할지, 혹은 단독으로 사용할지, 요소별로 어느 정도를 사용할지를 신중하게 고려해야 한다. 한 가지 요소를 더하고 빼느냐에 따라, 각 요소의 배합 정도에 따라 전체의 특성이 완전히 바뀔 수도 있다.

7개의 비커에 들어 있는 매혹 기제가 각각 어느 정도 수준까지 채워져 있는지 알아보라. 현재 지니고 있는 매혹 기제들의 각각의 수준을 파악하고 염두에 두라.

매혹 기제들의 화학작용

이 개념을 당신의 브랜드나 메시지에 적용하기 위해 먼저 몇몇 잘 알려진 브랜드를 선택해 예를 들어 보겠다. 그들이 자신들의 브랜드에 어떻게 특정한 매혹 기제를 성공적으로 활성화시켰는지를 알아보자.

욕망과 브랜드에 대한 신뢰

코카콜라, 올리브 가든(Olive Garden, 이탈리안 레스토랑-옮긴이), 레이첼 레이(Rachael Ray, 미국의 유명 요리사로 자신의 이름을 건 토크쇼를 진행한다-옮긴이) 같은 브랜드들은 유사성이 없어 보인다. 그러나 이들은 욕망과 신뢰라는 2가지 신뢰 기제를 기반으로 음식 업계의 주류로 떠올랐다. (크래프트 푸드의 제품들은 거의 대개 올리브 가든과 같은 공식을 따르고 있다.)

이 브랜드들은 욕망과 신뢰에 더해 각기 다른 차선의 매혹 기제를 사용한다. 앞서 살펴보았듯이 코카콜라는 신화에 기반한 신비 기제를 이용하며, 올리브 가든은 예약제나 일별 한정 요리 등 경고 기제를 사용하기도 한다. 레이첼 레이는 기존의 요리법을 뒤엎는 악덕 기제를

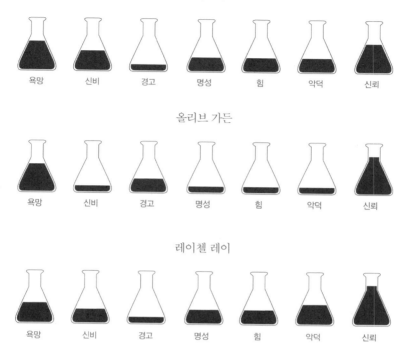

사용한다.

트랜드 중심의 브랜드들

욕망과 신비 기제를 조합한 것과 대조적으로 트렌드를 활용하는 브랜드들은 신뢰가 지닌 영속성과 안정성을 강조하기보다는 다른 기제들을 사용해 소비자들에게 다가간다.

W호텔 체인은 광범위하게 흩뿌려져 있던 메시지를 최소화하고 "날

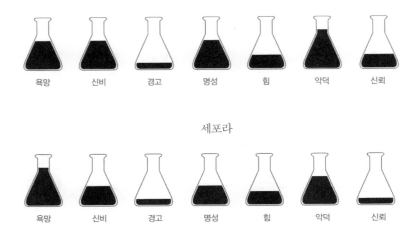

유혹해줘요"라는 다소 노골적인 콘셉트로 소구한다. 카피는 당신에게 "은밀한 우리들만의 약속을 지키려면 내 방에 몰래 들어와보라"는 메시지를 전달한다. 이미지를 통해 샴페인 술병과 늦은 시간의 체크아웃을 암시하는 이 광고는 우리들을 일탈의 짜릿함을 선사해줄 즐거운 불장난을 제공함을 암시한다.

세포라Sephora 내부를 본 적이 있는가? 이 트렌디한 화장품 상점은 결코 샘플 제품을 제공하지 않지만 향수, 메이크업 키트, 기초 화장품 등에 최신 트렌드를 잽싸게 반영하고 화장품으로 할 수 있는 모든 다양한 실험을 한다. 세포라와 W호텔은 시장이 다르지만, 그들의 마케팅 기법은 비슷하다. 누구도 줄 수 없는 탐닉과 실험정신, 삶의 질을 상승시켜준다는 메시지다.

각각이 필요한 매혹 기제는 모두 다르다

페덱스는 경고 기제를 사용한다. 빨리 도착하지 않을 경우 당하게 될 부정적인 결과들을 보여줌으로써 소비자들에게 기꺼이 특송료를 지불하게 하는 것이다. 디즈니월드는 신비를 기반으로 한 이야기로 우리들에게 다가온다. 여기에 방문객들은 매우 멋진 경험을 하게 될 장소로 들어간다는 생각을 하게 한다. 게다가 그 경험에 대한 신뢰 역시 충족시킨다. 내가 십수 년 전에 겪었던 즐거움을 내 아이 역시 누릴 수 있다는 신뢰 말이다.

그럼 매혹을 발현시키지 못하는 브랜드(제품)는 어떨까? K마트는 매혹을 거의 제공해주지 못한다. 가끔 할인 문구로 경고 기제를 사용

K마트

욕망 신비 경고 명성 힘 악덕 신뢰

할 뿐이다. "K마트 고객들은 주목!"이라든가 "○○제품 특별 한정 세일" 같은 식상한 문구들뿐이다. K마트의 이런 경고 기제는 거의 유효하지 않다. (주주들에게는 경고 기제가 확실히 통하는 것 같지만 말이다.) K마트는 타깃 고객들의 공포를 다른 기제와 결합시킬 줄 모른다. 욕망이나(최신 아이콘의 마케팅과 디자인) 명성(대중적인 브랜드에 비해 고품격 스타일), 악덕(디자이너 상품을 합리적인 가격으로 살 수 있다), 또는 신뢰(브랜드가 좋은 질을 유지한다) 같은 기제들 말이다. 대신 타깃 고객들에게 널려 있는 욕망을 포함한 '적당적당한' 스타일을 보여줄 뿐이다.

원형과 슈퍼 히어로

7가지 매혹 기제들은 어떤 메시지든, 어떤 사람에게든 적용할 수 있다. 만화책의 주인공인 슈퍼 히어로에게까지 말이다.

현실 세계에서는 슈퍼맨과 스파이더맨이 싸우는 것을 볼 수 없다. 그러나 우리들은 이 두 주인공의 매혹 기제를 분석해서 그것을 상상할 수는 있다. 전형적인 미국형 히어로인 슈퍼맨은 멋진 외모와 행성도

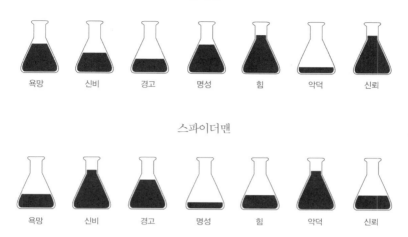

폭발시키는 능력, 렉스 루터를 물리치는 정의의 상징이다.

　반면 스파이더맨은 다크 히어로다. 얼굴을 전부 가리고, 거미줄을 타고 기어 다니며, 거미의 감각을 지니고 있는 그는 다른 매혹 기제들을 일깨운다. 그는 항상 정의의 임무를 완수하는 것이 아니고, 때로는 경찰에 체포되기도 한다. (또한 클라크 켄트처럼 매너남도 아니다.) 그러나 이 악덕과 신비 기제는 1962년 이래로 우리들을 사로잡아왔다.

F a s c i n a t e

2단계 개발

매혹을 창조하고 강화하라

지금까지 매혹을 발생시키고, 발생된 매혹을 측정하는 방법을 살펴보았다. 이번 단계는 다른 이들을 매혹할 새로운 방법을 개발하는 단계다. 이제 당신만이 지닌 창조성을 발현해 보자.

매혹의 상징

어떤 종류의 브랜드든 어떤 종류의 메시지든 우리들은 이미 매혹의 원료를 가지고 있다. 나는 이것을 '매혹의 상징'이라고 부른다. 그것들은 우리가 나타내는 상징이기 때문이다. 우리는 정확히 어떻게 매혹되는가? 7가지 잠재적인 영역을 알아보자.

- 목적: 존재의 이유. 브랜드로서의 기능

- 핵심 믿음: 당신을 이끄는 가치와 법칙의 신호. 당신이 나타내고 있는 것
- 유산: 당신의 평판과 역사. 현재에 이르기까지에 대한 뒷이야기
- 상품: 판매하고자 하는 제품, 서비스, 정보 등
- 이득: 구매로 인한 보상에 대한 약속. 확실하게 보이는 것과 관념적인 것, 외적인 것과 내적인 것 등
- 행동: 실행 방법
- 문화: 당신이 지닌 모든 특성의 조합. 개성, 행동 방법, 심리 상태 등

상징은 직원, 고객, 충성 고객 집단 등이 당신에 대해 규정할 수 있게 해준다. 당신을 통해서일 수도 있고, 상품 사용을 통해서일 수도 있다. 상징은 사람들을 당신에게로 이끌며, 그들에게 소속감을 부여하거나 혹은 주인의식을 갖게 해줄 수도 있다. 상징을 찾아라. 그리고 그것을 조직적으로 구축하고 확장하라.

새로운 상징을 만들기

7가지 유형의 상징을 하나씩 실행해보라. 각각에 대해 가능한 모든 조합을 생각해보라. 먼저 '목적'에서 시작하여 관련 단어, 아이디어, 조합, 재료들, 의도, 임무 등 모든 것들을 나열해보라. 개념이 세부적일수록 좋다. 그다음에는 핵심 믿음, 유산, 상품 등 앞서 이야기한 7가지 영역에 대해 같은 과정을 반복하라. 어떤 유형이 드러나는가?

- 유산: 나이키의 명함에는 '아하'라는 문구와 함께 와플 틀이 그려 있다. 창립자인 빌 바우어만Bill Bowerman이 아내의 와플 틀에 고무를 쏟았을 때 나이키의 오리지널 레이서 밑창 디자인이 탄생했기 때문이다.

- 핵심 믿음: 게이코GEICO의 동굴인caveman 캠페인 등으로 유명한 광고대행사 마틴 에이전시는 수평적인 회사 문화로 유명하다. 새로운 캠페인을 고안할 때, 그들은 2층 높이의 둥근 회의실을 먼저 만든다. 중요한 프레젠테이션이나 회의가 있을 때 모든 직원들이 참여할 수 있게 한 것이다. 회의실은 미학적으로 멋질 뿐만 아니라 회사의 중심 가치를 보여주는 상징이기도 하다. 사람들은 그곳에 있음으로써 자신이 누구인지, 무엇을 위해 그 자리에 있는지에 대해 오류를 범하지 않게 된다.

- 문화: 매혹의 상징들은 20세기의 공식적인 마케팅 기법이 생겨나기 훨씬 전에 시작되었다. 16세기까지 당근은 보라색이나 붉은색으로 표현되었다. 17세기에 오렌지 명가라고 불리는 한 네덜란드 왕족이 '자신들의 강력한 영향력'을 체현하기 위해 '브랜드 캠페인'을 만들 때까지 말이다. 그들은 큰 깃발에 기발한 장식을 달아 자신들을 표현했는데, 여기에 네덜란드가 가장 선호하는 야채인 당근을 통해 자신들을 국가적 상징으로 만들기 위한 방식을 고안해 넣었다. 즉, 당근을 자신들의 색상인 오렌지색으로 표현한 것이다. 이후 당근 색은 오렌지색이 되었다라는 이야기가 전해 내려온다.

7가지 매혹 기제에서 사용될 상징들이 떠올랐다면, 이제 새로운 상징을 만들어낼 때다. 목적을 종형곡선으로 표현해본다고 상상해보자. 종형곡선의 좌측에는 평범하기 그지없는 상품의 조합들이, 중간에는 다소 흥미 있는 조합들이, 우측에는 매우 특별한 조합들이 자리하게 해보자. 일반적인 목적 상징들은 중심 부분에서 찾을 수 있다. (그것들이 매혹적인 메시지에 대한 황금률을 충족시키지 않기 때문이다.) 그러나 우리의 목적은 아웃라이어가 되는 것임을 잊지 마라.

《아웃라이어》의 저자 말콤 글래드웰Malcom Gladwell은 '아웃라이어 outlier'에 대해 "평범한 경험 외부에 자리한 사물이나 현상을 묘사하는 과학적인 용어"라고 정의했다. 우리의 목적은 자신만의 아웃라이어를 창조하거나 발견하는 것으로 평균에서 벗어난 상징을 만드는 것이다. 이는 매혹의 황금률의 기준을 충족시키며 사람들을 극단의 매혹으로 이끈다. 만약 중심에서 벗어난 3가지 일탈 기준을 지닌 아웃라이어를 발견했다면, 그 대상으로 향하라.

상징을 만들고 확장하라

이번 장에서 알아본 모든 것을 이용해 아웃라이어적인 메시지를 발견해보자.

　1. 자신만의 상징을 목록으로 작성해보라. (단, 흥미롭고 잠재력이 있

는 것이어야 한다.)

2. 매혹적인 브랜드의 특징을 평가하라.

3. 아이디어를 종형곡선으로 그려보라.

4. 상징에 주요 매혹 기제들을 불어넣어 종형곡선의 외곽에 상징을 위치시켜보라.

5. 상징에 새로운 매혹 기제들을 불어넣어 종형곡선의 외곽에 상징을 위치시켜보라.

6. 이런 상징들을 토대로 메시지를 개발하라.

이제 우리는 매혹 기제들을 새로운 상징으로 만들어내거나 그를 확장하는 데 적용해볼 것이다. 이것을 종형곡선으로 그리고, 머릿속에 떠오른 하나의 상징에 대한 모든 아이디어를 다시 새로운 종형곡선으로 그려라.

예를 들어 먼저 전대로부터 물려받은 상징을 사용해보자. 당신이 물려받은 유산은 본질적으로 매혹적일 수도 있고 그렇지 않을 수도 있다. 그렇지 않다면 다음 상징으로 넘어가라. 그것이 물려받은 상징을 더욱 매혹적으로 만드는 방법을 찾는 것보다 낫다. 18세기에 시작된 유구한 회사의 역사나 시대의 아웃라이어인 창립자에 대한 이야기 등 주목할 만한 것이 있다면, 이런 상징들은 매혹 상징 지수에서 매우 높은 점수를 받을 수 있다. 어제 막 사업을 시작한 소프트웨어 회사는 강력한 유산 상징을 사용할 수가 없다. 그러나 유산이 없다고 해서 매혹의 상징을 만들어낼 수 없다는 말은 아니다. 상징의 매혹 수준을 증가시키기 위해 당신이 지닌 다른 매혹 기제들을 더 적용해보자. 이 과정을 앞서 본 7가지 매혹 상징 영역에 적용해보자.

평범한 상징을 취하고, 그것을 아웃라이어로 보이도록 조금씩조금씩 밀어붙이면 어떤 일이 발생할까? 시어스Sears는 '상품' 상징을 도입했다. 해당 상품의 카테고리에서 '대체보증'을 도입한 것은 시어스가 처음이었다. 해당 상품 제조자의 이름을 실명으로 기입하여 '책임 품질 보증제'를 실시한 것이다. 이 새로운 방식은 다른 경쟁자들이 제공하듯이 1년 혹은 10년 정도의 기간이 있는 것이 아니라 '평생대체보증'을 해주는 것으로 이는 신뢰라는 강력한 상징을 만들어냈다. 시어스는 시장에서 기존에 존재했지만 그 이상을 해줌으로써 아웃라이어가 되었다.

상징이 특별할수록 매혹은 커진다

당신이 속한 시장에서 아웃라이어가 되고자 하는 만큼 당신은 사람들을 매혹할 수 있다. 리츠 칼튼 호텔은 고객 서비스 업계의 아웃라이어다. 공식적으로 언급된 것은 아니지만 리츠 칼튼의 직원들은 고객의 문제를 처리해주는 대가로 2,000달러의 팁을 보장받는다. (이는 명성 기제에 신용을 확신시키는 신뢰 기제가 빈틈없이 맞물려 있기 때문에 가능한 것이다.) 리츠 칼튼처럼 최상의 명성, 그들을 대체할 만한 것이 없다고 여기게 하는 것, 혹은 대안이 있다 하더라도 그것이 차선책이라고 소비자들이 생각하게끔 만들어야 한다.

유명한 나이트클럽 역시 상징의 극한에 위치할 수 있다. 달리 말하면 떠오르는 명소는 그 자체로 매혹이 될 수 있다. 라스베가스의 호텔 라운지에서 레미 마틴 루이 13세Rémy Martin Louis XIII 코냑과 로어데어 크리스털 샴페인Roederer Cristal을 섞어 만든 칵테일 럼 정글Rum Gungle 온 더 락스의 가격은 8,200달러다. 1.5캐럿 다이아몬드 귀걸이 한 쌍과 맞먹는 가격이다. 그 어떤 불로장생약이라고 하더라도 지불하지 않을 만한 가격이지만 이 브랜드는 승승장구하고 있는 중으로 매혹의 가치를 보여준다.

처음부터 한계를 생각지 마라

크리에이티브를 발견하는 과정에서 할 수 있는 한 종형곡선의 최외곽까지 생각해보라. 시장에 메시지를 내보낼 때 대부분의 경우 우리들은 가장 강도 높은 메시지를 보내지는 않는다. 지나치게 극단적인 것은 옆길로 빠질 수 있다. 여기서 개발해야 하는 것은 단순한 아이디어를 쌓는 단계부터 이런 것들을 걱정해서는 안 된다는 것이다. 모든 측면에서 약간의 장점을 지니고 있는 것보다 한두 가지 측면에서 예외적인 특성을 가지고 있는 것이 낫다.

자신만의 아웃라이어를 만들어내라

주요 매혹 기제를 알고 있다면 그것을 어디까지 밀어붙일 수 있을까? 만약 당신의 매혹 기제가 명성이라면 그것을 어떻게 가장 효율적으로 체화할 수 있을까? 이 단계의 목적은 당신이 종형곡선의 한계를 어느 곳까지 확장할 수 있는지를 알아보는 것이다. 상징이 특별할수록 매혹은 더욱 커질 것이다. 최고의 아웃라이어는 다른 대상들과 예측할 수 없을 정도의 엄청난 차이를 보인다. 가능성을 확장함으로써 과거의 약점은 사라지게 된다. 이전에 행했던 것, 이전의 경쟁자들이 행했던 것들을 버리고 앞으로 나아가라. 아웃라이어의 극한에서 최상의 주목을 이끌어내는 상징들을 개발할 수 있게 될 것이다.

당신이 기저귀 시장의 선도주자라고 해보자. 당신의 제품은 절대 새지 않고, 날개가 부드러운 나일론으로 되어 있는 등 최고의 질을 자랑한다고 해보자. 이런 제품적 이득은 반드시 필요하다. 그러나 상징적 측면에서 당신의 브랜드는 매혹적이지 못하다. 상징은 종형곡선의 정확히 중앙에 위치한다. 어떻게 매혹적인 상징을 만들어낼 수 있을까? 만약 그웬 스테파니의 L.A.M.B 마크를 부착한다면, 명성이 활성화될 것이고(기제), 사람들의 대화 주제가 될 것이다(검증). 이것이 당신의 상징이다. 만약 환경보호가가 여행할 때 사용하는 기저귀라고 한다면 신뢰가 활성화될 것이고(기제) 사회적 혁명을 일으킬 수도 있다(검증). 기저귀 겉면에 아이가 오줌을 싸서 젖는 경우 색이 변하는 시각적 이미지를 인쇄해 넣는다면, 호기심이라는 신비 기제가 활성화될 것이다. 그리고 긍정적이든 부정적이든 그에 대한 사람들의 감정 반응을 이끌어낼 것이다(검증).

만약 이런 과정을 시작하고, 일반적인 기준을 바꾸어놓는다면 어떤 일이 일어날까? 비할 바 없는 차별점을 제공할 방법을 규정해보라. 리츠 칼튼 호텔이 하듯이 기대 수준을 새롭게 설정할 방법을 찾을 방법은 무엇일까? 만약 소비자들에게 "멋진걸! 이 회사는 날 위해 이 제품을 만든 게 분명해"라는 찬탄을 이끌어내며 사람들의 입에 오르내린다면 성공한 것이다.

브랜드가 성장할수록 새로운 매혹 기제가 필요하다

그 자체로 적합하지 않아 보일 것 같은 매혹 기제가 다른 기제를 돋보이게 해줄 수 있다. 두 기제가 결합됨으로써 전체 메시지가 더욱 강렬해질 것이다.

만약 당신의 주요 매혹 요소가 명성이라면, 경고 기제를 고려해보는 것은 어떤가? 주요 기제가 욕망이라면, 힘 기제를 어떻게 증가시킬 수 있을까? 어떤 환경이 당신의 다른 매혹 기제들을 전체적으로 끌어올릴 수 있을까?

마케팅과 매혹은 목적지가 아니며 계속 진화하는 과정이다. 매혹 기제를 어떻게 사용할지, 어떤 매혹 기제를 선택할지 당신만의 방식을 찾아내라. 브랜드가 성장하면서 특정 단계가 되면 한때 고객들을 끌기에 유용했던 기제가 약화될 수도 있다. 이는 고객의 변화, 시장의 진화, 기술 진보 등에서 원인을 찾을 수 있다. 해리 윈스턴 다이아몬드는 오랫동안 멋지게 명성 기제를 사용했지만, 새로운 경쟁자들이 부상하고 고객들이 명성에 대한 태도가 변화함에 따라 브랜드의 명성을 다시 규정할 필요성이 생겼고, 결국 그들은 힘 기제를 결합시켰다. 어떤 경우에서든 적절한 방식으로 변화해야만 한다. 당신이 사용하는 기제 역시 마찬가지다.

아베크롬비 앤 피치는 오드콜로뉴 향기가 풍기는 매장과 섹시하지만 중성적인 매력의 모델들로 욕망을 통해 매혹을 유발한다. 말보로 맨은 한때 타깃 고객으로 여성을 공략한 적이 있다. 여성 타깃을 남성 타깃으로 바꾸면서 브랜드 전환을 시도한 것은 중대한 도전이었다. 특히 1940년대에는 말이다. 그러나 이는 미국을 상징하는 하나의 아이콘이 되었고, 그들은 남성만을 대상으로 하여 신뢰를 구축했다.

클럽 메드는 "문명으로부터 탈출"이라는 캐치프레이즈를 사용하여, 야성적 스트리킹을 교묘히 연상시키는 자신들의 이미지를 만들었다. 수년간 클럽 메드는 수많은 문명화된 관념들(부부 간의 정절 서약, 온건주의 등)에 시달려온 우리들을 해방시켜주는 장소였다. 캐치프레이즈 자체가 악덕을 암시하는 것이었다. 그러나 정치적 기후가 우파쪽으로 흘러가면서, 클럽 메드는 기존의 관념을 흔드는 일을 그만뒀다. 이들은 돈이 있는 방향으로 선회했다. 즉, 부모, 가족, 명성 집단(유유자적한 국제 부자들의 모임이라든지)을 매혹하기 위한 욕망 기제(어디서나 맛볼 수 없는 음식, 멋진 풍광, 스파 서비스 등)를 충족시키는 것으로 콘셉트를 바꾼 것이다.

만약 당신의 매혹 기제가 신뢰라면 영속성을 기반으로 한 명성을 구축해야 한다. 신뢰는 지루하게 느껴지거나 뻔한 것으로 여겨질 수 있다. 만약 경고 기제를 약간 추가하면 어떻게 될까? 메시지에 흥미를 유발할 정도만 긴급성을 부여하고 행동을 촉구해주는 경고 기제를 추가하면 어떨까?

만약 약간의 욕망 기제를 더한다면 당신은 사람들을 더욱 가깝게 묶어주고 참여도를 증가시킬 수 있을 것이다.

만약 현재 사용하는 기제가 명성이라면 사회적 계급이 올라갈 수 있다. 그러나 지나치게 동떨어져 보이거나 타깃 대상들이 불편함을 느낄 만큼 받아들이기 힘든 메시지가 되지 않도록 유의해야 한다.

신비는 사람들이 대상에 대해 궁금해하고, 질문을 유발하며, 더 알고 싶어하고, 자신들이 알고 있는 것을 공유하게 만든다. 이런 호기심은 복선을 추측하고 지위를 의식하는 사람들의 이탈을 막는다. 이에 더해 명망 있는 브랜드들은 새로운 커뮤니케이션을 고안할 때 엄청난 주의를 기울여야 한다. 임의적인 정보가 기존의 메지시를 가릴 수도 있고, 기존의 기대를 충족시켜줄 수 없게 될 위험이 있을 수도 있기 때문이다. 신비는 명성 기제를 강화해줄 수 있지만 내보낼 정보를 잘 판단하여 필요한 최소의 것만 노출시키도록 각별히 주의를 기울여야 한다.

힘 기제를 추구하고 있는가? 힘은 다른 것들과 결합하기 좋은 기제 중 하나다. 그것이 추진력을 구축해주기 때문이다. 그러나 힘 기제를 보유한 메시지는 자칫하면 지나친 우월감으로 협동심을 무너뜨릴 위험이 있고, 결속을 지나치게 강화하거나 흐트러뜨릴 수도 있다. 청자들을 위협하는 것을 피하려면 욕망을 한두 방울 떨어뜨려 메시지의 접근성을 높일 수 있다.

만약 메시지가 고리타분하고 신선하지 않다면, 악덕을 한두 방울 떨어뜨릴 수도 있다. 청자들에게 메시지에 대해 재고해볼 수 있는 대안을 제시해주기 때문이다. 이런 류의 자극은 식상한 메시지를 새롭게 경험시켜줄 수 있다.

그러나 포지셔닝을 재고안할 때 당신의 브랜드에 합당하고, 억지로 이어붙인 흔적이 남지 않게끔 해야 한다. 그렇지 않다면 충성 고객을 놓치게 될 수도 있다. 본래 지닌 핵심 가치는 당신의 매혹 자산이 유래된 곳이다. 기제를 바꾸고자 한다면 핵심 가치들을 반드시 붙들어라.

기존의 매혹 기제에 새로운 기제를 결합하라

콜 한Cole Haan은 명성 기제를 유산으로 받았다. 콜 한은 소비자들에게 잘 만들어진 질 좋은 제품이라고 생각됐지만 구찌나 지미추처럼 트렌디한 명성을 지닌 브랜드로 대우받지는 못했다. 욕망 기제가 미흡했기 때문이다. 콜 한은 모회사 나이키에서 새로운 기술을 가지고 왔다. 그리고 완충제가 들어 있는 12센티미터 굽의 하이힐을 고안했다. 이 발명으로 하이힐은 더 이상 걷는 일이 거의 없는 명사들의 전유물이 아니게 되었다. 걷는 것을 좋아하는 여성들도 하이힐을 신을 수 있었다. 명성 기제가 욕망 기제와 결합한 것이다. 〈오프라 윈프리 쇼〉에 한 번 방영된 이후 이 하이힐은 전국에서 매진 행렬을 이루었다.

7가지 매혹 기제들을 잘 살펴보라. 각각의 것들은 당신이 선택한 주요 매혹 기제와 결합할 잠재력을 지니고 있을 것이다.

매혹 기제를 전환할 때

만약 매혹 기제를 바꾼다고 해도 (광범위하고 세심하게 조사한 결과를 토대로 한 것이 아니라면) 결코 핵심 가치를 잃어서는 안 된다. 제아무리 트렌드에 적합한 것이라고 해도 핵심 가치를 혼동해서는 안 된다. 인기 있는 셰프이자 스타 CEO인 볼프강 퍽Wolfgang Puck의 회사는 높은 수준의 욕망 기제(먹고 싶은 음식들)와 명성 기제(캘리포니아 퀴진의 발명, 스파고 같은 유명 레스토랑들)를 사용해왔다. 그러나 최근 퍽은 자신이 사용하는 매혹 요소 중 한 가지를 다른 것으로 교체했다. 그러나 슈퍼마켓 수프, 피자, 기내 음식 등을 출시하면서도 그는 더 넓은 시장에서 자신의 브랜드가 지닌 핵심 가치를 잃지 않았다.

소비자들이 제품을 구매할 때 그들이 실제로 구매하는 것은 그 상품의 유용성보다 그 상품이 지닌 '매혹'이다. 제품에 가격을 지불하고 나서 그 제품이 기대한 매혹을 충족시켜주지 못한다면 반동이 커진다. 명성 기제를 기반으로 한 브랜드의 신제품 금 귀걸이가 금도금 제품으로 만들어졌다면, 브랜드의 명성은 급격히 추락할 것이다. 혀가 데일 정도로 매운 '핫소스' 제품을 판다면 한 무더기의 하바네라를 깜빡 잊고 넣지 않을 때 역시 경고 기제의 힘이 급속히 떨어질 것이다.

켈리 클락슨Kelly Clarkson이 〈아메리칸 아이돌〉에서 첫 번째 영예의 대상을 받게 되었을 때, 그녀의 팬들은 자신들의 여신이 미국 팝계의 신데렐라가 되리라고 기대했다. 그녀는 그 역할을 매우 잘 이행했으며, 슬픈 노래를 부르고 있을 때도 자신이 가진 소녀풍의 이미지를 충실히 보여주었다. 그리고 3집 음반 〈마이 디셈버My December〉를 출시하면서 세계 시장에 변화구를 던졌다. 어둡고, 거친 이미지의 켈리는 이 앨범으로 팬들을 열광시키는 데 실패했고, 비평가들 역시 예전의 켈리로 돌아가라고 여기저기서 떠들어댔다. 티켓 판매 부진으로 켈리는 전국 투어를 취소했고, 열풍이 가신 후에 새로운 기획사를 찾아야 했다. 그녀는 새로운 이미지를 바랐지만 그녀의 팬들이 원하는 것은 친근한 이미지의 신데렐라였던 것이다. (*주: 나이든 록 스타들이 전성기에 하던 헤어스타일과 이미지를 고수하는 것은 그리 놀라운 일이 아니다.)

2009년 페이스북 사용자들이 최근 가장 마음에 들지 않는 '이미지 변화'가 무엇인지에 관한 투표를 했을 때 그녀의 이미지 변화에 대한 악플은 한눈에 보기에도 엄청났다. 변화를 되돌리라는 야유가 페이스북 게시판을 도배했다. 사람들은 자신들이 주목하고 있던 특정 기제들이 유지되지 않는 것을 극단적으로 싫어했다. 이들의 관심을 잃는다면 최악의 경우 신뢰를 상실하게 될 것이다. 지지 기반을 잃는 정도는 그나마 가장 나은 상황일 것이다. 최악의 경우 대중들의 분노에 불을 지피게 될 수도 있다.

시간이 지남에 따라 메시지를 진화시키는 것은 반드시 필요하다. 그러나 사전 경고 없이 매혹 기제를 완전히 바꾼다면 대중의 경고 기제를 촉발시켜 반발을 불러올 뿐이라는 것을 명심해야 한다.

F a s c i n a t e

3단계 실행

삶에 매혹을 선사하라

지금까지 매혹을 실행하고 각각의 기제를 응용하여 새로운 아이디어를 개발하는 법을 알아보았다. 이제 지금까지 살펴본 모든 전략을 반영해보도록 하자. 클라이언트와 일을 할 때 이 단계는 가장 고객의 특성에 맞추어야 하는 부분이다. 상품이든 브랜드든, 기업이든 개인이든 각각의 대상은 각기 다른 특성을 지니고 있기 때문이다. 여기에서 개발할 당신만의 매혹의 무기는 그 누구의 것과도 같지 않고 전적으로 당신만의 상황에 맞추어야 하는 것이다. 아이디어들이란 그 아이디어가 놓인 상황에 부합해야만이 최적의 효과를 발휘할 수 있기 때문이다. 때문에 여기에서 알아볼 것은 하나의 완벽한 계획이 아니라 그 계획을 구축할 수 있는 기본 법칙들이 될 것이다.

주요 타깃 고객들에게 새로운 계획을 적용하기 전에 먼저 당신의 팀(회사) 내에서 매혹의 힘을 발휘할 수 있는지 먼저 알아보라.

내부의 지지자들을 구축하라

일단 주요 타깃 대상이 메시지에 유대감을 느낄 수 있게 되는 부분이 어디인지, 그렇지 못하게 방해하는 숨겨진 장애 요소들은 어디에 있는지 먼저 명확히 규정해야 한다. 그리고 잠재적인 상징들을 일렬로 늘어놓고, 멋진 아이디어를 매혹적인 아이디어로 만들 아웃라이어적 시각도 준비해두라. 그러나 이것으로 충분할까? 당신의 메시지를 지지해줄 내부 지지자들이 필요하다.

메시지가 살아남기 위해서는 그 메시지를 지지하는 사람이 반드시 필요하다. 아이디어가 제시되었을 때 매혹은 당신이 말한 메시지에 달려 있는 것이 아니라 당신에 대해 다른 사람이 말하는 것에 달려 있다. 내부의 지지조차 받지 못한다면 외부 사람들을 설득하기란 거의 불가능하다. 또한 내부 지지자들은 당신이 생각지 못한 매혹의 또 다른 측면을 끌어내고, 약점을 강화하는 방향을 제시해줄 수 있다.

매혹 계획을 다른 사람들과 공유하라

새로운 아이디어가 도출되면 파트너, 클라이언트, 투자자, 이사진 등 승인권자들 중에서 아이디어를 옹호해줄 사람을 만들어야 한다. 처음에 매혹적인 아이디어들은 위험 부담이 있어 보이기 때문에 반대하는 사람들을 현명하게 조정하는 단계가 필요하다.

첫째, 위험이 증가할 것을 지적받는다면 반드시 이득이 증가할 것임을 입증해야만 한다. 아이디어가 이단적일수록 그 아이디어가 반드시 판매에 필요하다는 것을 입증하고, 이득으로 그것을 정당화할 필요성도 커진다.

둘째, 최대한 이성적이고 가능성 있는 논리를 구축하라. 추상적인 개념으로 새로운 아이디어를 설득하지 마라. 처음부터 아이디어가 스케줄과 투입 비용에 적합한지 확인하고 파트너들에게 입증시켜야 한다. 가능한 많은 변수들과 생각지 못한 장애 요인들을 제거하여 그 아이디어가 통제 가능하다는 것을 보여주라. 이 단계에서 가설을 이용하는 것은 무방하며 최대한 세부적이어야 한다.

셋째, 같은 상황에서 이전에 성공한 적이 있음을 보여주라. 유사한 상황에 대한 케이스 스터디나 참고 자료들을 토대로 당신의 아이디어를 보호하라. 보이는 위험이 커질수록 위험의 잠재적인 이득을 명확히 해줄 필요가 있다. 관련된 케이스에 대한 성공 기록이 없다면 당신의 콘셉트와 유사한 콘셉트로 과거에 성공을 거둔 사례를 제시하라.

넷째, 클라이언트와 상사가 아이디어를 받아들일 수 있게 하라. 상급 수준의 관리자나 의사결정권자가 옹호하는 아이디어는 사람들에게 쉽게 받아들여진다. 일단 파트너가 그 아이디어를 확실히 받아들일 수 있도록 한다면 당신이 그 자리에 없어도 아이디어 자체로 우뚝 설 수 있게 될 것이다.

서문에서 우리는 수천 년간 관심거리가 되었던 '매혹'의 실체에 대해 학문적인 측면에서부터 고대의 주술 같은 개념 등 민간 전승적인 측면까지 낱낱이 알아보았다. 자, 아직도 매혹이 마법같고, 비자발적이며, 우발적인 '통제할 수 없는' 것이라고 생각하는가? 그렇지 않다. 매혹은 의식적으로 유용할 수 있으며, 측정과 평가가 가능한 과학적 대상이 될 수 있다.

측정, 조사, 평가

매혹은 과거의 그 어떤 '영향력을 발휘하는 방법'들보다 빠르고, 효율적이며 효과적이다. 그러나 매혹이 모든 것을 해결해줄 것이라고 오해하지는 마라. 비즈니스와 실행할 메시지가 마련되어 있지 않다면 매혹 계획을 세울 수 없다. 매혹은 그 자체로 하나의 전략이 될 수 없다. 전략을 다듬고 강화하기 위한 도구일 뿐이다. 브랜드, 아이덴티티와 관련 있는 기제들을 지속적으로 활성화시키기 위해서 말할 내용을 고르고 행동 방식을 재련하는 것이다. 브랜드에 '혁명revolution'을 일으키는 것이 아니라 '진화evolution'를 시키는 것이다.

매혹은 당신의 브랜드와 뚝 떨어져 있는 급진적인 무엇이 아니라 브랜드를 '근본적으로 표현'하는 것이다. 이미 알고 있는 것에서부터 시작하자. 이상하게 들리겠지만 우리는 이미 자신의 고객에 대해 잘 알고 있다. 특히 마케팅 관련 회사에서 근무하고 있다면 더욱 그럴 것이다. 우리는 이미 주요 고객이 누구인지, 어디에 있는지, 무엇을 하는지 알고 있다. 연구 팀의 조사든, 킨제이 보고서든 이미 기가 바이트 이상의 정보를 가지고 있다. 이 모든 정보에도 불구하고, 부족한 것이 있다. 바로 고객들을 설득할 더욱 효율적인 새로운 방식이다.

이는 마법의 주문이 아니라 잠재되어 있는 매혹을 끌어내기 위한 명확한 지침이다. 하나의 완벽한 아이디어를 만들어내기보다 가능한 한 많은 해결책을 보유하는 것이 중요하다. 모든 아이디어에 대해 말이다. 딴 세상의 이야기같고, 기묘하고, 엉뚱해 보이겠지만 언제나 이 지점으로 돌아가야 한다.

현대 세계의 소비자들은 언제든 당신을 잊을 수 있다. 최악의 경우, 완전히 무시당할 수도 있다. 혼란스럽고 경쟁이 극심한 이런 세계에서 마케터들은 적은 메시지로 더 많은 일을 해내야만 한다. 이런 변동성을 반영하여 기존의 연구조사 방법을 수정해야 한다.

전통적인 연구조사 방법을 적용하지 마라

매혹을 측정하기 위해 시장조사에 착수한다면 과연 당신이 올바른 곳에서 올바른 질문을 하고 있는지 생각해보라. 이는 간단한 질문이 아니다. 인지도와 브랜드회상률은 상대적으로 측정하기 쉽지만 매혹에 대해서는 다소 솜씨가 필요하다. 매혹은 무형적이며 주관적이고, 때로는 논리와 분석을 무시하기 때문이다.

목소리의 정도를 측정할 수 없듯이 우리들은 끌림의 정도나 신비의 정도 같은 매혹 수준을 쉽게 계산해낼 수는 없다. 그러나 매혹적인 메시지를 만들어내는 황금률이라는 기본 법칙을 제시할 수는 있다. 이런 것들을 고려하여 우선 2가지를 염두에 두라.

- 단순히 메시지가 언급되는 횟수만 측정하지 마라. 타깃 고객들이 일상적으로 당신(제품, 기업)을 화제에 올리는 데 메시지가 그 촉매가 되는지를 측정하라.
- 메시지의 효용성을 도달률이나 브랜드회상률 등으로 측정하지 마라. 사람들이 다른 사람들에게 그 메시지에 대해 이야기하는 것을 측정하고, 궁극적으로 그 메시지를 통해 행위가 유발되었는지를 파악하라.

전통적인 마케팅 조사분석 방법에서는 일반적으로 메시지가 잘 작용하고 있는지를 파악하지만, 매혹을 측정하기 위해서는 다음의 내용을 반영하여 약간 방식을 바꾸어야 한다. 몇 가지 주요한 사항을 다시 확인해보는 데서 시작하겠다.

첫째, 목적을 재고하라. 전통적인 마케팅 방식에서는 판매 증진이나 충성 고객 확보 같은 일반화된 목표를 추구한다. 그러나 오늘날 같이 경쟁 과잉 사회에서 이런 방식은 지나치게 일반적이라 어떤 주목도 끌기 어렵다. 더욱 세분화되고 정확한 목표를 구축하고, 매혹으로 포장하라. 사람들이 오가면서 당신의 브랜드 매장에 들어와 제품을 바라보게 하고 싶은가? 애플이나 세포라처럼 욕망을 발현시킬 수 있는가? 목적이 더욱 상세할수록 고객들에게 더욱 더 가까이 접근할 수 있을 것이다.

둘째, 기준을 재고하라. 전체 목적에 가장 유용하게 적용될 기준은 무엇인가? 메시지 인식률을 측정하는 것은 일반적인 방법이고 중요하지만 수동적이고 제한적인 방법이다. 고객들이 브랜드와 연관관계를 맺고 있는 수준을 측정하기 위해서는 기존의 방식을 넘어선 방법이 필요하다. 예를 들어 주요 매체에서 노출되는 횟수나 고객만족도, 판매율 신장 등 다각적인 측면에서의 고려가 필요하다.

추적조사 기법

전통적인 마케팅 추적조사 기법은 상품 판매량이나 서비스 제공 횟수 등을 조사한다. 그러나 앞서 언급한 수많은 지표들을 지켜봄으로써 어떤 매혹 수준이 얼마나 증가했는지 더욱 확실하게 측정할 수 있다.

예를 들어 온라인 미디어에서 커뮤니티 참여도를 측정할 수 있다. 이는 회원 수, 접속자 수, 다운로드 횟수, RSS 구독자 수, 조횟수, 방문 빈도, 댓글 수, 트랙백 수, 스크랩 수 등을 종합적으로 반영해 측정할 수 있다. 고객 불만이나 제안, 질의 응답 수를 측정할 수도 있고, 유투브 트래픽이나 마이스페이스 회원, 페이스북 페이지, 위키디피아 등 다양한 카테고리에서 노출된 정도를 포함할 수도 있는 것이다. 당신의 브랜드에 대해 네티즌들이 2차 가공물을 생성하고 배포하는 것도 고려 대상이 된다. 이런 것들은 주요 매체뿐만 아니라 사회적 네트워크나 블로그 등(유투브 업로드, 팟캐스트, 보드캐스트, 트위터 등)에 2, 3차 가공물이 계속 업로드되고 스크랩되어 전파된다. 매혹의 전파에 대해서는 오프라인 상에서는 상품이나 이득, 미디어 노출 등으로 확연히 눈에 뜨이지만 온라인 매체를 통한 확산에 있어서는 다양한 고려가 필요하며, 이것이 반드시 상품 판매 상승으로는 이어지지 않는다. 또한 처음에 의도한 대로의 메시지 그대로 전파되지 않는다는 점을 고려해야만 한다. 이 경우 당신의 브랜드에 대한 사람들의 열의, 에너지가 증가된 형태를 주목해야 한다. 비즈니스적인 요구나 공동 구매 요청, 인터뷰 제의, 스폰서 제의, 팬카페 형성, 2차 가공물의 생성과 공유, 기타 상품 사용(브랜드 로고가 새겨진 컵을 사용하거나 차 범퍼에 스티커를 부착하는 행위 등) 등으로 이런 에너지를 측정할 수 있다.

장벽을 제거하라

오랫동안 사람들을 매혹해온 기업들은 대개 유사한 태도를 지니고 있다. 매혹적인 아이디어를 평가, 개발, 실행함에 있어 목표를 조직적으로 구체화하고, 모든 수준과 방법적인 측면에서 개개의 실행 방식들이 다른 방식들을 지원해주는 방식으로 유기적으로 연결된다.

- 상처 입은 소는 죽여라. '지금껏 항상 해온 방식이기' 때문이라는 이유로 정책과 실행방법을 채택하고 있지는 않은가? 기업 혹은 마케팅적인 개념이 이미 한계를 넘어 의문을 유발하게 하는 등 손상된 가치는 아닌가?
- 잠들어 있는 전통을 깨우라. 제아무리 매혹적인 개념도 한때일 뿐, 곧 평범한 개념이 되고 만다. 미술용품 전문업체 크레욜라Crayola는 1993년 색이 있는 매직 찰흙으로 200만 명 이상의 사람들을

매혹했으나 포맷을 바꾸지 않고 예전의 방식을 고수함으로써 이제는 25,000명에 불과한 사람들을 끌어들일 뿐이다. 항상 같은 방식을 어떻게 업데이트할 수 있을까를 고려해보라.

- 기한을 명확히 잡아라. 다음 해에는 어떤 방식으로 매혹을 얻을 것인가? 그다음 달에는? 내일은?
- 신뢰를 구축하라. 신뢰는 이전의 경험에 기반하여 단단히 구축된다. 노이즈가 많은 세상에서 선호도와 아이디어, 관계성은 시시각각 변화하지만 신뢰는 남는다. 명성과 신비는 매우 위대한 기제지만 가장 매혹적인 자산은 동료, 미디어, 사회의 지속적인 신뢰다.

여전히 매혹 마케팅에 저항력을 지니고 있는가

- 매혹 마케팅에 저항심을 불러일으키는 것은 무엇(관념, 계획 등)인가? 머릿속의 거부감? 지나친 계산? 혹은 마케팅 계획 과정에 필요한 지나친 절차?
- 매혹을 구축하는 프로젝트에 들어가는 예산의 비율은 얼마나 되는가?
- 회사에서 일상적으로 운용되는 것은 어떤 가치인가? 혹은 반대의 가치를 지니는 것은 무엇인가? 흥미를 유발할 만한 독창적인 가치를 만들기 위해 기존 가치들을 어떻게 비틀어볼 것인가?
- 당신의 커뮤니케이션 방식(메시지)에 대해 찬성도 반대도 아닌 중립적인 위치의 사람들이 있는가? 최소한의 이윤 상승 혹은 안전

지향주의는 아닌가? 이것이 매혹의 기회를 날려버리고 있지는 않은가?

- 매혹을 취하기 위해 지나치게 많은 노력을 쏟아붓고 있지는 않은가? 당신의 메시지를 상대에게 지나치게 매혹적이라고 전달하고 있지는 않은가? 매혹을 소유하고자 하는 시도가 지나치면 정반대로 매혹이 사라지거나 당신의 통제를 벗어나게 될 것이다.

상품이나 메시지에 이 7가지 매혹 기제를 첨가하고, 매혹의 황금률을 대입하여 결과를 측정한다면 기업은 시장에서 그 어떤 제품(브랜드)으로도 대체할 수 없는 위치를 점유하고 소비자들과 긴밀한 관계를 영구히 유지할 수 있게 될 것이다. 그러나 이런 브랜딩의 장점을 실행하기 전에 먼저 조직 내부에 매혹의 문화를 개발하는 것이 선행되어야 한다. 어떤 조직은 이런 문화를 만들기 위해 조직 문화를 상당 부분 바꿔야 할 수도 있다. 만약 매혹의 목적이 사람들과 관계를 맺는 데 있다면 먼저 직장 내에서부터 서로서로 긴밀하게 관계를 맺고 있는 환경이 마련되어야 하며, 그 후에야만 가장 매혹적인 아이디어들이 살아남고 개화할 수 있게 된다.

이제 직장 내에서 매혹이 어떻게 행동에 영향을 미치는지에 대해 '켈튼 리서치의 매혹 연구'를 통해 알아볼 것이다. 이 부분에서는 사람들이 자신을 매혹한 사람에게만큼 매혹적인 상품에 대해 더욱 많은 비용을 지불한다는 것을 살펴보게 될 것이다. 당연해 보인다고? 그 정도는 우리들의 생각보다 훨씬 더 강력하다!

왜 매혹 마케팅인가

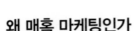

켈튼 리서치의 매혹 연구

여성들은 자신이 매혹된 대상에 월평균 338달러를 지출한다. 여기에 대해 생각해보자. 이는 거의 일주일분 지출 예산이거나 혹은 월평균 수입의 15퍼센트 정도다. 여성들은 화장품, 옷은 물론 자신들을 사로잡은 물건이나 서비스에 추가로 이 비용을 지불한다.

마케팅 연구조사 회사인 켈튼 리서치가 미국 전역의 18세 이상의 사람들 1,059명을 대상으로 매혹 연구를 시행했다. 우리들이 생각하기에 매혹은 '조사'의 대상이 되기에 일견 부적합해 보이지만, 이 연구는 매혹과 의사결정 사이의 상관관계를 측정할 수 있는 효율적인 질문들을 우리에게 제시한다. 매혹은 브랜드 선택, 직장, 인간관계, 개인적 자아상 등 모든 측면에 적용된다. 우리의 목적은 일상적인 삶에서 매혹의 역할을 규정하고, 현실적인 언어로 이를 측정하고, 더욱 명확하게 일반화된 개념을 습득하는 것이다.

- 매혹은 실제로 몇 달러의 가치가 있을까?
- 사람들은 매혹적인 상품에 기꺼이 더 많은 비용을 지불하는가?
- 무엇이 사람들 사이의 매혹 수준을 다르게 만드는가? 예를 들어 여성과 남성, 대학생과 CEO, 뉴요커와 중서부 지방 거주자 등의 차이가 영향을 미치는가?
- 메시지(상품, 브랜드 등)가 매혹적이라면 무엇이 그것에 결정적으로 작용하는가?
- 매혹과 사람들의 행동 변화에 상관관계가 존재하는가? 행동 변화는 어떤 방식으로 나타나는가?

이 연구 결과는 매혹에 대한 시각의 범위와 깊이를 제공해줄 것이다. (우리를 깜짝 놀라게 하는 응답도 있을 것이고, 그렇지 않은 것도 있을 수 있다.) 그러나 연구 데이터는 더욱 많은 것을 알려준다. 사람들이 지닌 허영과 불안감을 기반으로 한 매혹의 역할을 말해주고, 사랑, 일, 그리고 숨겨진 강박 등을 알 수 있게 해준다. 그러나 단순히 응답자가 직장에서 겪는 좌절감이나 일상생활에서 아이들과 겪는 불가분의 관계 등을 분석하는 것이 아니다. 매혹 연구는 단순히 '무엇에' '어떻게' 매혹되는지를 살펴보는 연구가 아니라 근본적으로 사람들이 자신과 삶에 대해 어떻게 생각하고 느끼는지를 살펴보는 것이다.

• 사람들은 자신을 더욱 매혹적으로 만들어줄 수 있는 것들에 대해 상당한 비용을 지불한다. 평균적으로 사람들은 자신이 속한 집단에서 가장 매혹적인 사람이 되기 위해 월평균 288달러를 지출한다. 그리고 응답자의 5퍼센트는 월평균 1,000달러 이상을 지출하기도 한다. 또한 단순히 비용만이 아니라 그 비용을 지출할 대상에 대해 훨씬 더 많은 에너지를 쏟는다.

• 사람들은 자신이 매혹된 대상에 대해 더 많은 비용을 지불한다. 매혹적이지 않은 브랜드보다 매혹적인 브랜드에 더 자주, 많은 비용을 지출하는데, 매혹 기제를 촉발하는 브랜드가 그렇지 않은 브랜드에 비해 몇 배의 비용을 요구해도 기꺼이 지출한다. 매혹적인 상품의 존재에서 사람들은 물리적, 지적, 감정적 반응을 일으키고 때로는 '아드레날린'이 방출되는 흥분 상태를 겪기도 한다.

• 72퍼센트의 응답자가 매혹적인 삶이 인생의 가장 중요한 목표지만, 실제로는 그렇지 못하다고 응답했다. 사람들은 소속감을 느끼고 자신이 몰두할 만한 대상을 원한다. 단순히 매혹되는 데 자신의 관심을 쏟는 것뿐만 아니라 매혹적인 삶을 살기 위해서라면 자신의 도덕기준, 가치, 특권들을 포기할 수 있다고 응답한 사람도 10명 중 6명이나 되었다. 특히 미혼 응답자는 10명 중 7명이나 되었다.

• 당신이 매혹적인 사람인지를 측정하고 싶은가?

어떤 제품에 매혹되었을 때 행동에 변화를 보인 사람은 80퍼센트였다. 그 제품을 조사하고, 친구와 이야기를 나누고, 제품을 찾아다니고, 만져보는 등의 행위가 유발되었고, 때로는 그 제품을 접촉했을 때 신체적으로 물리적 반응을 일으킨 사람도 상당수 있었다. (자사의 제품에 매혹된 소비자들이 어떤 반응을 일으키는지 추적조사를 해보는 것도 하나의 마케팅 효용성 측정 방법이 될 수 있다.)

• 타깃 고객들과 효율적으로 커뮤니케이션하고 싶은가?

젊은 고객들은 매혹적인 상품보다 자신을 매혹적인 사람으로 만들어주는 것에 더욱 관심이 많다. 다른 사람들을 매혹할 만한 기회를 제공한다면 판매 수치를 올리거나 당신의 브랜드 가치를 높일 수 있게 될 것이다.

• 인적 접촉이 아니라 비인적 접촉을 시도하고 있는가?

디지털 공간은 독창적인 마케팅 기반이 되며 개인화된 경험을 제공할 수 있다. 그러나 반면 81퍼센트의 사람들이 온라인보다 직접 대화에 더 매혹되는 성향을 보였다. 사람들 사이에 이루어지는 직접적인 접촉, 면대면 커뮤니케이션은 가장 내밀한 곳까지 메시지를 전달하고 보다 깊은 관계를 구축할 수 있게 해준다.

• 유명한 대변인(모델)을 이용하려 하는가?

대부분의 사람들은 유명인들과 그들의 삶이 매혹적이라고 생각한다. 그러나 실제로는 미국인들 중 78퍼센트가 자기 가족의 삶이 더욱 매혹적이라고 생각한다고 응답했다. (그렇다. 아래에서 알아보겠지만 사람들은 자기 자신의 삶에 대해서만 지루하다고 생각한다.)

• 메시지를 특정 지역에 맞춰 특화해야 한다고 생각하는가?

지역마다 사람들은 각기 다른 부분에 매혹을 느낀다. 서부 해안 지역에서는 '욕망' 기제가, 중서부 지역에서는 '신뢰' 기제가, 남동부 지역에서는 '힘' 기제가 선호된다. (남동부 지역의 사람들은 어느 지역 사람들보다 자신들이 매혹적인 삶을 누리고 있다고 응답하기도 했다.)

• 매혹된 대상에게 당신의 삶과 생각을 완전히 맞추고 있는가?

보통 사람들의 삶에서 가장 매혹적인 대상은 자신의 아이들이다. 이는 압도적으로 높은 수치를 나타낸다. 부모들의 96퍼센트가 자녀에게서 매혹을 발견한다.

• 집단은 매혹 대상이 되는가?

개인적으로 조직된 집단은 보통 사람들이 생활에서 가장 매혹을 느끼는 대상 중 하나다. 19세부터 31세의 부모와 기혼자, 여성을 대상으로 한 연구에서 이들은 연간 5만 달러 이상을 자신들의 취미 집단에 쓴다고 밝혔다.

• 아직도 매혹 마케팅의 효과에 의문을 품고 있는가?

사람들은 자신들이 강하게 사로잡힌 경험이나 제품에 평균 3배 이상의 지출을 한다.

자신의 직업, 직장, 혹은 상사나 회사에 매혹된 사람들은 더욱 큰 유대감과 소속감을 지니게 된다. 그러나 매혹에는 단 하나의 절대 법칙이라는 것은 없음을 염두에 두라.

• 자신의 직업에 매혹된 사람들은 어떤 사람들일까? 사회 초년생일까, 성공 가도를 달리고 있는 사람들일까? CEO, 기업 중역들 등 자기 분야에서 성공을 거둔 사람들은 대부분 자기 직업에 강하게 매료되어 있었다.

• 기혼자들 역시 직업에 강하게 매료되는 성향이 있다. 이는 기혼자들이 안정성이 큰 가치가 있다는 것을 인식하고 있기 때문일 것이다. 혹은 미혼자들이 처한 상황이 기혼자들에 비해 상대적으로 덜 절실하기 때문일 수도 있다.

• 매혹적인 삶은 매혹적인 직장생활보다 3배나 더 중요하다. 대부분의 회사는 이를 잘 이해하고 있다. 때문에 개인생활과 일의 조화를 이루게 하기 위해 각종 지원을 하고 있는 것이다. (대부분의 사람들은 가족과 함께 하는 휴가를 직장의 연말 파티보다 중요하게 여긴다.)

• 직업에 최고의 매혹을 느끼는 시기는 40대다. 이 세대는 다른 어떤 연령대보다 직장생활에서 성취를 이루기 위해 노력한다. 이들 중 55퍼센트의 사람들이 최소한 하루 한 번 이상 자신의 직업에 매력을 느낀다고 응답했다. (최근 중년의 직원들을 비용 문제를 이유로 젊고 연

봉이 적은 인력으로 대체하곤 하는데 이는 단순 비용 측면이 아니라 '경험'과 '노하우' 그리고 '열정'의 측면에서 따진다면 오히려 더 비효율적인 일이 아닐 수 없다.)

• 상급 관리자가 될수록 힘 기제가 중요해진다. 계층이 상승할수록 '강해 보여야' 한다는 욕구가 점진적으로 상승하는 것이다. 연간 5만 달러 이상을 버는 사람들은 연간 5만 달러 이하를 버는 사람들보다 힘 기제에 2배 이상 매혹되었다. 만약 상급 관리자가 되고자 한다면 힘 기제를 다룬 장을 다시 한 번 읽어보기 바란다.

• 낮은 직급의 직원일수록 힘에 끌린다. 그러나 이 계층의 사람들은 영향력을 지닌 사람이 되기보다 집단 내에서 인지도를 더 중요한 가치로 여긴다.

• 단 9퍼센트의 사람들만이 자신들의 상사가 '매혹적'이라고 응답했다. 대부분의 사람들은 상사에게 전혀 매혹을 느끼지 못했다. 관리자들이 동료들과 더욱 친밀하고 동기를 고취시키는 사람이 될 수 있도록 하는 관리자 교육 프로그램은 직장 내 사기를 올린다.

• 세대 차이가 다소 존재한다. 세대에 따라 직장에서, 개인생활에서 매혹되는 기제는 각기 다르다. 이는 당신의 주변에 어떤 기제를 사용할지를 판단하는 것만이 아니라 사람들을 설득하고 행동 변화를 이끌어내는 데도 중요하다. 연령, 직급에 따라 어떤 매혹 기제를 사용할 것인지를 선택해야 한다. 먼저 고려해야 할 것은 커리어를 전체적으로 변화시키는 것이다. 예를 들어 18세부터 29세까지는 직업이 개인생활보다 더욱 중요하다고 생각한다. 그러나 CEO 수준의 관리자들은 다

른 어떤 계층보다 배우자에게 매혹을 느끼고 있다고 응답했다.

• 사람들은 고용되었다는 연락을 받는 순간부터 자신이 면접을 치른 날보다 해당 직업과 직장에 대해 더욱 매력을 느꼈다.

• 실직자들은 직업이 있는 사람들보다 자신들의 개인생활에 더욱 강한 애착을 보인다.

의사결정과 삶에서 매혹의 역할

• 자녀 계획을 세우고 있는가?

부모들은 자녀가 없는 사람들보다 자신들의 개인생활에 더욱 강한 매력을 느낀다. 5쌍 중 4쌍의 부모들이 주중 최소한의 시간이라도 아이들과 대화하고 놀아주는 시간을 만들고자 하는 데 완전히 몰두하며, 엄마들 중 63퍼센트는 매일 그 시간을 만들기 위해 노력한다.

• 이메일을 보내거나 직접 대화를 하는 것 중 어느 것이 나은가?

사람들은 온라인 대화보다 직접 대화에 4배 이상 끌린다.

• 특정 타깃을 선택했다면 무엇을 고려해야 하는가?

우선적으로 고려해야 할 것은 타깃 대상의 연령이다. 예를 들어 베이비붐 세대는 각종 휴대장치에 강하게 끌리지만 젊은층으로 내려갈수록 휴대전화는 결코 떼놓을 수 없는 삶의 일부로 여겨진다.

• 이혼이나 결별 등 부정적인 부분을 부각하고 싶은가?

82퍼센트의 사람들이 결별한 커플보다는 관계를 지속하고 있는 커플에게 더욱 매력을 느꼈다. 이혼율이 가장 높은 주에서 건강한 가족

관계를 자랑하는 커플들이 나오는 TV 토크쇼나 브랜드가 인기 있다는 것을 알고 있는가?

• 매혹적인 사람이 되기 위해 성형 수술이 필요할까?

책이나 신문을 읽고 있는 행위가 다른 사람들에게 성형 수술을 받은 외모보다 더욱 매력적으로 작용한다. 사람들은 매력적인 사람과 대화하는 것보다 대화를 가치 있게 만들어줄 사람과 대화하는 것을 더욱 선호한다.

• 진실은 힘이 셀까?

64퍼센트의 사람들이 허구보다 진실에 더욱 강한 흥미를 느낀다. (윤색은 신뢰를 깨뜨리는 가장 치명적인 것이다. 진실을 보여주는 방법으로 흥미를 유발하라.)

• 일탈을 소구하는 것이 효과가 있을까?

60퍼센트의 사람들이 더욱 매혹적인 삶을 살 수 있다면 기꺼이 자신들의 도덕기준이나 생활규범을 버리겠다고 응답했다. 특히 미혼자들의 경우 68퍼센트나 되었다. 대부분의 사람들에게 잘못된 행동은 비용을 감당할 수 있는 수준에서 잘못된 행동으로 여겨지지 않았다. 예를 들어 중간 관리자들의 경우 다른 직책의 사람들보다 거짓을 말하는 데 거부감이 없었다. 만약 매혹에 가치를 둘 경우 사람들은 약간의 도덕심을 버려야 한다면 그것을 선택했다.

• 기존의 신뢰를 깨뜨리고자 하는가?

사람들은 (특히 개인적인 관계에서) 매혹의 다른 기제들을 모두 합한 것보다 신뢰를 중요하게 평가했다.

• 삶에서 위험을 감수하는 것을 두려워하는가?

멋진 성공은 엄청난 실패보다 중요하다. 위험은 우리가 생각하는 것만큼 위험하지 않다. 성공은 실패보다 훨씬 큰 가치가 있다. CEO에게 강한 인상을 남기고 싶다면 새로운 것이 어느 것보다 낫다. 93퍼센트의 CEO가 자신이 매혹된 대상을 토대로 하여 엄청난 성공을 거두었다고 응답했다.

왜 매혹 마케팅인가

• 사람들은 지루해하고 있다. 그 어느 시대보다 압도적으로 많은 메시지의 홍수에 비례하여 만족도는 낮아지고 있다. 지나치게 많은 선택지들 사이에서 자신이 하는 일과 만지고 있는 제품에 매혹되는 확률은 더욱 낮아지고 있다. 메시지와 경험은 모두 자신의 역할을 다하지 못하고 있다. 단 40퍼센트의 사람들만이 과거보다 지금의 삶이 매혹적이라고 응답했다.

• 대부분의 사람들이 매혹을 느끼지 못하고 있다. 특히 매혹을 원하고 있으면서도 그렇다는 사실을 인정하지 못하고 있다. 개인적인 수준에서 우리들은 다른 사람들에게 끌리는 사람이 되고 싶고, 존중받고 주목받고 싶어한다. 자신들을 더욱 매혹적으로 만들어주는 상품이나 경험에 많은 비용과 노력을 들인다.

• 매혹은 우리들에게 생의 감각을 느끼게 해준다. 자신을 매혹한 대상(사람)을 지니고 있는 사람은 그에 대해 더 많이 이야기하고, 반응

하고, 관계를 맺는다.

• 우리가 추구하는 가장 주요한 세 가지 대상은 관계, 신뢰, 매혹이다. 특히 가족과의 관계는 우리들을 매혹한다. 밀접한 유대감은 삶의 질을 높이고, 일반적으로 더욱 강한 안정감을 부여해준다. 사람들은 대부분 그 누구보다 사랑하는 사람과 더 많은 시간을 보내고자 하며 그때 강한 매혹 상태를 경험한다. 신뢰는 가장 중요한 기제로 관계에서 우리 자신은 물론 상대를 판단하게 하는 중요한 준거가 된다.

기업, 패션 디자이너, 영화 제작자들이 수십억 달러의 비용을 들여 우리의 관심을 끌고자 하지만 우리가 가장 매혹되는 대상은 자신의 아이, 그리고 자신이 의미를 부여한 사람임을 바꿀 수는 없다.

켈튼 리서치의 매혹 연구 설문의 첫 장에는 이런 글이 쓰여 있다. 참가자들은 모두 다음의 글을 읽게 된다.

이 연구의 목적은 매혹, '강한 끌림'의 형태를 현실적으로 묘사해내는 데 있다. 매혹적인 대상은 평소와는 다른 방식으로 우리의 주목을 강화한다. 단지 흥미로운 대상에 주목하는 것보다 훨씬 강하다. 그것은 주변 세계에 대한 인식을 흐트러뜨리고 그 대상에 완벽히 집중할 수 있게 한다. 매혹의 대상은 가장 좋아하는 책, 직장 내 프로젝트, 새로운 연인 무엇이든 상관없다. 매혹은 그 자체로 좋고 나쁨의 기준이 되지 않지만, 우리들의 주목을 완벽히 이끌어낸다.

이 연구는 매혹이 우리들의 삶에서 어떤 작용을 하는지를 보다 분명히 밝히고자 하는 의도에서 이루어졌다. 그리고 가능하다면 그 이상까지 말이다. 응답자들은 우리들에게 매혹이 우리의 인간관계와 삶에 근본적인 부분으로 작용함을 알려주었다. 우리가 일에 몰입하는 정도, 배우자를 선택하는 것, 그리고 자기 스스로를 생각하는 방식에 이르기까지 매혹은 영향을 미치고 있다.

옮긴이 이한이

인천대학교 불어불문학과를 졸업했다. 현재 출판기획자 겸 번역가로 활동하고 있다.
옮긴 책으로는《창조적 괴짜를 넘어서》등이 있다.

세상을 설득하는 매혹의 법칙
: 영향력과 설득력을 극대화하는 7가지 열쇠

1판 1쇄 2010년 6월 14일 펴냄

지은이 | 샐리 호그셰드
옮긴이 | 이한이

편집장 | 김윤곤
기획편집 | 이한나
마케팅 | 정복순
관리 | 안상희

펴낸이 | 박영철
펴낸곳 | 오늘의책
출판등록 | 제10-1293호(1996년 5월 25일)
주소 | (121-839) 서울시 마포구 서교동 377-26번지 1층
전화 | 02-322-4595~6
팩스 | 02-322-4597
이메일 | tobooks@naver.com

ISBN 978-89-7718-315-5 03320